의사소통과 글쓰기

의사소통과 글쓰기

초판 1쇄 발행 2021년 2월 25일
초판 4쇄 발행 2022년 9월 1일

지은이 | 안순태·박민규
펴낸곳 | (주)태학사
등록 | 제406-2020-000008호
주소 | 경기도 파주시 광인사길 217
전화 | 031-955-7580
전송 | 031-955-0910
전자우편 | thspub@daum.net
홈페이지 | www.thaehaksa.com

이 책에 직간접적으로 자료 게재를 허락해 주신 모든 분께 감사드립니다.
저작권자와 연락이 닿지 않아 부득이 허가를 구하지 못한 일부 자료에 대해서는
연락 주시는 대로 적법한 절차를 따르겠습니다.

값 15,000원
ISBN 979-11-90727-56-3 93810

안순태·박민규 지음

의사소통과 글쓰기

태학사

머리말

이 책은 학습자로 하여금 '글을 쓸 수 있는 적정 단계'에 도달할 수 있도록 하는 것을 목표로 한다. 적정 단계란 자신의 생각을 형식적인 문제 없이 명료하게 표현할 줄 아는 단계다. 이 단계에 도달하기 위해서는 글을 자주 써 보아야 한다. 다시 말해, 글쓰기의 방법 내지 이론을 배우는 것보다 그 시간에 한 편이라도 더 써 보는 것이 글쓰기 실력을 향상시키는 데 도움이 된다는 말이다.

아이가 태어나 말을 배우는 단계에서부터 학교에 들어가 글을 쓰는 단계까지를 떠올려 보자. 기억은 못 하지만 우리는 갓난아이 때, 마냥 누워 지내며 끊임없이 엄마와 의사소통을 했다. '우리 아기, 배고파?', '졸려?'와 같이 엄마는 우리의 상태를 살피며 수많은 말을 던진다. 처음에 배가 고프면 울고 어딘가 불편하면 칭얼대면서 의사 표현을 하던 우리는 어느새 엄마의 말을 배우고, 울음과 칭얼거림으로 하던 의사 표현을 점차 말로 하게 된다. 자식이 자라서 굳이 말을 하지 않아도 엄마는 자식의 상태나 심정을 간파할 수 있다. 엄마와 우리는 말을 넘어선 의사소통을 한 사이이기 때문이다.

그러면 글은 어떤가. 우리는 처음부터 글을 썼던가, 하면 그렇지 않다. 겨우 말을 배우고 자기 의사를 말로 표현한 후 학교에 들어가 글자를 배우고 소리 내어 수도 없이 책을 읽는다. 글쓰기는 그 이후에 이루어진다. 즉 우리는 듣기→말하기→읽기→쓰기의 순서로 언어활동을 해 온 것이다. 그런데 우리는 종종 이 과정을 잊곤 한다. 말을 잘하려면 먼저 잘 들어야 하고, 글을 잘 쓰려면 먼저 읽을 줄 알아야 하는 것이다.

우리가 듣고 말하는 것을 익히는 과정을 돌아보면, 그것이 어떤 문법을 체계적으로 익혀 단기간에 이룰 수 있는 것이 아님을 깨닫게 된다. 엄마의 말을 수백, 수천

마디 반복해 듣다가 드디어 말을 알아듣고, '엄마'라는 말을 수도 없이 반복하다가 드디어 또렷한 발음으로 그것을 말할 수 있었던 것처럼 말이다. 이런 이유로 이 책에서 특히 강조하고 있는 점은 세 가지다. 첫째, 말을 잘하기 위해서는 우선 잘 들어야 한다는 점이다. 둘째, 글을 잘 쓰기 위해서는 우선 좋은 글을 많이 읽어야 한다는 점이다. 셋째, 말을 잘하거나 글을 잘 쓰려면 부단히 말해 보고 부단히 써 보아야 한다는 점이다.

필자들은 오랜 기간 대학에서 글쓰기를 강의해 왔다. 그 경험을 통해 내린 공통의 결론은, 글쓰기는 테크닉이 아니라는 것이다. 자신의 마음 상태, 자신의 생각을 온전히 글로 담아내기 위해서는 '일단' 글을 써야 한다. 어떻게 하면 글을 잘 쓸 것인가를 고민할 시간에 우선 무엇이든 글로 써 보는 것이 좋다.

이 책은 '의사소통과 글쓰기'라는 제목처럼 듣기, 말하기, 읽기, 쓰기 등 우리 인간의 언어활동 전반을 다루면서도 그중 특히 글쓰기를 집중적으로 다루고 있다. 글쓰기에는 다양한 종류가 있지만, 아직 글쓰기에 익숙지 않은 독자를 대상으로 한 것인 만큼 가급적 '다양한 종류'의 글을 '가볍게' 써 볼 수 있도록 하였다. 또 이 책은 대학생을 독자로 설정하고 있는 만큼 진로 문제, 친구 문제 등 대학생 시기에 더욱 고민이 깊어지는 문제들에 대해 함께 생각해 보자는 취지에서 사이사이에 그와 관련한 글들을 싣고 있다.

녹록지 않은 상황에서도 책의 출간에 힘써 주신 태학사 김연우 대표님과 책의 편집을 맡아 주신 조윤형 주간님께 감사의 말씀을 전한다.

2021년 2월
저자 일동

차례

제 3부

글쓰기의 절차

제 4부

글쓰기의 유형과 실제

제 1 부

듣기, 말하기, 읽기

1

듣기

1) 듣기의 중요성

청력에 큰 이상이 없으면 누구나 잘 듣는다고 생각한다. 그래서 굳이 '잘 듣는 것'에 대해 생각하지 않는다. 타인의 말을 듣는 행위는 수동적인 인상을 주기 때문이다. 그러나 듣는 이가 없다면 말하는 행위도 의미를 지니지 못한다. 오히려 잘 듣는 것이 말을 잘하는 것 이상의 힘을 발휘할 때가 있다.

말을 잘하기 위해서라도 먼저 잘 들어야 한다. 잘 듣는다는 것은 무엇일까? 청각을 통해 받아들인 상대방의 음성이 자신의 뇌에 도달하는 것만으로 잘 들었다고 할 수 있을까? 1960년대부터 1970년대 초반까지 활동한 미국 가수 사이먼&가펑클의 〈침묵의 소리〉(Sound of Silence)라는 노래 가운데 다음과 같은 가사가 있다.

"People talking without speaking, people hearing without listening."

talk와 speak의 차이, 그리고 hear와 listen의 차이를 알아야 이 가사를 제대로 이해할 수 있다. talk는 비공식적인 상황에서 중요하지 않은 내용을 가볍게 말하는 것이며 speak는 다소 공식적인 상황에서 중요한 내용을 진지하게 말하는 것이다. 한편 hear는 외부에서 들려오는 물리적 소리를 귀로 받아들이는 것으로, 한자로는 '문(聞)'에 해당한다. 그에 반해 listen은 주의를 기울여 마음으로 듣는 것으로, 한자로는 '청(聽)'에 해당한다. 문(聞)은 가만히 있어도 들려오는 것이고, 청(聽)은 주의를 기울이지 않으면 들을 수 없는 것이다. 그래서 '사람들의 입에 오르내려 전하여 들리는 말'이라는 뜻의 단어는 소문(所聞)이라고 하지 소청(所聽)이라고 하지는 않는다. 반면 '귀를 기울여 듣는다'는 뜻의 단어는 경청(傾聽)이라고 하지 경문(傾聞)이라 하지 않는다. 잘 듣기 위해서는 타인의 말에 귀를 기울여야(listen, 傾聽) 하는 것이다.

듣기는 청각적 자극을 귀로 받아들여 그 자극에 의미를 할당한 후 자신의 저장된 기억에서 무언가를 불러내어 화자가 언어화한 메시지를 해석, 판단하고 그에 반응하는 과정으로 이루어진다. 우리는 이러한 일련의 듣기 과정을 거의 무의식적으로 행한다. 우리가 제대로 듣지 못하는 것은 소음과 같은 물리적 잡음 때문이기도 하지만, 다른 이유 때문이기도 하다. 말하는 이가 재미없게 말한다고 생각하거나, 주제가 어렵다고 여기거나, 말하는 사람의 복장에 신경이 쓰인다면 제대로 들을 수 없다. 또 세부에 집중해서 큰 흐름을 놓치기도 하고 듣고 싶은 것만 듣기도 하는 등 우리의 듣기를 방해하는 요소들은 상당히 많다.

잘 듣기 위해서는 먼저 상대방의 말에 집중해야 한다. 나머지 요소들은 부차적인 것이다. 상대방이 무슨 생각으로, 혹은 어떤 마음에서 그러한 말을 하고 있는지 생각하면서 들어야 하는 것이다.

2) 듣기의 방법과 유의사항

(1) 듣기의 방법

말하는 사람으로 하여금 보다 적극적으로, 즐거운 마음으로 말할 수 있도록 하려면 적극적으로 들어야 한다. 그렇지 않으면 대화가 곧 단절되고 원활한 의사소통을 할 수 없게 된다. 적극적으로 들으려면 상대방의 말을 잘 듣겠다는 마음가짐과 함께 다음과 같은 점들을 고려하는 것이 좋다.

① 눈 맞추기

상대가 말할 때 계속해서 다른 곳을 바라보거나 시선을 피하는 듯한 인상을 주면, 말하는 사람은 자신이 무시당한다고 느끼기 쉽다. 또 말하는 상대의 얼굴 또는 신체의 특정 부분에 계속 시선을 주거나, 상대를 위아래로 훑어보게 되면 말하는 이가 편안한 상태에서 말할 수 없게 된다. 따라서 들을 때는 말하는 상대방의 눈을 '가끔' 바라보는 것이 좋다. 상대방이 부자연스럽다고 느낄 정도로 상대의 눈을 뚫어지게 바라보는 것은 좋지 않다.

② 고개 끄덕이기

말을 들으며 적절하게 고개를 끄덕이는 것도 좋다. 이는 상대방의 말에 동의하거나 수긍한다는 의미의 표현이기도 하다. 상대방의 말에 동의하지 않더라도 무슨 말을 하는지 알겠다는 신호로 이따금 고개를 끄덕이는 것이 좋다. 고개 끄덕이기는 말하는 사람과 듣는 사람 사이에 일종의 리듬감, 즉 의사소통을 하고 있다는 분위기를 형성할 수 있다.

③ 소리를 내 공감 표시하기

들으면서 '음'과 같은 말로 공감을 표할 수도 있다. '음' 소리는 어떻게 내는가에 따라 수긍의 의미를 띠기도 하고 불만의 의미를 띠기도 하며 의문의 표시가 되기도 한다. 이 간단한 말로 상대방의 말을 들으면서 매우 다양하게 반응할 수 있는 것이다. '맞아.', '정말?', '그래?'와 같은 말도 상대의 말에 공감을 표하고 말하는 상대로 하여금 이야기를 수월하게 이어 가도록 하는 효과가 있다.

④ 상대의 말 재진술하기

상대가 한 말을 단순히 재진술하는 것만으로도 잘 듣고 있다는 인상을 줄 수 있다. 듣는 중에 수시로 적절하게 상대의 말을 정리하여 말하는 것도 좋지만, 중간중간 상대방의 말이 끝나는 부분을 다시 말하는 것으로도 충분하다. 상대의 말을 재진술하는 것은 다음과 같은 방식으로 이루어진다.

> A : 오늘 학교 몇 시에 왔어?
> B : 10시. 더 일찍 오려고 했는데 늦잠을 자는 바람에.
> A : 아, 늦잠을 잤구나.
> B : 응. 오늘 중으로 마무리해서 제출해야 할 과제가 있거든.
> A : 무슨 과제?
> B : '의사소통과 기초 글쓰기' 중간 발표문을 오늘까지 제출해야 하거든.
> A : 아, 오늘까지구나.

대화라는 것은 한 사람이 일방적으로 말한다고 자연스럽게 이루어지는 것이 아님을 위 예시를 통해 확인할 수 있다. 일방적으로 말하고, 일방적으로 듣기만 하는 것은 제대로 된 대화라고 할 수 없다.

⑤ 부드러운 표정

입장을 바꾸어 내가 누구에게 어떤 말을 하고 있을 때, 상대의 표정이 굳어 있거나 좋지 않다면 어떤 기분이 들겠는가. 긴장되고 불안하여 말을 더 이어가야 할지 그만두어야 할지 머뭇거리게 될 수 있다. 항상 표정을 관리하며 들을 필요는 없겠지만, 표정을 조금 부드럽게 한 채로 듣는다면 상대가 좀 더 편안한 상태로 말할 수 있게 된다. 듣고 있는 자신의 표정이 어떠할지 가끔 떠올려보는 것이 좋다.

(2) 듣기의 유의사항

앞서 상대의 말을 잘 듣는 방법에 대해 살펴보았다. 그렇다고 모든 상황에서 항상 적극적으로 들을 수는 없다. 그렇게 한다면 우리는 금방 에너지를 다 소모하고 정작 잘 들어야 할 순간에 집중할 수 없게 된다. 상대의 말을 귀 기울여 잘 들어야 하는 때가 있는가 하면, 흘려듣는 것이 좋을 때도 있다. 어느 때 주의 깊게 들어야 할지, 혹은 주의를 덜 기울여 들어도 될지 그 기준을 명확하게 제시하기는 어렵다.

듣기는 의사소통의 중요한 영역이다. 피에르 쌍소의 말처럼, 내 얼굴에 미소를 띠고 즐겁게 듣게 되면 그 미소는 어느덧 말하는 상대의 얼굴로 옮겨갈 것이다.

【틀리기 쉬운 표현】사이시옷

순우리말과 순우리말, 혹은 순우리말과 한자어로 된 합성어 가운데 다음 조건에서 사이시옷을 표기한다.

1) 앞말이 모음으로 끝나고 뒷말의 첫소리가 된소리로 날 때

예) 바닷가, 찻집

2) 뒷말의 첫소리 ㄴ, ㅁ 앞에서 'ㄴ' 소리가 덧날 때

예) 콧날, 시냇물

3) 뒷말의 첫소리 앞에 'ㄴㄴ' 소리가 덧날 때

예) 깻잎, 뒷일, 윗입술

※ **예외** : '횟수, 숫자, 툇간, 찻간, 곳간, 셋방'의 여섯 단어는 한자어와 한자어

가 결합된 합성어이지만 예외적으로 사이시옷을 표기한다.

※ '머리말'이 맞을까, '머릿말'이 맞을까?

'머리말'이 맞다. 표준 발음이 〔머리말〕이기 때문이다. 반면 '나뭇가지'는 〔나무까지〕, '시냇물'은 〔시낸물〕, '깻잎'은 〔깬닙〕으로 발음하는 것이 표준 발음이기 때문에 사이시옷을 표기한다. 이렇게 사이시옷 표기 여부는 표준발음을 기준으로 정한다.

※ 다음 중 사이시옷이 들어갈 단어를 찾아보자.

새소리, 막내동생, 배멀미, 시계바늘, 머리속, 주사바늘, 해님, 해빛, 피자집

연습

※ 다음 글을 읽고 듣기의 의미에 대해 생각해 보자.

적극적 경청과 하나의 사건

누군가의 이야기를 '들어 준다'는 행위는 타인을 위로한다는 것 이상의 의미를 가진다. 단지 위로의 효과를 얻기 위해서라면, 약물이나 치료요법 · 수면요법 등을 통해서도 얼마든지 가능하니까. 그렇다면 듣는다는 것은 어떤 의미를 갖는 것일까? 우리는 타인의 말을 들어 줌으로써 그를 최고의 상태에 이르게 할 수 있다. 그는 단어를 사용해서 자기의 생각을 언어로 표현하는데, 자기도 모르게 밖으로 나타난 자신의 생각에 스스로 놀라게 될 때가 있다. 말을 하는 사람들은 자신의 생각을 매우 정확하게, 또는 활발하게 드러내 놓을 수 있게 해 주는 청중이 있다는 사실 때문에 기쁨을 느낄 수도 있다. 대개 그런 경우는 직업적으로 말을 하는 사람들의 경우이거나, 혹은 틀에 박힌 관계에서 이야기를 나눌 때이다.

무엇을 말하고 싶어 하는 사람과 그 말을 진지하게 들으려는 사람, 이 두 사람의 만남은 말하자면 '하나의 사건'이라고 할 수 있다. 그것은 어쩌다 운 좋게 이루어진 것으로서, 미처 기대하지도 못했던 기분 좋은 사건이다. 하지만 이건 순전히 내 느낌이지만, 절박한 상황에 처했을 때를 제외하고는 이런 행복한 만남이 계속 일어날 수 있으리라고는 기대하지 않는 편이 좋을 것이다. 그런 경우는 아주 우연일 뿐이다. 말하는 사람은 진심을 털어놓고 말할 용기를 가져야 하고, 듣는 사람 쪽에선 진심으로 귀를 기울이는 마음 자세를 가질 때만이 그런 만남이 가능하다. 그렇게 서로 준비된 사람들이 만나기가 어디 쉬운 일인가!

'듣는다'(이 표현이 조금 무겁긴 하지만, 부득이 이 표현을 쓸 수밖에 없다)는 행위의 심리적 · 도덕적인 면에 너무 비중을 두지 말도록 하자. 어떤 경우에 우리는 듣는다고 말할 수 있을까? 그리고 듣는다는 본질적인 의미는 무엇이며, 또 무엇이 되어야 할까?

자, 내가 누군가에게 질문을 했고, 그 누군가가 내 질문에 대답했다고 하자. 관심 있는 이야기를 주고받음으로써 이루어지는 대화는, 그것이 비록 불완전한 것일지라도 기계적으로 정해진 말들이 오가는 틀에 박힌 대화와 근본적으로 다른 관계를 만들어 낸다. 그런데 실은 우리가 사용하는 말 중에는 위협적인 말, 억압의 말, 모든 것을 다 알고 있다는 식의 오만한 말이 존재하며, 이런 말들이 인과관계를 나타내는 모든 말들의 범위 안에 들어 있다.

누군가에게 무언가를 물어볼 때(질문의 말이 반드시 의문문으로 나타나지는 않는다), 나는 그 사람을 자유로운 존재로 여기고 질문을 한다. 따라서 상대방의 대답을 들으면서 그가 자유로운 존재임을 새삼 확인하게 되고, 그런 그의 의사를 존중한다. 우리는 상대방에게 2인칭으로 말한다. 2인칭이란 매우 가깝고도 또한 먼 존재로서, 그는 우리의 말을 산만한 태도로 들을 수도 있고, 주의 깊게 들을 수도 있다. 그리고 그 태도는 이어지는 대화 내내 시종일관하는 것이 아니다.

나는 상대방으로부터 많은 것을 기대한다. 물론 나는 그에게서 정보도 바란다. 하지만 정보 전달의 차원을 넘어서서, 그가 들려 주는 노래도 듣고 싶어 한다. 어느 누구도 그를 대신할 수 없는 그 자신만의 노래를. 동시에 나는 그가 침묵을 보여 줄 수도 있고, 혹은 침묵보다 별로 나을 것 없는 틀에 박힌 대답도 들을 수 있음을 부인할 수 없다. 상대방이 나의 기다림에 반응하지 않을 수도 있는 것이다.

주고받는 대화 속에서는, 듣는다는 것이 수동적인 역할이라고 볼 수는 없다. 대화란 서로가 차례를 바꿔 가며 주도권을 쥐는 것이다. 듣는 사람은 주의력을 지녀야 하고, 또 들은 내용을 마음에 새겨 둘 수 있어야만 한다. 그럴 때 비로소 서로를 받아들일 수 있는 공간이 만들어지고, 그런 공간 안에서만 상대방의 말이 본래의 의미를 가질 수 있게 된다.

무언가를 줄 수 있기 위해서는 솔선하는 태도와 너그러운 마음이 필요한 법인데, 실은 무언가를 받기 위해서도 똑같은 태도와 마음가짐이 필요하다. 말하고 듣는 일에 있어서도 마찬가지이다. 이기주의자, 다시 말해서 무언가를 주고받을 줄 모르는 사람은 대화에서도 절대로 들을 줄 모른다고 단언할 수 있다.

– 피에르 쌍소, 『느리게 산다는 것의 의미』, 김주경 역, 동문선, 2000.

---

1. 윗글을 300자 이내로 요약해서 말해 보자.

2. '무언가를 주고받을 줄 모르는 사람은 대화에서도 절대로 들을 줄 모른다'는 것이 무슨 의미인지 이야기해 보자.

3. 피에르 쌍소가 언급한 '하나의 사건'에 해당하는 경험이 있는지 이야기해 보자.

4. 피에르 쌍소가 지양하는 발화 태도는 무엇인지 찾아보자.

2

말하기

1) 말하기와 발표

말을 잘한다는 것은 떨지 않고 자신감 있는 태도로 유창하게 많은 말을 하는 것을 의미하지 않는다. 또 남들이 듣기 좋은 말을 잘하는 것을 의미하지도 않는다. 일찍이 공자는 말 잘하는 것을 여러 차례 경계하였다. 말을 잘하면 행동이 말을 따라가기 어렵기 때문이다. 말은 누구나 할 수 있지만 행동은 누구나 할 수 있는 것이 아니다. 그럼 말을 잘할 필요가 없다는 것인가? 공자가 강조한 것은 말을 잘할 필요가 없다는 것이 아니라 '말이 앞서지 않도록' 하라는 것이다. 말만 잘하게 되면 순간적으로는 이목을 끌지 몰라도 시간이 지나면 사람들이 더 이상 그 사람 말을 듣지 않게 되기 때문이다.

자신이 잘 알지 못하는 것을 말하면 전달력이 떨어질 수밖에 없다. 이는 글쓰기도 마찬가지다. 자신이 먼저 충분히 이해한 상태에서 말을 하거나 글을 써야 전달력이 높아진다. 예를 들어 카메라를 새로 샀다고 하자. 카메라 기능을 익히기 위해 음성

낭독 프로그램을 이용해 카메라 매뉴얼을 들었을 때와 그 카메라를 잘 아는 친구가 카메라 기능을 설명해 주는 것을 들었을 때, 이해도는 현격히 차이가 난다. 알고 말하고, 알고 쓰는 것이 중요하다는 말이다.

말하기에는 여러 종류가 있는데, 크게 사적인 말하기와 공적인 말하기로 나눌 수 있다. 친구들과 잡담을 하는 것, 부모님께 그날 있었던 일을 이야기하는 것, 선생님과 상담하는 것 등은 사적인 말하기에 해당하고, 수업 시간에 발표하는 것, 취업 과정에서의 면접 등은 공적인 말하기라 할 수 있다. 상황에 따라 고려해야 하는 요소가 조금씩 다르기는 하지만, 사적인 말하기든 공적인 말하기든 공통적으로 지켜야 하는 원칙이 있다. '자신의 생각'을 '진심'을 담아 '명료'하게 표현하는 것이다. 열의는 넘치지만 고지식했던 고대 로마의 브루투스라는 청년이 많은 사람들 앞에서 연설을 했다. 브루투스의 연설을 들은 당대의 실력자 카이사르는 이렇게 말했다. "그는 열정이 넘치지만 그가 원하는 것이 무엇인지 알 수 없다." 이 일로 카이사르는 더 이상 브루투스를 높이 평가하지 않게 되었다. 카이사르가 브루투스의 연설을 높이 평가하지 않은 이유는 그가 중언부언하여 '원하는 것이 무엇인지'를 명료하게 드러내지 못했기 때문이다.

여러 가지 말하기 방식 가운데 여기서는 발표를 중심으로 한 공적인 말하기에 대해 중점적으로 살펴보도록 한다. 흔히 우리는 말을 어떻게 조리 있게 하느냐가 말하기의 성패를 가름한다고 생각한다. 그러나 말하기를 구성하는 것은 침묵, 말의 내용과 속도, 어조와 같은 언어적인 요소뿐만 아니라 눈빛, 자세, 제스처, 표정 등 비언어적인 요소까지 다양한 것들을 포함한다. 어떤 사람이 이러한 다양한 요소들을 충족시키며 말을 할 때, 우리는 그 사람을 두고 말을 잘한다고 하는 것이다. 또한 말의 내용이 전체에서 차지하는 비중이 정작 10%도 되지 않는다는 점에 유의할 필요가 있다. 그러니 우리는 말의 내용뿐만 아니라 다른 요소들에도 각별히 신경을 써야 한다.

루스벨트 대통령이 어느 날 아침 국무회의에 들어오는 각료들에게 아침 인사 건네듯이 가볍게 이런 말을 했다고 한다. "어젯밤 내가 우리 할머니를 죽였어요." 그런데 실제로 그 말을 듣고 놀란 사람은 아무도 없었다. 우리는 아침 인사를 할 때 심각하게 뜸을 들이거나 하지 않고 가볍게 인사를 건넨다. 듣는 사람도 마찬가지로 가볍게 받아들인다. 듣는 이는 그 아침 인사를 해석하고 판단하는 데 큰 힘을 들이지 않는다. 그 인사의 내용보다 오히려 말하는 사람의 표정을 확인하는 데 더 에너지를 쏟는 것이다. 만약 루스벨트 대통령이 아침에 만난 각료에게 침통하고 불안한 표정으로 한참 동안 침묵을 지키다가 무언가 비밀스러운 이야기를 꺼내려다 말고 다시 어렵게 그 이야기를 꺼냈다면, 분명 듣는 이는 그 말의 내용과 사태의 심각성을 제대로 알게 되었을 것이다.

따라서 말을 할 때는 말의 내용에 부합하는 침묵, 속도, 어조, 표정 등도 뒷받침되어야 한다. 정확히 할당할 수는 없지만, 말을 통한 의사소통은 다음과 유사한 비중으로 이루어지기 때문이다.

<table>
<tr><td colspan="5">어조</td><td colspan="6">표정</td></tr>
<tr><td>침묵</td><td>말</td><td>침묵</td><td>말</td><td>침묵</td><td>말</td><td>침묵</td><td>말</td><td>침묵</td><td>말</td><td>침묵</td></tr>
<tr><td colspan="4">속도</td><td colspan="4">복장</td><td colspan="3">시선</td></tr>
</table>

〈언어소통의 주요 구성〉

날씨, 장소, 소음, 듣는 이의 컨디션 등도 의사소통에 영향을 미칠 수 있다. 그 외에도 의사소통에 영향을 미칠 수 있는 요소는 많다. 이를 언어적 요소와 비언어적 요소로 나누어 자세히 살펴보자.

(1) 언어적 요소

① 침묵

우리는 말을 하고 있을 때만 중요하다고 생각한다. 하지만 누구와 대화를 나눌 때, 실은 말하고 있는 시간만큼이나 침묵하고 있는 시간이 많다. 쉴 새 없이 계속 말을 할 수 없다. 중간에 휴지를 두어 가며 말을 한다. 이 휴지 기간, 침묵의 시간 또한 의사소통의 중요한 요소다.

'라코타'라고 하는 인디언 부족은 말을 시작하기 전, 그리고 말을 끝내고 나서의 잠깐의 침묵을 매우 중요하게 생각했다고 한다. 그들의 삶을 관찰한 오글라라 시욱스 부족의 추장 '서 있는 곰(Standing Bear)'은 다음과 같이 쓰고 있다.

> 대화는 결코 즉시 시작되지 않았고 서두르는 법도 없었다. 아무리 중요한 사안이라도 아무도 질문을 해 대지 않았고 답변이 강요되지도 않았다. 생각을 위한 고요는 진정으로 예의 바른 대화의 시작이었다. 라코타 족에게 침묵은 의미가 큰 것이었으며, 화자의 말이 시작되기 전 침묵의 공간(a space of silence)에 대한 기다림은 말하는 자에 대한 존중과 정중함의 표현이었다.

법정 스님도 두 사람 사이에 놓인 침묵이 얼마나 정겹고도 중요한가에 대해 이야기한 바 있다. 우리는 누구를 만나 굳이 쉼 없이 이야기를 해야 한다는 강박관념에서 벗어날 필요가 있다. 말로 친해지는 사이가 아니라 침묵으로도 어색하지 않은 관계가 참다운 관계라 할 수 있다. 대화 중간중간의 침묵을 자연스럽게 받아들일 필요가 있는 것이다.

② 속도

일상적인 대화를 할 때도 그렇지만 특히 여러 사람 앞에서 발표를 할 때 말의 속도에 유의해야 한다. 일반적으로 말이 느리면 청자가 답답함을 느낄 수도 있지만, 그런 경우보다는 오히려 말이 너무 빨라 문제가 될 때가 많다. 말이 빠르면 짧은 시간 안에 너무 많은 정보가 상대에게 건너간다. 상대는 들은 말을 미처 다 이해하지 못했는데 계속 새로운 정보가 주어지면 부담을 느끼게 된다. 특히 여러 사람 앞에서 발표할 때에는 청중이 제대로 이해했는지 확인하면서 발표를 이어 가야 한다. 청중에게 갑자기 한꺼번에 많은 정보를 주어서는 안 된다. 그렇게 되면 쌍방향 의사소통에 문제가 발생하기 십상이다.

말이 빠른 것을 어떻게 교정할 수 있을까. 일부러 느릿느릿 말하는 연습을 해 보아야 큰 효과가 없다. 일반적으로 평소에 말이 빠르면 발표 때는 더욱 말이 빨라지기 마련이다. 자신이 평소 말이 빠르다고 생각한다면 다음과 같은 방법을 써 보자. 문장 단위로 끊어서 말하되 중간중간 휴지를 두는 것이다. 또 화제가 전환될 때에는 의식적으로 휴지 기간을 더 두도록 한다. 다음 예문을 통해 어떻게 끊어 읽는 것이 좋을지 확인해 보자.

> 안녕하십니까. // 국어국문학부 21학번 / ○○○입니다. // 오늘은 제가 / 온라인 수업에서 / 지켜야 할 / 예절에 대해 / 말씀드리고자 합니다. ///
>
> 코로나바이러스 감염증-19 때문에 / 지난 학기부터 / 원격 수업이 / 진행되고 있습니다. // 원격 수업은 / 영상강의로 진행되기도 하지만 / 실시간 화상강의로도 / 이루어지고 있습니다. // 학생들 대부분은 / 보통 집에서 / 컴퓨터를 활용해 / 수업을 듣습니다. // 그런데 / 실시간 화상수업을 수강하면서 / 지켜야 할 기본 예절을 / 지키지 않아서 / 선생님과 / 다른 학생들에게 / 무례를 범하는 상황이 / 종종 있는 것 같습니다. ///
>
> 가장 흔하게 보게 되는 문제는 / 실시간 수업 중 / 비디오를 켜지 않는 것입니다. // 자신의 모습을 / 온라인 상에서 / 다른 사람들, // 특히 잘 모르는 사람들에게 / 노출하는 것은 / 누구에게나 / 유쾌한 일은 아닙니다. // 그럼에도 불구하고 / 비디오를 켜라고 하는 것은 / 학생들 각자 / 어느 정도의 / 긴장감을 유지할 수 있고 / 수업을 진행하시는 선생님도 / 수업을 듣는 학생들이 / 교과 내용을 / 잘 이해하고 있는지를 / 확인할 수 있기 때문입니다. // 물론 / 비디오를 켬으로써 / 발생하는 부작용도 / 있습니다. // 하지만 / 그러한 부작용을 걱정해 / 실시간 화상수업의 장점을 / 포기하는 것은 / 바람직하지 않다고 생각합니다. ///

가령 다음 한 줄의 내용을 5초 동안 말한다고 해 보자.

← 5초 →

㉮

안녕하십니까. 국어국문학부 21학번 전우치입니다. 오늘은 제가 온라인 수업

㉯

안 녕 하 십 니 까. 국 어 국 문 학 부 21학 번 전 우 치

㉰

안녕하십니까.   국어국문학부 21학번 전우치입니다.   오늘은 제가

㉮처럼 말하면 다소 말이 빠르게 들릴 수 있다. 그런데 일부러 느리게 말하기 위해 ㉯처럼 연습하면 부자연스럽게 된다. 따라서 ㉰와 같이 휴지부를 잘 지키면서 말하는 연습을 하고, 실제 발표 때에도 휴지부를 표시해 발표하면, 청중이 여유를 가지고 편안한 기분으로 발표를 들을 수 있게 된다.

③ 어조와 호흡

일상적인 대화에서는 자신의 어조에 크게 신경을 안 써도 되지만, 대중을 향해 발표할 때는 어조에 유의해야 한다. 어조는 '톤'(tone)이라고도 할 수 있는데, 일반적으로 사람들은 낮은 톤으로 하는 말을 더 신뢰한다는 연구 결과가 있다. 높은 톤으로 말하면 즐거울 수는 있어도 신뢰감까지 주기는 어렵다. 남녀를 불문하고 아나운서들이 낮은 톤으로 말하는 것은 이와 관련이 깊다.

자신의 톤 자체가 높다면 발성 연습을 따로 해 보는 것도 좋다. 발성할 때는 호흡이 중요한데, 목으로만 말하지 말고 배꼽 아래 단전에 집중하여 자신의 몸통 전체를 울려 소리 낸다고 생각하고 말해 보자.

우리는 평생 호흡을 한다. 그런데 우리가 호흡한다는 것을 의식하는 순간은 그리 많지 않다. 많은 사람들 앞에서 발표할 때는 호흡을 잘해야 한다. 호흡을 통해 자신의 목소리 톤을 조절할 수 있을 뿐 아니라 우리 신체 리듬도 조절할 수 있기 때문이다. 평소 자신이 호흡하는 것을 인지하지 못하고 지내다가 여러 사람들 앞에서 발

표하게 되면, 대부분 상당히 긴장을 하게 되고, 긴장을 하면 자기도 모르는 사이에 호흡이 가빠지거나 불규칙해진다. 이에 따라 긴장감은 더욱 높아진다. 자신의 호흡에 집중해 보자. '나는 천천히 숨을 쉰다'고 되뇌면서 호흡을 하면, 긴장감이 아예 사라지지는 않더라도 떨려서 말을 하지 못할 상황은 면할 수 있을 것이다. 호흡이 자연스러우면 떨지 않고 큰 목소리로 내용을 전달할 수 있다.

(2) 비언어적 요소

① 시선

학생들에게 발표하라고 하면, 대체로 교탁이나 컴퓨터 앞에 꼼짝 않고 서서 발표하는 경우가 많다. 그러나 한 장소에 가만히 서서 발표하는 것보다 천천히 걸어다니며 발표하는 것이 여러 측면에서 좋다. 긴장감을 완화할 수 있고 무엇보다 청중과 자연스럽게 시선을 교환할 수 있기 때문이다. 한곳에 서서 시선을 교환하려면 일부러 고개를 돌려야 하고, 고개를 돌린다 해도 사각지대가 있기 마련인데, 천천히 걸어다니면 모든 청중과 자연스럽게 시선 교환을 할 수 있다.

그렇다고 계속해서 돌아다니며 발표하면 산만해 보일 수 있다. 한곳에 서서 발표하다가 천천히 걷다가, 이러기를 반복하며 발표하는 것이 좋다. 그런데 돌아다니며 발표하기에 부적합한 상황이 있을 수도 있다. 가령 수상 소감을 발표하게 되었을 때 걸어다니며 할 수는 없는 노릇이다. 이때는 한곳만 보며 말하기보다는 가급적 의식적으로 고개를 좌우로 돌려 가며 말하는 것이 좋다. 대중 연설에 뛰어난 기량을 보인 오바마 전 미국 대통령이 연설할 때의 모습을 보라. 그는 수천 명의 청중을 앞에 두고 연설하면서 계속 고개를 좌우로 돌려 가며 이야기한다. 오바마가 수천 명의 청중과 시선 교환을 다 할 수는 없는 노릇이다. 그런데 그러한 자세가 중요한 이유는, 시선을 받는 청중들 입장에서 발표자가 자신을 보고 이야기한다고 느끼고 연설에 집중하게 되기 때문이다.

② 복장

발표를 할 때 복장에도 신경 쓸 필요가 있다. 복장을 단정하게 하는 게 좋다는 것은 누구나 알 것이다. 그렇다고 학생 신분으로 한 번의 수업 발표를 위해 정장을 준비하는 것은 부담스러운 일이다. 가지고 있는 옷 가운데 단정한 느낌을 주는 옷이면 충분하다.

발표할 때 시선 교환에 방해가 되는 복장은 피하는 것이 좋다. 너무 현란한 색감의 옷, 선글라스, 챙이 있는 모자 등은 발표자의 말에 집중할 수 없게 만들거나 시선 교환에 방해가 되는 것들이다.

(3) 질의에 대한 응답

프레젠테이션을 포함해 대부분의 발표가 끝나면 Q&A, 즉 질의응답 시간이 주어진다. 발표가 성공적이었다면 틀림없이 여기저기서 질문을 할 것이다. 질의응답 시간에 질문이 전혀 없다면, 내용이 너무 지루했거나, 혹은 질문을 할 분위기가 아닌 상황이기 때문일 것이다. 성공적인 발표였다면 틀림없이 질문자가 있을 것이다.

발표자는 질문을 받으면서 대개 그 질문에 어떻게 답할까 고민한다. 그러느라 질문을 받는 도중에 분주하게 답변 준비를 하는 경우가 많다. 질문자가 질문하고 있는데 답할 준비를 하는 것은 결코 좋은 태도가 아니다. 질의응답 시간에 가장 중요한 것은 질문을 잘 듣는 것이다. 질문만 잘 들어도 답변의 절반은 성공한 것이나 다름이 없다. 질문을 잘 듣는 특별한 방법이 있을까? 앞서 서술한 '적극적으로 듣는 방법'을 응용해 볼 수 있다.

또 하나 범하기 쉬운 실수는, 질문자가 여러 가지 질문을 한꺼번에 했을 때 발표자가 답변 중 질문을 잊는 것이다. 질문에 답하다가 "세 번째 질문이 뭐였죠?" 하고 질문자에게 되묻는 순간, 발표 성적은 급락하게 된다. 질문을 잘 안 들었다는 것을 공언하는 것이기 때문이다. 물론 두세 가지 질문을 한꺼번에 받게 되면, 답을 하는 도중에 뒤의 질문을 잊을 수도 있다. 이때는 질문을 메모하는 것이 좋다.

오바마 전 미국 대통령이 취임 100일을 맞이하여 기자회견을 할 때였다. 뉴욕 타

임즈의 한 기자가 이렇게 질문했다.

"감사합니다, 대통령님. 지난 100일 동안 가장 놀라웠던 일, 황홀했던 일, 굴욕적이었던 일, 난처했던 일……"

질문이 여기에 이르자 오바마는 갑자기 안주머니에서 펜을 꺼내며 이렇게 말한다.

"잠깐 좀 적을게요."(Now let me write this down.)

오바마의 이 행동으로 회견장은 일순간 웃음바다가 된다. 질문 항목이 네 개를 넘자 오바마는 그것을 기록하려고 펜을 꺼내든 것이다. 그러고는 하나하나 되물어가며 질문을 받아 적는다.

"놀라웠던 일, 황홀했던 일, 그리고 굴욕적이었던 일요? 또 난처했던?"

이렇게 되물어가며 질문을 기록하여 회견장 분위기를 화기애애하게 만들기도 했지만, 오바마의 이 행위는 '질문을 새겨듣는다'는 강력한 메시지이기도 하다. 질의응답 시에 이렇게 질문이 많아지는 듯하면 질문을 조목조목 확인해 가며 받아 적는 것이 좋다.

(4) 기타 유의사항

① 청중과의 시선 교환

발표자가 발표를 하고 있는데 청중이 발표 자료만 보고 있다든지, 슬라이드만 보고 발표자를 보지 않는다면 그 발표는 성공할 가능성이 낮다. 발표의 주인공은 발표자와 청중이고, 발표의 성공 여부는 바로 발표자와 청중 사이에 이루어지는 의사소통이 어떠했는가로 결정된다. 그만큼 발표에서 청중과의 시선 교환은 매우 중요하다.

일반적으로 우리는 여러 사람 앞에 서면 시선을 어디에 두어야 할지 난감해 한다. 적게는 네댓 명, 많게는 수십 명, 혹은 수백 명의 청중 앞에서 누구를 보아야 할까? 이때는 청중의 수에 따라 조금씩 다른 방법을 쓰는 게 좋다. 네댓 명 정도 소수의 청중이라면 그들 한 사람 한 사람과 돌아가며 시선 교환을 한다. 이삼십 명일 경우에도 가급적 한 사람 한 사람과 시선을 교환하는 게 좋다. 다만 청중이 많다고 해서 시선을 빨리 움직이기보다는 천천히 시선을 움직이는 게 좋다. 청중 수가 그보다 더 많다면 앞서 오바마의 예에서 살펴보았듯 의식적으로 고개를 좌우로 돌려가며 말하는 것이 좋다. 발표자와 청중 사이의 거리가 어느 정도 있다면 단지 고개를 돌리는 것만으로도 효과가 있다.

② 긴장감 완화법

대중 앞에서 긴장이 되면 호흡에 집중하라고 했다. 그런데 호흡에 집중해 보아도 긴장감이 해소되지 않는다면 어떻게 해야 할까. 어느 정도의 긴장감은 오히려 발표에 도움이 된다. 그러니 긴장되는 것 자체를 부정적으로만 생각할 필요는 없다. 그런데 간혹 너무 긴장해서 발표를 제대로 이어가지 못하는 상황이 발생하기도 한다. 이럴 때는 어떻게 해야 할까? 현재 자신의 상황을 솔직히 털어놓는 것이 좋다. 너무 긴장해서 말조차 제대로 할 수가 없는데 어떻게 하면 좋은가 하고 가까이에 있는 청중에게 물어보라. 틀림없이 그 청중은 당신에게 위로의 말을 건넬 것이다. 그러는 사이 긴장감이 누그러질 수 있다.

③ 집중하지 못하는 청중에 대한 대처

청중 가운데 발표자에게 집중하지 않는 사람이 있다면 어떻게 할까? 그 청중은 아마 너무나 피곤한 사람이거나 다른 일 때문에 프레젠테이션에 집중할 수 없는 사람일 것이다. 청중 수가 많아질수록 그런 사람이 생길 가능성이 높아지는데, 이것에 너무 신경 쓸 필요는 없다. 자신이 발표를 못해서가 아니라 저 사람이 무슨 사정이 있어서 내 발표에 집중하지 못하는구나, 하고 생각하는 것이 좋다. 고개를 숙이고 있거나 집중을 안 하는 청중이 소수이면 문제없다. 그러나 청중의 절반 이상이 집중하지 못한다면 이는 청중과의 커뮤니케이션에 실패한 것이니 자신의 발표 태도를 점검해 보아야 한다. 하지만 집중하지 못하는 청중이 소수일 때는 집중하고 있는 청중과 의사소통을 하면 된다. 집중하지 못하는 소수의 청중 때문에 프레젠테이션을 망쳐서는 안 되고, 집중해서 듣고 있는 다른 청중에게 피해를 주어서도 안 되기 때문이다.

④ 시간 엄수

요즘 세상에서는 게으름을 피울 새도, 심심할 틈도 없다. 사실 그렇게 바쁜 이유가 우리 생활이 과도하게 복잡해졌기 때문이다. 어쨌든 청중은 바쁜 시간을 쪼개서 발표장에 와 앉아 있는 것이다. 청중의 입장이 되어 발표 시간에 대해 생각해 보자.

아무리 좋은 수업이라도 정해진 시간을 초과하는 수업이 달가운 학생은 없을 것이다. 흥미로우면서도 정해진 시간 내에 끝나는 수업, 흥미롭지만 늦게 끝나는 수업, 흥미롭지는 않지만 일찍 끝나는 수업, 흥미롭지도 않고 늦게 끝나는 수업이 있다고 하자. 학생들이 가장 선호하는 것은 흥미로우면서도 정해진 시간 내에 끝나는 수업이다. 그러니 발표도 정해진 시간 내에 마쳐야 한다. 대체로 예정된 시간보다 약간 일찍 마치는 것이 좋다.

⑤ 예기치 않은 사고에 대한 대비

프레젠테이션의 귀재 스티브 잡스도 발표 중에 당황한 일이 있다. 바로 예기치 않은 상황이 발생할 때이다. 발표자가 당황하면 처음에는 청중들이 안타까워하며, 빨리 문제를 해결하고 발표를 속행했으면 좋겠다고 생각한다. 그런데 돌발적인 상황에 유연하게 대처하지 못하고 계속 허둥대고 있으면, 청중들은 발표자가 발표 준비도 제대로 안 해 왔다거나 성의가 없다는 생각을 하고 실망하게 된다. 이런 일이 발생하지 않도록 두 가지에 신경 써야 한다.

첫째, 예행 연습을 철저히 하는 것이다. 만일 사전에 리허설을 해 볼 수 있으면 발표장에서 해 보는 게 가장 좋다. 만약 그럴 만한 상황이 못 되면, 발생할 수 있는 모든 문제에 대비해야 한다. USB에 문제가 생길 경우, 프로그램 버전이 안 맞아 애니메이션 효과나 동영상이 재생되지 않을 경우, 소리가 안 날 경우, 프레젠터가 작동하지 않을 경우 등등 여러 변수에 대비해야 한다. 둘째는, 당황스런 상황에 기지를 발휘할 필요가 있다. 마치 이러한 문제가 발생할 수도 있다는 걸 미리 알고 있었던 것처럼 말이다. 영상이 재생되지 않는다고 해서 문제를 해결하려고 시간을 끌고 있지 말고, 차후에 다시 보여주겠다고 양해를 구하고 넘어가는 것이 좋다. 설사 그 영상을 못 보여주더라도 발표자가 말로 그 영상에 대해 간단히 소개해 주면 된다.

(5) 종류별 말하기 방법

① 대화

하루에도 우리는 적지 않은 말을 하며 지낸다. 그중 프레젠테이션처럼 어떤 정보를 전달하기 위해 말을 하는 상황은 많지 않다. 오히려 사소한 대화와 같이 관계 형성을 위한 말하기, 즉 사적인 말하기를 더 많이 한다. 영국의 언어학자 제프리 리치(Geoffrey Leech)는 원활한 대화를 위한 핵심적인 원리로 '공손함의 격률(Politeness maxims)'을 들고 있다. '격률'은 '원칙'이나 '규범' 정도로 이해하면 되겠다. 공손함의 격률에는 요령, 관용, 칭찬, 겸양, 동의와 같은 좀 더 구체적인 원칙들이 있다.

'요령(tact)의 격률'은 청자에게 선택하거나 취할 수 있는 범주를 넓게 제시하는 것이다. 즉 어떤 일을 결정할 때 듣는 사람이 선택권을 갖고 있다고 여기도록 배려해 주는 것이다. 다음 예문을 보자.

길수 : 피자 먹으러 가자.
정희 : 그래.

식사 메뉴를 정할 때 처음부터 이렇게 단도직입적으로 말해서는 곤란하다. 인용문은 청유형 문장이지만 '나는 피자 먹기로 결정했으니 내 결정에 따라'와 같은 명령형에 가까운 표현이다. 이보다는 다음과 같이 듣는 이로 하여금 선택의 폭을 넓게 가지도록 하는 것이 좋다.

길수 : 점심 뭐 먹을까?

정희 : 글쎄?

길수 : 피자나 파스타 같은 거 어때?

정희 : 좋아.

길수 : 그럼 내가 아는 맛있는 피자집이 있는데, 거기로 가자.

이렇게 대화하면 청자는 자신이 존중받고 있다는 느낌을 받는다. 그리고 의사결정을 하는 과정에서 자신의 의견이 어느 정도 반영되었다고 생각하게 된다.

'관용(generousity)의 격률'은 청자의 기분을 상하지 않게 하고 청자의 부담을 최소화하는 대신 화자가 큰 부담을 지는 것이다. 가령 상대의 말을 잘 알아듣지 못하여 다시 듣기를 원할 때 다음 두 가지로 말할 수 있다.

A : 잘 안 들려요. 다시 말씀해 주세요.

A′ : 주위가 시끄러워 방금 제가 제대로 알아듣지 못했는데 죄송하지만 혹시 다시 말씀해 주실 수 있나요?

A는 자신의 불만을 직설적으로 표출하면서 필요한 것만 얻으려 하고 있고, A′는 먼저 요구하기 전에 자신의 부주의 내지 청자에게 요청할 수밖에 없는 상황을 설명해 양해를 구한 후 조심스럽게 요청을 하고 있다.

'칭찬(approbation)의 격률'은 상대방의 좋은 점을 말해주는 것이다. 세상에 칭찬을 싫어하는 사람은 없다. 물론 과도한 칭찬은 아첨하는 듯한 인상을 주어 역효과가 날 수 있으니 주의하여야 한다. 칭찬은 대화에 윤활제 역할을 하기도 하지만, 마음을 담지 않고 표면적으로만 하는 칭찬은 좋지 않다. 늘 상대를 칭찬하라는 말이 아니라, 관계 형성 및 유지를 위한 대화에서 이따금 윤활제처럼 칭찬을 활용하라는 것이다.

칭찬의 격률이 청자를 향해 취해야 할 것이라면, '겸양(modesty)의 격률'은 화자 자신이 취해야 할 태도이다. 자신에 대한 칭찬을 최소화하고 오히려 자신의 부족한 점을 부각하는 것이다.

유솔 : 그 어려운 문제를 어떻게 다 풀었어? 대단하다.

지완 : 아니야. 어제 풀어 보았던 문제와 우연히 비슷한 문제가 나와서 그럭저럭 풀 수 있었어. 운이 좋았던 거지.

우리에게 익숙한 대화이다. 우리는 이미 겸양의 원칙을 지키며 살아오고 있었던 것이다. 굳이 이것을 원칙으로 삼은 것은, 리치가 속한 서구 사람들은 자신을 낮추는 태도에 익숙지 않기 때문이다.

마지막으로 '동의(agreement)의 격률'은 화자와 청자의 의견 차이를 최소화하는 것이다. 쉽게 이야기하자면 청자의 견해와 다른 견해가 있어도 그것을 조심스럽게 드러내야 한다는 것이다.

지민 : 오늘은 좀 여유가 있으니 차 타고 멀리 나가서 식사할까?

지후 : 좋지. 그런데 오늘 휴일이라 혹 멀리 갔는데 식당 문을 닫았으면 어쩌지?

지민 : 그것도 그렇네. 그럼 가까운 데 가서 먹자.

지후는 지민의 의견을 충분히 존중하는 태도를 보여 의견 차이를 최소화하고 있다. 그러면서도 혹시 발생할 문제에 대해 거론하여 근처에서 식사했으면 하는 자신의 의도를 관철하면서도 지민의 기분을 상하지 않게 하고 있다.

이 밖에도 '동정(sympathy)의 격률' 등이 있지만 위 다섯 가지 격률만 알아도 충분하다. 물론 이러한 원칙을 잘 안다고 해서 곧바로 공손한 태도로 대화할 수 있는 것은 아니다. 그러나 하루 동안 자신이 한 말들을 곱씹어보면서 자신이 실수했다고 생각되는 말들과 그것이 실수라 생각하는 이유를 위 격률들을 통해 되돌아본다면 차츰 공손한 태도로 원활한 대화를 이어 갈 수 있게 될 것이다.

② **보고(브리핑)**

발표나 연설 등은 대화와 같은 사적인 말하기와 달리 말할 내용을 미리 준비하여야 한다. 공적인 말하기에는 정보 전달을 위한 말하기와 설득을 위한 말하기 등이 있다. 어떤 사안에 대한 정보를 전달하는 것은 '보고' 혹은 '브리핑'이라고 한다. 보고를 할 때는 육하원칙에 따라 명료하게 하여야 한다. 또 전체 현황을 이해하기 쉽게 개관한 후 세부 항목 가운데 특별히 언급하여야 할 것들에 대해 말한다. 다음 예를 보자.

> 코로나바이러스감염증-19의 국내 발생 현황에 대해 보고드리겠습니다. 9월 3일 0시 기준으로, 국내 발생 신규 확진자는 188명으로 확인되었고, 해외 유입 사례는 7명으로 확인되어 총 누적 확진자 수는 20,644명(해외 유입 2,858명)입니다. 신규 격리 해제자는 173명으로 총 15,529명(75.22%)이 격리 해제되어, 현재 4,786명이 격리 중입니다. 위중·중증 환자는 154명이며, 사망자는 3명으로 누적 사망자는 329명(치명률 1.59%)입니다.
>
> 현재는 해외 유입에 의한 확진자는 미미한 수준이며, 신규 확진자 중 상당수가 ××교회 예배 참석자와 ××집회 참석자로 밝혀졌고 그분들과의 접촉자 중에서도 확진자가 증가하는 추세입니다. ××교회 예배 참석자와 ××집회 참석자 가운데 아직 검사를 받지 않으신 분께서는 신속히 가까운 보건진료소를 방문하시어 검사받으시기 바랍니다.

전반부에서는 상황을 개관하고 있고, 후반부에서는 개관한 내용의 동향과 특징 및 별도의 언급이 필요한 것들을 말하고 있다. 이렇게 보고를 하기 위해서는 먼저 보고하고자 하는 자료를 일목요연하게 정리하여 유형화할 필요가 있다. 또 자료를 정리하고 유형화하면서 발견되는 특징 등을 덧붙이는 것이 좋다.

실제 브리핑을 할 때는 위와 같이 문장 형식의 원고를 준비하여 그것을 그대로 읽어서는 안 된다. 개괄적으로 설명할 내용과 추가적으로 언급할 내용을 항목화하여, 그 자료를 보고 브리핑해야 한다. 브리핑할 자료 내용을 암기하는 것이 좋지만, 위의 예와 같이 구체적이거나 복잡한 내용에 대해서는 메모한 것을 보면서 보고해도 좋다. 위와 같이 브리핑할 때, 메모는 다음과 같이 준비할 수 있다.

☑ 확진자 현황: 9월 3일 0시 기준 국내 발생 신규 확진자 : 188명 / 해외 유입 : 7명 총 누적 확진자 수 : 20,644명(해외 유입 2,858명) ☑ 신규 격리 해제자 : 173명 / 총 격리 해제자 : 15,529명(75.22%) 현재 격리 중 : 4,786명 ☐ 위중·중증 환자 : 154명 / 사망자 : 3명 누적 사망자 : 329명(치명률 1.59%)

메모할 때는 자료를 무작위로 나열하기보다는 위와 같이 성격이 유사한 자료를 묶어 요약하는 것이 좋고, 이미 보고한 내용은 체크를 해 두는 것이 좋다. 그렇지 않으면 보고 중 자료를 다시 볼 때 어디까지 보고했는지 혼동할 수 있기 때문이다.

③ 설득

공적인 말하기에는 브리핑과 같이 정보 전달을 목적으로 하는 것도 있지만, 청중을 설득하는 것을 목적으로 하는 것도 있다. 연설이나 프레젠테이션이 그 예이다. 설득하는 말하기에는 '청중의 인식 변화'를 위한 말하기와 '청중의 행동 변화'를 이끌어 내기 위한 말하기가 있다. 이러한 발표에서 공통적으로 핵심이 되는 것은 선명한 주장과 타당한 근거이다.

설득하는 말하기의 핵심 요소	주장
	근거

전체적으로 주장하는 내용과 그 주장을 뒷받침하는 주장이 유기적으로 연결되어

있어야 하며, 각각의 주장에는 타당한 근거가 있어야 한다. 이렇게 체계적으로 주장을 하여 청중을 설득하기 위해서는 사전에 철저한 준비가 필요하다. 설득하는 말하기는 대체로 다음과 같은 구성을 취한다.

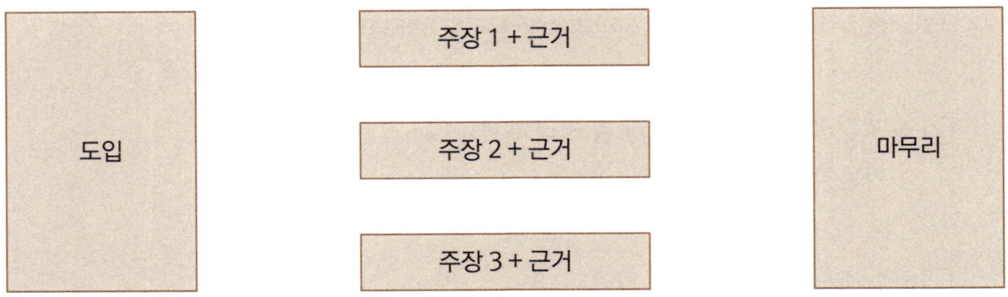

도입부에서는 발표 내용과 관련하여 청중의 주의를 환기할 수 있는 말로 시작하고, 본격적으로 소개하고자 하는 주요 내용을 간략히 소개한다. 본격적으로 소개하는 내용은 각각 주장과 근거로 구성한다. 이때도 주장이 명료해야 하고 근거가 타당해야 한다. 근거로는 전문가의 견해, 사실 자료, 타당한 논리 등을 활용할 수 있다. 마무리 부분에서는 주장의 내용을 요약하고 주장한 내용을 다시 한번 강조한다.

이상의 내용에 유의하면서 청중의 인식 변화를 꾀하기 위한 말하기의 예부터 먼저 살펴보자. '대중가요 가사 속 여성의 위상 변화'라는 주제로 발표를 한다면 발표 내용을 다음과 같이 구성할 수 있다.

<table>
<tr><td rowspan="10">도입</td><td rowspan="10">여성 아이돌 가수의 노래 가사 속 여성은 어떻게 변화해 왔는가</td><td>주장 1</td><td>60년대 : 종속적 여성</td><td rowspan="10">마무리</td><td rowspan="10">60년대부터 2000년대까지 대중가요 속 가사에서 여성은 갈수록 당당한 모습으로 드러남.
이는 여성의 사회적 지위 상승과 관련이 있음.</td></tr>
<tr><td>근거</td><td>이미자, 김태희 노래의 가사</td></tr>
<tr><td>주장 2</td><td>70~80년대 : 과도기적 면모</td></tr>
<tr><td>근거</td><td>양희은 노래의 사회참여적 가사</td></tr>
<tr><td>주장 3</td><td>90년대 : 당당한 여성</td></tr>
<tr><td>근거</td><td>박미경, 스페이스A 노래의 가사</td></tr>
<tr><td>주장 4</td><td>2000년대 : 복고적 면모</td></tr>
<tr><td>근거</td><td>박지윤, 이효리 노래의 가사</td></tr>
<tr><td>주장 5</td><td>갈수록 여성의 사회적 지위 상승
복고적 면모는 가요의 상업성 강화와 연관</td></tr>
<tr><td>근거</td><td>여성의 사회적 위상 상승 관련 자료
(여성 가구주, 경제활동 비율의 증가)</td></tr>
</table>

주장 1에서 5에 이르기까지 낱낱의 주장들을 나열하기보다는 연관성 내지 흐름이 있는 것이 좋다. 위 표에서 핵심 주장이라 할 수 있는 것은 주장 5이며 주장 1~4는 이를 뒷받침하기 위한 근거에 가깝다. 또 주장 1~4는 보다 구체적인 근거들을 가진 것들이어서 이에 기반한 핵심 주장(주장 5)이 더욱 설득력을 얻을 수 있게 된다. 상대방을 잘 설득하기 위해서는 이렇게 구체적인 근거들을 통해 선명한 주장을 해야 한다.

다음으로 상대방의 행동 변화를 이끌어 내기 위한 설득의 말하기에 대해 살펴보자. 이를 위해서는 다음에 유의해야 한다. 먼저 행동의 변화가 상대방에게도 득이 되는 것임을 호소해야 한다. 설득이란 상대의 일방적인 희생을 요구하는 것이 아니다. 듣는 이의 희생만 바라는 것은 설득이 아니라 사기나 편취에 가깝다.

최근에는 시청각 자료를 활용하여 프레젠테이션을 하는 예가 많으므로 다음 절에서는 프레젠테이션의 핵심 요소에 대해 살펴보도록 한다. 단, 프레젠테이션 또한 멀티미디어를 활용한 '발표'이므로, 앞서 언급한 발표 시 유의사항이 공통적으로 적용될 수 있음에 유의하자.

2) 프레젠테이션의 핵심

흔히 프레젠테이션을 잘하려면 슬라이드를 멋지게 만들고 말도 잘해야 한다고 생각한다. 그런데 이것보다 더 중요한 게 있다. 바로 마음이다. '내가 알고 있는 좋은 것을 당신에게 소개해 주고 싶다'는 마음, '이것을 나만 알고 있기에는 아깝다'는 마음 말이다. 일반적인 말하기도 마찬가지지만 프레젠테이션도 결국은 진심이 담겨 있어야 상대의 마음을 움직일 수 있다. 마음을 움직일 수 있는 것은 마음이다. 멋진 슬라이드를 만드는 것은 부차적인 문제다. 그런 마음이 없이 어떻게 하면 그럴듯하게 포장할 수 있을까에 골몰해서 발표 준비를 한다면 프레젠테이션은 실패할 확률이 높다.

프레젠테이션은 대개 여러 사람들 앞에서 하게 된다. 많은 사람들 앞에 서면 대부분 긴장을 한다. 그래서 긴장하지 않기 위해 또 긴장을 한다. 그런데 적절한 긴장은 오히려 프레젠테이션에 도움이 된다. 긴장을 한다는 것은 그만큼 청중에게 마음을 쓰고 있다는 증거이기도 하기 때문이다. 너무 긴장하여 말을 잇지 못하는 것도 문제가 되겠지만 어느 정도의 긴장은 발표에 도움이 된다. 가령 어떤 사람이 잘 차려입고 나타나 능숙한 솜씨로 현란한 슬라이드를 넘기며 일사천리로 말을 한다. 청중은 어떤 기분이 들겠는가. 사람들이 근본적으로 반응하는 것은 발표자의 말솜씨가 아니라 마음이다. 발표자가 어떤 마음으로 발표했느냐에 따라 청중의 반응이 완전히 달라질 수 있다는 것이다. 잘 꾸며서 능숙하게 발표를 하였다고 해서 청중의 마음을 쉽게 움직일 수 있는 것은 아니다. 차라리 좀 서툴더라도 정말 마음을 다해 준비했구나, 하는 게 느껴질 때 청중의 마음이 움직인다.

프레젠테이션의 핵심 요소 세 가지에 대해 살펴보기에 앞서 2007년 아이폰을 처

음 출시할 때 스티브 잡스가 했던 프레젠테이션 영상을 확인해 보자.[1]

(1) 핵심 1 : 단순한 슬라이드 디자인

슬라이드를 만들 때 한 화면에 너무 많은 정보를 담으려 해서는 안 된다. 스티브 잡스가 사람들을 감동시킨 슬라이드는 단순하다. 하나의 화면에 한두 개의 이미지와 키워드가 전부다. 슬라이드에 텍스트가 많으면 청중들은 발표자의 말에 귀 기울이는 것이 아니라 화면의 텍스트에 신경을 집중한다. 그렇게 되면 성공적인 프레젠테이션을 할 수 없다. 다음 사항에 유의해 슬라이드를 작성해 보자.

고딕체를 사용하라.
문장으로 길게 작성하지 말고 키워드 중심으로 작성하라.
글머리 기호(※ □ …) 사용은 가급적 자제하라.
색의 조화를 고려하라.
오타를 점검하라.

(2) 핵심 2 : 흐름이 있는 전체 내용의 구성

프레젠테이션은 기본적으로 멀티미디어 정보를 활용해 청중을 설득하는 것이다. 정보를 하나하나 나열하기만 하면 청중은 쉽게 지루함을 느낀다. 전체 발표는 흐름이 있는 하나의 이야기로 구성할 필요가 있다. 사람들은 낱낱의 정보보다는 이야기에 더 쉽게 반응한다.

스티브 잡스는 아이폰을 소개하면서 낱낱의 기능들을 설명하기에 앞서 애플의 역사를 요약해 제시하고는 다음과 같이 인상적으로 아이폰을 소개하고 있다.

---

1 https://www.youtube.com/watch?v=MnrJzXM7a6o

1984년, 매킨토시를 출시했는데 이것은 애플뿐만 아니라 컴퓨터 산업 전반을 바꾸었습니다. 2001년, 아이팟을 출시했는데 이는 우리의 음악 듣는 방식뿐만 아니라 음악산업 전반을 바꾸었습니다. 이제 세 가지 혁신을 이룬 제품을 소개하고자 합니다.

첫째, 터치 스크린이 가능한 대화면의 아이팟. 둘째, 혁신적인 모바일폰. 셋째, 인터넷 커뮤니케이션 디바이스. 이 세 가지, 아이팟·폰·인터넷 커뮤니케이션 디바이스, 아시겠습니까? 이것들은 세 가지로 분리된 것이 아닙니다. 하나의 디바이스입니다. 우리는 이것을 아이폰이라 부릅니다.

(3) 핵심 3 : 슬라이드의 보조적 활용

프레젠테이션을 하면서 일반적으로 많이 하는 실수 중 하나는 청중에게 시선을 주지 않고 슬라이드와 스크립트를 번갈아 보면서 발표하는 것이다. 이렇게 하면 청중은 프레젠테이션에서 배제되는 느낌을 받게 되고, 프레젠테이션의 참여자가 아니라 일종의 방관자가 되어 버린다.

프레젠테이션에서 중심이 되어야 할 것은 슬라이드가 아니라 발표자다. 발표자와 청중의 끊임없는 의사소통이 프레젠테이션의 기본이라 할 수 있다. 훌륭한 발표자는 슬라이드에 거의 눈길을 주지 않는다. 슬라이드는 보조적으로만 활용하는 것이다.

수많은 정보를 전달해야 하는데 슬라이드는 단순하게 제작하라고 하고 스크립트도 그대로 읽어서는 안 된다면 발표 내용을 어떻게 숙지해야 하는가. 발표 내용은 스크립트나 슬라이드가 아니라 발표자의 머릿속에 있어야 한다. 발표의 전체 개요나 구체적인 데이터는 따로 메모해 준비해도 좋다.

(4) 기타 유의사항

① 이미지를 남겨라

발표를 통해 많은 정보를 전달하려고 하지 마라. 전달해야 할 것은 많은 정보가 아니라 이미지다. 청중에게 어떤 이미지를 전달하고 싶은가? 그 이미지는 준비하는 동안 만들어지고 발표를 통해 전달된다. 성실하게 준비하지 않으면 보기에 아무리 그럴싸한 프레젠테이션이라 해도 청중이 금세 알아챈다.

② 청중에게 집중할 수 있는 시간을 주어라

프레젠테이션은 의사소통이다. 많은 발표자들이 준비한 말을 '일방적'으로 전달하려 하는 실수를 범한다. 여러 사람 앞에서의 부담감 때문에 준비한 말들을 쏟아내기에 급급하다. 그래서 준비한 슬라이드도 정신없이 넘기고 말도 정신없이 내뱉는다.

우리는 다섯 가지 감각, 즉 시각·청각·후각·미각·촉각을 통해 외부의 자극을 받아들인다. 이 가운데 우리가 가장 일상적으로, 민감하게 받아들이는 감각은 단연 시각이다. 발표를 할 때 메인이 되는 것이 발표자이기는 하지만, 청중들은 끊임없이 슬라이드 화면을 의식한다. 다음 슬라이드로 전환되면 새로운 이미지와 키워드가 나타난다. 그러면 청중들의 관심은 순간 화면으로 옮겨지게 된다. 화면이 바뀌면서 발표자가 아닌 화면에 집중하게 되는 것이다.

프레젠테이션을 하면서 흔히 저지르는 실수는, 준비해 온 것들을 쉴새없이 내뱉는 데 열중한 나머지 화면을 마음대로 넘기고, 화면 전환 후 곧바로 준비한 말을 쏟아 내는 것이다. 화면을 전환하고 나서 5초 정도는 뜸을 들이는 것이 좋다. 청중에게는 바뀐 화면을 받아들일 시간이 필요하다.

③ 조명

간혹 불을 다 끄고 캄캄한 상태에서 슬라이드만 비춰 주며 말을 하는 발표자가 있다. 프레젠테이션에서 가장 중요한 것이 무엇인가. 누차 강조했듯이 바로 발표자와 청중의 의사소통이다. 그중 핵심이 되는 것은 시선 교환이다. 그런데 불을 다 끄고 어두운 상태가 되면 시선 교환이 불가능하다. 스티브 잡스가 캄캄한 상태에서 프레젠테이션을 하던가.

그러면 어떤 조명이 가장 좋을까? 슬라이드를 알아볼 수 있을 정도의 밝기가 가장 적당하다. 발표장 조명의 조도를 조절할 수 있으면 밝기를 조절하면 되지만, 그렇지 않으면 슬라이드 쪽 조명만 조금 어둡게 하는 것이 좋다. 청중 쪽의 조명이 너무 어두워서도 안 된다. 발표자와 청중이 서로 시선을 교환할 수 있는 정도의 조명이 필요하기 때문이다. 청중들은 발표자의 발표를 들으러 온 것이지 멋진 슬라이드를 보러 온 것이 아님을 명심하자.

④ 프레젠테이션 툴

프레젠테이션 툴이란 슬라이드 제작 프로그램 및 프레젠테이션을 할 때 소용되는 기타 도구를 가리킨다. 흔히 접할 수 있는 슬라이드 제작 툴로는 파워 포인트, 프레지, 키노트 같은 것을 들 수 있다.

마이크로소프트 사의 파워포인트는 가장 대중적이고 사용법도 비교적 간단하다. 버전이 높을수록 기능이 풍부하고 화면 전환 효과도 더 다양하다. 하지만 파워포인트의 매력은 역시 만들기 쉽다는 것, 그리고 심플한 화면 구성이 용이하다는 것이다. 정말 이런 기능도 있구나, 싶을 정도로 기능 면에서 다른 툴들을 압도한다. 다만 주의해야 할 점이 있다. 기능이 많다고 해서 여러 기능을 무분별하게 사용하는 것은 좋지 않다는 것이다. 다양한 기능을 충분히 쓰되 '통일성 있게' 활용할 필요가 있다. 파워포인트의 기능을 잘만 활용하면 심플하면서도 역동적인 슬라이드를 만들 수 있다.

프레지는 2009년에 처음 선보인 이래 기본적인 포맷과 기능이 크게 달라지지 않은 툴이다. 프레지의 기능은 파워포인트에 비해 비교적 단순하다. 핵심 기능은 줌인과 줌아웃 기능이다. 이 기능으로 상당히 역동적인 슬라이드를 제작할 수 있다. 다만 줌인, 줌아웃 기능을 무분별하게 사용하면 시각적인 피로감을 느끼기 쉬우니 주의해야 한다.

키노트는 파워포인트의 심플함과 프레지의 역동성을 동시에 갖추고 있는 툴이다. 스티브 잡스가 프레젠테이션을 할 때 사용하던 툴로 유명하다. 여러 장점이 있는 툴이지만, 키노트를 이용하여 프레젠테이션을 하는 데 몇 가지 제약이 있다. 우선 키노트로 슬라이드를 만들기 위해서는 맥북이나 아이패드 등 애플 컴퓨터나 스마트 패드가 있어야 한다. 물론 프레젠테이션을 할 때에도 그러한 기기들이 있어야 하는데, 우리나라의 공공기관이나 교육기관은 윈도우 PC를 기반으로 하고 있어 키노트 사용에 어려움이 많다.

물론 웬만한 슬라이드는 파워포인트나 프레지, 키노트 중 어떤 것을 쓰더라도 만들 수 있다. 우리가 만들어야 할 슬라이드는 현란한 기능을 구사한 것이 아니라 발표에 보조적으로 활용할 심플한 화면임을 되새길 필요가 있다.

【틀리기 쉬운 표현】 한자어

1) 재원(才媛) : '재주가 뛰어난 젊은 여자'라는 뜻으로 남자에게는 쓰지 않는다.

- 그녀는 미모와 폭넓은 교양을 갖춘 재원이다. (○)
- 그는 군대를 갓 전역하여 입사한 재원이다. (×)

2) 불편부당(不偏不黨) : '아주 공정하여 어느 쪽으로도 치우치지 않음'의 뜻으로 불편하고 부당하다는 뜻과는 거리가 멀다.

- 사법부는 정치권의 문제에 불편부당의 중립을 지켜야 한다. (○)

- 불편부당한 소방 행정에 대한 민원을 받고 있습니다. (×)

3) 절찬리(絶讚裏) : '매우 칭찬을 받는 가운데'라는 뜻이다.

- 절찬리 상영 중, 절찬리 판매 중 (○)
- 절찬리 모집 중 (×)

4) 백(白) : '사뢰다, 아뢰다'의 뜻이다. 아랫사람이 윗사람에게 말씀드린다는 뜻이다.

- 공사로 인해 통행에 불편을 드려 죄송합니다. —현장소장백. (○)
- 학생들의 출입을 금함. —학교장백. (×)

※ '백'은 접미사이므로 앞말에 붙여 쓴다.

연습

1. 다음 내용으로 발표할 경우 끊어 읽기에 적절한 위치를 표시해 보고, 발표를 위한 요약 메모를 작성해 보자.

발표문

두 번째로는 복장을 단정히 하지 않는 학생들이 있다는 것입니다. 집에서 편하게 수업을 듣다 보니 굳이 옷을 갖추어 입을 필요를 느끼지 못하기도 합니다. 그러나 우리가 예전에 학교에 나가서 수업을 듣던 때를 떠올려 보았으면 좋겠습니다. 최소한의 예의를 갖추어 옷을 입고 책상 앞에 앉아야 마음가짐도 달라져 수업에 더 잘 집중할 수 있다고 생각합니다. 편한 것이 모든 상황에서 꼭 좋은 것만은 아닐 것입니다.

세 번째, 수업 참여 도중 오디오 조작에 문제가 생겨 목소리를 공유하지 못하는 상황이 발생하는 것입니다. 선생님께서 특정 학생을 지목하여 질문을 하셨을 때 곧바로 학생의 목소리가 들려오지 않으면 수업의 맥이 끊기게 됩니다. 이는 결국 수업을 듣는 다른 학생들에게도 피해를 주는 것입니다. 비디오 점검과 함께 수업 참여 전에 오디오도 문제가 없는지 점검하고 수업에 참여할 필요가 있겠습니다.

이상 실시간 화상 수업에서 학생들이 지켜야 할 기본적인 예의에 대해 말씀드렸습니다. 대부분의 학생들과 선생님들은 하루빨리 학교 강의실에서 만나 수업이 진행되기를 원할 것입니다. 하지만 지금의 사태가 언제까지 이어질지 모르는 상황에서 당분간은 원격으로 수업을 진행할 수밖에 없습니다. 수업 참여 전에 비디오와 오디오를 점검하고 복장을 단정히 하여 수업들을 준비가 제대로 된 채 수업에 참여하면 화상 수업을 보다 원활하게 이어갈 수 있으리라 생각합니다.

※ 다음 글을 읽고 효과적인 발표에 대해 생각해 보자.

시각적인 보조 수단을 활용하라

눈에서 뇌로 통하는 신경은 귀에서 뇌로 통하는 신경보다는 몇 배나 강력한 것이다. 그리고 시각적 자극이 청각적 자극보다 25배 정도 주의력을 집중하게 한다는 사실이 과학적으로 증명되었다. 이것은 옛날부터 전해져 내려오는 '백문이 불여일견'이라는 속담에도 있다.

그렇기 때문에 명쾌한 이야기를 하고 싶다면 요점을 눈에 보이듯이 묘사하고 생각을 시각화해야만 한다. 그것은 NCR의 창시자 존 H. 페터슨이 취한 방법이다. 그는 〈시스템 매거진〉 잡지에 그의 직원인 세일즈맨들에게 이야기할 때 사용한 효과적인 방법에 대해 쓴 적이 있다.

연사가 자신의 의견을 상대에게 이해시킨다든지 청중의 주의를 집중시키려면 이야기에만 의존해서는 안 되며, 극적인 보충 설명이 필요하다. 어느 쪽이 올바르고 어느 쪽이 잘못인가 하는 것을 설명할 경우에는, 가능하다면 그림이나 사진으로 보충 설명을 하는 것이 현명한 방식이다.

도표는 말로 설명하는 것보다 설득력이 있고, 그림이나 사진은 도표보다도 훨씬 설득력이 있다. 어떤 사물을 설명하는 가장 이상적인 형태는 요소요소를 그림이나 사진으로 설명하고, 말은 단지 그것을 연결하는 역할만 하는 것이다. 나는 오래 전부터 사진이나 그림이 입으로 설명하는 것보다 훨씬 효과적이라는 것을 깨달았다.

도표를 사용하는 경우에는 잘 볼 수 있게 크기를 확인할 것이며 지나치게 사용하지 않는 것이 좋다. 도표를 연거푸 그린다면 보는 사람은 싫증이 난다. 이야기하면서 도표나 그림을 그릴 때는 흑판이나 백지에 대충 재빨리 그리도록 하라.

청중은 위대한 예술 작품을 보러 온 것이 아니다. 대강 그리고, 글씨는 크고 알아보기 쉽게 써야 한다. 그리면서 설명을 계속하고, 또 청중을 계속 살펴보아야 한다.

전시물을 사용할 경우에는 다음과 같은 방식을 권한다. 이렇게 하면 청중은 반드시 이야기에 열의를 보일 것이다.

- 전시물을 쓰기 전에는 감추어 둔다.
- 맨 뒷좌석에서도 보일 만큼 크게 만든다. 보이지 않는 전시물로는 청중이 아무것도 배울 수 없다.
- 이야기를 하고 있는 동안에는 그 전시물을 청중에게 보일 필요가 없다. 주의를 분산시킬 필요가 없지 않은가?
- 전시물을 보일 때는 모두가 볼 수 있도록 높이 든다.
- 또 한 가지, 움직이는 전시물은 움직이지 않는 전시물 10개만큼 효과

가 있다.

- 이야기할 때는 전시물을 오랫동안 쳐다보지 않는다. 의사소통 대상은 청중이지 전시물이 아니다.
- 전시물에 대한 설명이 끝나면 곧바로 보이지 않는 곳에 둔다.

– 데일 카네기, 『카네기 스피치 & 커뮤니케이션』, 최염순 역, 씨앗을뿌리는사람, 2004.

---

2. 프레젠테이션을 할 때 가장 어렵게 느끼는 것이 무엇인지 각자 써 보자.

3. 주변 학우들과 조를 이루어 위 내용을 어떻게 썼는지 서로 돌려 가면서 읽어 보자.

4. 카네기의 글과 학우들의 글을 읽은 소감에 대해 써 보자.

5. 각 조에서 한 명씩 나와 4번의 소감문과 함께 프레젠테이션 능력의 발전을 위한 자신(또는 조원들)의 생각을 발표해 보자.

3

읽기

1) 읽기의 중요성

말을 잘하기 위해서는 일단 잘 들어야 하고 자주 말해 보아야 한다. 글쓰기도 마찬가지다. 글을 잘 쓰기 위해서는 먼저 좋은 글을 많이 읽어야 한다. 아무런 사전 준비 없이 쓰면 타인에게 유익한 글이 되기 어렵다. 쓰기의 자양분은 읽기에 있는 것이다.

『허삼관 매혈기』로 잘 알려진 중국의 작가 위화는 한 셰프로부터 어떻게 하면 좋은 작가가 될 수 있는가 하는 질문을 받는다. 이들의 대화는 글쓰기에 앞서 글 읽기가 얼마나 중요한가를 잘 설명해 주고 있다.

> 여러 해 전에 저는 어느 셰프와 긴 시간 대화를 나눈 적이 있습니다. 그가 제게 물었습니다.
> "어떻게 하면 훌륭한 작가가 될 수 있나요?"
> 제가 대답했지요.

"좋은 작가가 되고 싶으면 먼저 훌륭한 독자가 되세요."

그가 또 물었습니다.

"어떻게 하면 좋은 독자가 될 수 있나요?"

저는 이렇게 말했습니다.

"첫째, 평범한 작품 말고 위대한 작품을 많이 읽으세요. 오랫동안 위대한 작품을 많이 읽은 사람은 취향과 교양의 수준이 높아져서 글을 쓸 때 자연히 스스로 아주 높은 기준을 요구하게 되지만, 오랫동안 평범한 작품만 읽은 사람은 취향과 교양 수준도 평범해져 자기도 모르게 평범한 글을 쓰게 되지요. 남들의 결점은 나와 무관하지만 남들의 장점은 나 자신을 발전시키는 데 큰 도움이 되니까요."

그는 고개를 끄덕이며 제게 이렇게 말했습니다.

"셰프가 되는 것과 마찬가지로군요. 맛있는 음식을 먹어 본 사람이 좋은 음식을 만들어 낼 수 있거든요. 저는 종종 제 수하에 있는 요리사들을 다른 음식점에 보내 식사를 하게 해서 각자의 실력을 발전시킬 수 있도록 합니다. 항상 다른 음식점의 음식이 맛없다고 말하는 요리사는 발전이 없고, 항상 다른 음식점의 음식이 훌륭하다고 말하는 셰프는 크게 성장하는 것을 볼 수 있지요."

우리는 여러 가지 목적으로 글을 읽는다. 리포트를 쓰기 위해 논문을 읽기도 하고, 자격증 공부를 위해 수험서를 읽기도 하며, 좋아하는 작가의 소설이 나오면 찾아 읽기도 한다. 또 우리는 스마트폰으로 수많은 정보들을 검색하여 읽고 뉴스를 소비하기도 하며, 게시판의 글을 읽고 쓰며 소통의 욕구를 충족하기도 한다. 실용적인 목적에서뿐만 아니라 즐거움을 맛보기 위해서도 글을 읽는다. 글을 읽는 목적은 이렇게 다양하지만 또 다른 중요한 목적도 있다.

송나라 때의 문인 구양수는 글을 잘 쓰기 위해서 세 가지에 힘써야 한다고 했다. 그 세 가지는 다독(多讀), 다작(多作), 다상량(多商量)이다. 많이 읽고, 많이 써 보고, 많이 생각하라는 뜻이다. 워낙 유명하여 누구나 알고 있는 말이기도 하지만 한편으로는 워낙 널리 알려져 있기 때문에 무심코 지나치기 쉬운 말이기도 하다. 글을 잘 쓰기 위해서라도 많이 읽어야 한다.

2) 책의 선택과 독서의 방법

(1) 권장도서와 베스트셀러

좋은 글을 많이 읽고 싶다면 어떤 글(책)을 찾아 어떻게 읽어야 할까. '○○대학교 선정 권장도서 100선', 혹은 '○○문고 선정 베스트셀러'와 같은 것들을 자주 접하게 된다. 그렇게 제시된 도서 목록에 있는 책들은 대체로 훌륭한 책이겠거니 하고 읽어 보아야겠다고 생각한다. 혹은 요즘 유명한 책이니 시대에 발맞추기 위해 이러 이러한 책들도 읽어 보아야겠다고 생각하기도 한다.

권장도서 목록을 살펴보면 『주역』, 『우파니샤드』, 『아함경』과 같은, 처음 들어 보았거나 큰 흥미가 생기지 않는 책들도 다수 포함되어 있다. 그리고 니체의 『도덕계보학』, 미셸 푸코의 『감시와 처벌』과 같이 왠지 어려워 보이는 책, 『엔트로피』나 『과학 혁명의 구조』와 같이 대학생이라면 꼭 읽어야 할 것 같은 책들도 있다. 교양인이라면 읽어야 한다는 그러한 책들을 읽어 보면 독자에 따라 재미있게 생각할 수도 있지만 별 흥미를 느끼지 못할 수도 있다. 유명한 책들을 읽으면서 흥미를 느끼지 못한다면 그것은 독자의 잘못이 아니다. 아직 그 책과 만날 때가 되지 않은 것이거나 그 순간 그 책과 인연이 없는 것이다.

> 스무 살에 눈물을 쏙 빼 놓던 소설에 이제는 미소만 지을 뿐이라도, 너무 서둘러 그 책이 조악한 것이었고 나 자신이 스무 살 때 착각했다고 결론짓지 마라. 그저 이렇게 말해라. 그 책이 그때 그 나이의 당신을 위해 쓰였던 것일지언정 현재 나이의 당신을 위해 쓰인 것은 아니라고.

19세기 후반에서 20세기 초반까지 활동한 프랑스의 저명한 학자 에밀 파게가 한 말이다. 다른 사람에게 좋은 책이 꼭 자신에게도 좋으리라는 법은 없다는 것을 명심하자.

권장도서나 추천도서를 무조건 믿고 읽을 것이 아니라면 자신에게 맞는 책을 어떻게 고를 것인가. 물론 권장도서나 추천도서도 참고할 만하다. 권장도서나 추천도서는 대개 '고전'이라고 일컫는 책들인데, 이러한 책들은 오랜 세월 동안 그 가치가 검증된 것들이다. 이탈리아의 작가 이탈로 칼비노는 고전에 관해 흥미로운 이야기들을 많이 남겼다. 그는 고전에 대해 "고전이란, 사람들이 보통 '나는 ……를 다시 읽고 있어'라고 말하지, '나는 지금 ……를 읽고 있어'라고는 결코 이야기하지 않는 책이다."라고 쓰기도 하였는데, 상당히 흥미로운 말이다. 고전이라면 누구나 다 읽었을 것 같지만, 정작 그것을 읽은 사람은 많지 않다는 뜻이다. 대부분의 사람들은 고전을 읽을 때 심리적 부담, 그러니까 당연히 읽어 보았어야 할 책을 이제야 읽고 있다는 데 대한 부끄러움 같은 것을 느낀다. 하지만 우리는 고전을 읽을 때 부담 없이 읽을 필요가 있다. 헤밍웨이의 『노인과 바다』가 고전이라고 하는데 대학생이 되어 처음 읽어 본다고 해서 부끄러워 할 필요가 없다는 것이다. 당장 흥미가 생기지 않더라도 나중에라도 읽어 볼 만한 책들이 고전이다.

(2) 자신에게 맞는 책 고르는 법

오늘날 사람들은 모두 바쁘다. 그래서 무엇이든 효율적으로 하려고 한다. 독서 또한 가장 적은 힘을 들여 최대의 효과를 얻으려고 한다. 하지만 독서는 그렇게 하기가 쉽지 않다. 어떤 책을 어떻게 읽을 것인가에 대해 고민하며 시간을 보내기보다는 지금 당장 손에 잡히는 책의 한 페이지라도 읽는 것이 중요하다. 읽다 보면 자신만의 안목이 생기고 어떤 책을 어떻게 읽어야 할지 판단할 수 있게 된다.

그럼에도 무작정 아무 책이나 읽을 수는 없다. 리포트를 쓰기 위해 책을 찾을 때에는 선배나 교수, 동학에게 추천받는 것도 좋다. 또 도서관에는 책의 추천과 자료 수집을 도와주는 사서가 있는데, 사서에게 문의하는 것도 좋은 방법이다. 소설이나 교양서를 읽으려 하는데 어떤 책을 읽어야 할지 고민이 되면 친구 등 주변 사람들에게 문의하거나 인터넷 서점의 분야별 도서를 찾아 들어가 평점과 리뷰를 참고하는 것도 좋다. 마음에 드는 책이 있으면 그 책을 출판한 출판사의 다른 책을 찾아보는 것도 하나의 방법이다.

문학작품이나 교양서 가운데 흥미롭게 읽은 책이 있다면, 그 책을 쓴 저자 혹은 작가의 다른 책을 찾아볼 필요가 있다. 해당 작가의 책이 모두 흥미롭지는 않더라도 어느 정도 자신에게 맞는 책일 가능성이 높다.

작가를 기준으로 책을 선정해서, 해당 작가의 책을 모두 찾아 읽는 방법도 있지만, 번역서를 읽을 때에는 흥미롭게 읽은 번역서의 번역자에 주목할 필요가 있다. 전문 번역가는 번역할 책을 직접 선정하는 경우가 많다. 그러므로 흥미롭게 읽은 번역서가 있다면, 그 역자가 번역한 다른 책을 찾아보는 것도 좋다.

최근에는 유튜브나 인터넷 서점 등에서 추천 알고리즘을 적극적으로 활용하고 있다. 특히 인터넷 서점에서는 이른바 '사용자 기반 협업 필터링(Collavorative Filtering)'을 활용하는데, 이 시스템의 도움을 받아도 좋다. 사용자 기반 협업 필터링은, 사용자의 행동 패턴을 분석해서 비슷한 관심을 가진 사용자들에게 유사 콘텐츠를 추천하는 알고리즘이다. 예를 들어 내가 A라는 책을 주문했을 때, A를 주문한 다른 사람이 B라는 책도 함께 주문했다면 나에게도 B라는 책을 소개해 주는 식이다. 이 알고리즘으로 책을 구입한 구매자들의 만족도가 높은 것으로 알려져 있다. 그러나 언제나 행복한 삶을 살 수만은 없듯이, 언제나 좋은 책을 읽을 수만은 없다. 좋지 않은 책을 읽어 보아야 좋은 책을 알아볼 수 있고, 즐겁지 않은 시간을 지내 보아야 일상의 즐거움을 알 수 있듯이 말이다. 실패를 두려워하지 않고 책을 읽다 보면 좋은 책을 알아보는 안목을 갖출 수 있다.

(3) 책의 종류에 따른 독서법

세상에는 무수히 많은 책들이 있다. 그 많은 책들을 모두 정독할 필요는 없다. 책의 종류에 따라 정독해야 하는 책도 있고 필요한 부분만 읽어도 충분한 책이 있다. 소설과 같은 문학작품은 처음부터 끝까지 찬찬히 읽어야 한다. 반면 저널이나 정보 위주의 서적은 필요한 부분만 찾아서 읽으면 된다. 헤밍웨이의 『노인과 바다』는 줄거리를 읽거나 일부분만 읽어서는 제대로 읽었다고 하기 어렵다. 반면 포토샵의 어떤 기능을 알기 위해 빌린 책은 해당 기능을 설명한 부분만 읽는 것이 효율적이다.

앞의 에밀 파게의 말에서 알 수 있듯이 문학작품이든 교양서적이든 현재 자신에게 맞는 책이 있고 그렇지 않은 책이 있다. 그렇다면 자신에게 맞는 책을 어떻게 찾아야 할까. 우선 끈기를 가지고 일정 양을 읽어 볼 필요가 있다. 손에 잡힌 책을 한 번 훑어 보거나 앞부분만 읽어 보고 별 흥미를 느끼지 못하여 읽기를 포기해서는 안 된다. 처음부터 집중이 잘 되는 책이 있는가 하면 얼마간 끈기를 가지고 읽어야 묘미가 드러나는 책도 있다. 독서에는 조금의 끈기도 필요하다.

(4) 독서의 의의

한 학기 열심히 수업을 들으며 공부한 내용도 방학이 지나가면 대부분 기억나지 않게 된다. 책도 마찬가지다. 읽을 때는 흥미롭게 읽었고, 때로는 감동하면서 읽었는데도 시간이 지나면 책의 내용이 잘 기억나지 않아 허탈한 기분이 드는 경험을 해 보았을 것이다. 그럼 책을 읽을 필요가 없다는 말인가? 우리에게 필요한 지식은 이미 인터넷에 다 있는데 굳이 왜 책을 읽어야 하는가? 이러한 질문에 대해 조선 후기 문인 신국빈(申國賓, 1724~1799)의 다음 말을 되새겨 볼 필요가 있다.

> "어르신! 예순이 넘으셔서 읽고 돌아서면 잊어버리는데 뭐 하려고 그렇게 매일 책을 읽으시나요?"
>
> "이보게! 자네는 노인이 음식을 먹지 말아야 한다고 생각하나? 책을 읽는 것은 음식 먹는 것과 같다네. 아침에 음식을 먹으면 저녁이면 소화가 되고 낮에 음식을 먹으면 밤에 잘게 분해되지. 하지만 소화된 음식의 영양분은 체액이 되어 우리 몸 구석구석을 돌아다니고 그래서 그것이 없으면 죽는다네. 책을 읽고 돌아서면 바로 잊어버리더라도 계속해서 읽는다면 내게 녹아든 책의 양분이 어디로 가겠는가!"

적당한 양분을 섭취해야 건강을 유지할 수 있다. 그러나 양분을 제대로 섭취하지 못하면 사람은 죽을 수도 있다. 책을 읽지 않아 영혼이나 정신에 문제가 생길 수 있다고 생각하면 책을 규칙적으로 읽지 않을 수 없다. 자신의 몸을 위해 좋은 음식을 먹듯이 우리 정신의 건강을 위해 좋은 책을 지속적으로 읽어야 할 것이다.

【틀리기 쉬운 표현】 '-대'와 '-데'

전언(傳言), 즉 남에게 전해 들은 말을 표현할 때는 '-대'를 쓰고, 자신이 직접 경험한 사실을 표현할 때는 '-데'를 쓴다.

※ 다음 두 문장의 뜻이 어떻게 다른지 이야기해 보자.

- 소연이는 집에 갔대.
- 소연이는 집에 갔데.

연습

※ 다음 글을 읽고 독서 습관에 대해 생각해 보자.

어떻게 책을 읽을 것인가

우선 먼저 중요한 것은 독서 습관을 붙이는 일이다. 다른 경우와 마찬가지로 여기에서도 습관이 필요하다. 사람은 단지 의무적으로만, 혹은 흥미로만 독서할 수 있는 것은 아니다. 습관이 실로 많은 일을 한다. 그리고 다른 일과 마찬가지로 독서 습관도 일찍 붙이지 않으면 안 된다. 학생 시절에 독서 습관을 붙이지 못한 사람은 아마도 평생 독서의 재미를 알지 못할 것이다.

독서의 습관을 기르려면 여가 시간을 찾아내려고 애써야 한다. 그리고 인생에서 여가 시간을 찾아내려고만 하면 어디에나 다 있다. 아침 출근 전의 반 시간, 잠자기 전의 한 시간, 독서를 위한 시간을 만들려고 하면 언제든지 가능하다. 현대 생활은 확실히 바쁘게 되어 있다. 하루 종일 방해받지 않고 독서할 수 있었던 옛사람들은 부러워할 만한 가치가 있을 것이다. 그러나 아무리 바쁜 사람도 자기가 좋아하는 것을 위해서는 여가 시간을 만들어 낼 줄 안다.

독서 시간이 없다고 말하는 것은 독서하지 않으려는 구실에 지나지 않는다. 더구나 학생은 사회인에 비해 훨씬 더 여가 시간이 많다. 그리고 독서는 다른 오락처럼 상대를 필요로 하지 않는다. 사람은 혼자서 독서의 즐거움을 맛볼 수 있다. 아니, 동서고금의 모든 훌륭한 사람들을 접할 수 있다는 것이 독서의 큰 기쁨이 되지 않으면 안 된다. 독서 시간을 만들기 위해 쓸데없이 분주하기만 한 생활을 정리할 수 있다면 인생이 그만큼 풍부해질 것이다. 독서는 마음을 차분하게 가라앉혀 준다. 이것만 생각해도 침착성을 잃고 있는 현대 생활에서 독서가 갖는 의의가 클 것이다.

독서를 원하는 사람은 여가 시간을 찾아내는 데 현명해야 하는 동시에, 규칙적으로 독서하는 것을 잊어서는 안 된다. 날마다 예외 없이 일정한 시간에, 설사 30분이라도 독서하는 습관을 기르는 것이 중요하다. 그리하여 20년간이나 계속할 수 있으면 그럭저럭 하는 사이에 훌륭한 학자가 되어 있을 수도 있고, 자기 분야에서 촉망받는 이가 되어 있을 것이다. 독서 습관은 독서를 위한 여가 시간을 만들어 낸다. 독서할 시간이 없다고 말하는 사람은 독서 습관이 없다는 것을 가르쳐 주고 있는 것이다. 독서 습관을 붙인 사람은 독서 속에서 아주 특별한 즐거움을 찾아내고, 그 즐거움으로 인해 독서에서 멀어지지 않을 것이다.

다른 경우에 있어서와 마찬가지로 독서도 용기가 필요하다. 사람은 먼저 시작하지 않으면 안 된다. 우리가 언제나 독서하기에 좋은 상태에 놓여 있지는 않다. 독서하기에 좋은 형편이 되었을 때 독서하려고 하면 끝내 독서하지 못할 것이다. 일단 독서를 하기 시작하면 들뜬 마음도 가라앉고 근심도 잊어버리고 불운도 개의치 않게 되어 모든 것이 다 독서하기에 좋은 상태가 될 것이다. 마지못해 시작했지만 이윽고 재미가 있어서 그만두지 못하게 되는 경우가 많다. 먼저 독서하면 독서에 적합한 기분이 들게 된다. 일단 독서 습관이 생기면 습관이 모든 정념을 잠재워 준다. 침착한 대학생이라 불리는 사람은 대개 독서의 습관을 지니고 있다.

– 미키 기요시, 『독서와 인생』, 최현 역, 범우사, 2013.

1. 자신의 독서 습관을 써 보자. (독서 주기와 시간, 독서 분야, 독서 행위의 특징 등)

2. 좋아하거나 감명 깊게 읽은 책을 적고 학우들에게 소개해 보자.

※ 다음 글을 읽고 도서관의 가치에 대해 생각해 보자.

책들과의 눈인사

가장 흔한 기분 전환의 방법은 독서라고 할 수 있다. 수많은 사람들이 이 광활하고 변화무쌍한 세계 속에서 마음의 위안을 얻고 있다. 사람들은 도서관을 찾으면 으레 공손해지기 마련이다. '약간의 책'—이것은 5,000권 미만의 책에 대한 몰리 경의 정의다—은 안락한 기분을 느끼도록 해 주며, 심지어 어떤 충족감마저 느끼게 해 준다. 그러나 규모가 별로 크지 않은 도서관이라 하더라도 도서관에서 하루만 지내보면 그러한 감상적인 환상은 금방 깨지고 만다. 서가에서 이 책 저 책 꺼내어 훑어보다 보면, 그동안 인류가 축적해 온 갖가지 관심 분야에 관한 엄청난 규모의 지식과 지혜의 무게에 짓눌려서, 너무나 왜소하게만 느껴지는 자신에 대한 서글픈 자각과 더불어 그동안 소중하게 간직하고 있던 자존심마저 말끔히 지워 버리지 않을 수 없게 된다. 평생을 바치더라도 모두 맛보기는커녕, 감탄만 하기에도 벅찰 정도로 방대한 양의 현인과 성자, 역사가, 과학자, 시인, 철학자들의 업적 앞에서, 삶의 기간이 짧다는 자각만이 우리의 가슴을 아리게 만든다. 얼마나 멋진 이야기가, 그것도 아주 근사하게 표현된 이야기가 세상에 존재하는지 우리는 도저히 짐작조차 하기 어렵다. 우리가 꿈도 꾸지 못했던 엄청난 결과를 가져온 사항들에 관하여 얼마나 많은, 집요한 탐구가 이루어졌던가? 우리를 환희에 들뜨게 만들기도, 때로는 혼란에 빠뜨리기도 한 사상들은 어떠한가? 그토록 엄청난 노력을 기울여 이루어 온 보물들을 우리는 얼마나 활용하고 있는가? 그러나 이러한 감상에 빠져 있다 보면 자신도 모르는 사이에 고요한 정적이 찾아든다. 경건하기까지 한 실망의 쓸쓸한 감상으로부터 보다 현실적인 자각으로, 다시 새로 충전된 열정으로 무장한 채, 현실의 가벼운 허영의 세계로 자연스레 되돌아오는 순환의 쾌감을 맛보게 되는 것이다.

"이 많은 책들을 어떻게 할 것인가?" 하는 것이 원래의 질문이었다. "읽어라"라는 대답이 질문자의 정신을 번득 들게 만든다. 이 책들을 다 읽을 수는 없다 하더라도, 최소한 만지기라도 해라. 쓰다듬고, 쳐다보기라도 하라. 아무 페이지나 펼쳐서, 아무거나 눈에 띄는 구절부터 읽기 시작하는 거다. 그러다가 또 다음으로 넘어가고 하는 식으로 말이다. 마치 미지의 바다를 항해하면서 새로운 해도를 작성하는 기분이 되어 보라. 반드시 자신의 손으로 책을 서가에 꽂는 습관을 키우고, 자신만의 구상을 가지고 서가를 정리하도록 하라. 그래야만 그 책에 무엇이 쓰여 있는지는 모른다 하더라도, 최소한 그 책이 어디에 있는지는 알 수 있지 않겠는가? 책과 친구가 되지는 못한다 하더라도, 서로 알고 지내는 것이 좋다. 책이 당신 삶의 내부로 침투해 들어오지는 못한다 하더라도, 서로 알고 지낸다는 표시의 눈인사마저 거부하면서 살지는 말아라.

– 윈스턴 처칠, 『폭풍의 한가운데』, 조원영 역, 아침이슬, 2003.

---

3. 도서관이나 서점에 가서 어떤 책들을 구경하거나 읽고 싶은지 짧게 적어 보자.

제 2 부

대학 생활과 글쓰기

1

글쓰기의 중요성

대학에 입학하여 졸업할 때까지 수업을 들으면서 여러 편의 보고서를 쓰게 된다. 또 어떤 과목은 서술형 답안으로 평가를 하기도 한다. 좋은 성적을 받기 위해서라도 글을 잘 써야 하는 것이다.

대학을 졸업하고 나면 더 이상 글을 쓸 일이 없을까? 대학원에 진학하면 물론 수시로 글을 쓰게 되지만, 취업을 하게 되더라도 글쓰기와 무관한 생활을 하는 경우는 드물다. 직장에서 보고서나 기획서, 제안서를 쓰는 것도 다 글을 쓰는 행위이고 공문을 작성하는 것도 일종의 글쓰기다. 특히 직장에서 직위가 높아질수록 글쓰기 능력이 필수적이다. 공모 사업에 응모하기 위해, 혹은 사업 수주를 위해 쓰는 제안서도 모두 글쓰기다. 이렇게 글쓰기 능력은 대학 성적과 직결되며, 졸업 후에도 그 사람의 능력을 가늠하는 주요한 잣대가 된다.

예체능계도 글쓰기와 무관하다고 할 수 없다. 자신의 공연이나 전시를 소개할 때 이른바 팸플릿 또는 리플릿이라 하는 안내서를 만들게 된다. 어떤 취지로 기획한 공연이나 전시인지 글로 풀어 써야 하는 것이다.

이러한 실용적인 이유에서만이 아니라 자기표현 욕구를 충족하기 위해서도 글을 쓰게 된다. 꼭 블로그 활동을 하지 않더라도 매일 일기로 일상을 적거나 여행을 다녀와 여행기를 적는 행위 등은 한 개인에게 소중한 의미를 지니는 것일뿐더러 자기표현 욕구를 충족시키는 행위이기도 하다.

그러면 어떤 글이 좋은 글인가. 자기 표현을 위한 글쓰기는 자유롭게 써도 된다. 그러나 대학에서 쓰는 리포트는 다음의 세 가지 요건을 갖추는 것이 좋다.

첫째, 글에 필요한 형식을 갖춘 글이다. 글의 내용이 아무리 좋더라도 맞춤법이나 띄어쓰기에 문제가 있으면 글에 대한 신뢰도가 현저히 낮아진다. 또 인용에 문제가 있거나 주석이나 참고문헌을 통해 출처 표기를 제대로 하지 않으면 윤리적, 법적인 문제에 부딪힐 수 있으니 주의하여야 한다. 대학에서의 보고서(리포트)는 특별히 지정하는 형식이 있지 않은 한 서론, 본론, 결론의 양식을 갖추어 작성하는 것이 좋다. 서론에서 문제를 제기하고 연구사를 검토하며 연구 방법에 대해 논의한 후 본론에서 본격적인 논의를 하고 결론에서 논의를 정리하는 방식은 일반적으로 통용되는 것이다. 둘째, 타당한 논의가 이루어져야 한다. 아무리 기발한 아이디어가 있다 하더라도 논리적 정합성을 갖추지 못하거나 충분한 근거가 없다면 좋은 글이 되지 못한다. 셋째, 새로운 내용을 담아야 한다. 물론 대학(학부)에서 쓰는 보고서에서 온전히 새로운 내용을 담기는 쉽지 않다. 다루고자 하는 문제에 대한 연구사를 충실히 검토하고 그것을 자신이 이해한 대로 잘 정리하는 것만으로 어느 정도 좋은 보고서가 될 수 있지만, 기존에 하지 않은 새로운 논의를 조금이라도 덧붙인다면 훨씬 좋은 보고서가 된다.

이상의 요건들은 적절한 형식＞타당한 논의＞새로운 내용의 순으로 중요하지만, 실제 리포트를 쓸 때에는 그 역순으로 쓰는 것이 좋다. 해당 문제에 대해 자신만의 새로운 아이디어가 있는가, 충분한 근거를 들어 논리적으로 글을 전개하고 있는가를 살피고 마지막으로 형식적으로 문제가 없는가를 점검하는 순서로 써 보자.

【틀리기 쉬운 표현】외래어 표기법 1

외래어는 외국에서 들어와 정착한 말이다. 어느 언어에서 왔는가에 따라 구체적인 표기 규정이 다르지만, 외래어를 표기하는 데는 다섯 가지의 큰 원칙이 있다.

1) 외래어는 국어의 현용 24자모만으로 적는다.

2) 외래어의 1음운은 원칙적으로 1기호로 적는다.

3) 받침에는 'ㄱ, ㄴ, ㄹ, ㅁ, ㅂ, ㅅ, ㅇ'만을 쓴다.

4) 파열음[p, t, k] 표기에는 된소리를 쓰지 않는 것을 원칙으로 한다.

5) 이미 굳어진 외래어는 관용을 존중하되, 그 범위와 용례는 따로 정한다.

※ 다음 외래어 중 잘못 표기한 것이 있는지 찾아보자.

미스터리, 내레이션, 세레머니, 캬라멜, 팜플렛, 고로케, 샤베트, 클라이막스, 레크레이션, 가디건, 카스테라

※ 다음 자료들을 해석하면서 글쓰기의 중요성에 대해 생각해 보자.

가)

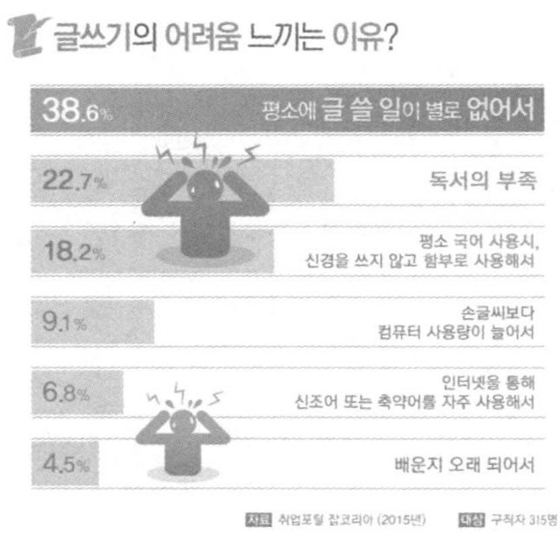

나)

다)

라)

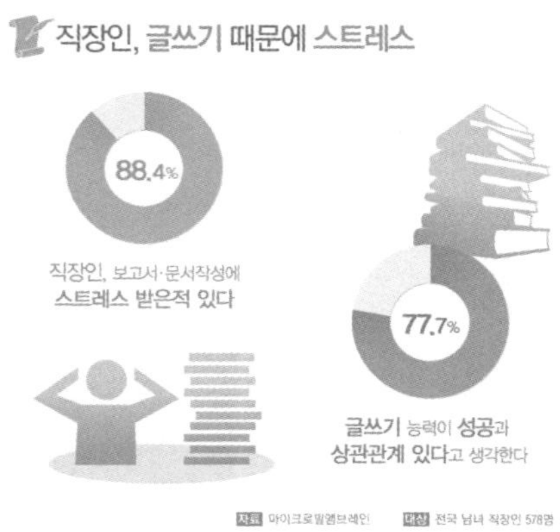

〈출처 : 취업포털 잡코리아, 알바몬, 마이크로밀엠브레인〉

2

생활 속의 언어 예절

인간은 사회적 동물이다. 아무리 혼자 있기를 좋아하는 사람이라도 다른 사람과 일정한 관계를 맺으며 살아가야 한다. 중한 범죄를 저지른 사람을 독방에 가두는 것은 그것이 무엇보다 견디기 어렵기 때문이다.

다른 사람과 잘 지내기 위해서는 예절을 지켜야 한다. 예절은 사람들 사이의 관계를 원만하게 하는 기능도 있지만, 기본적으로 사람을 보호하기 위해 만들어진 것이다. 말이나 글로 타인의 오해를 사거나 상처를 주고받지 않기 위해서는 예절을 지켜야 한다. 일상생활을 하면서 자신도 모르게 실수할 수 있는 언어 예절에 대해 살펴보자.

1) 이메일 예절

우리는 일상생활을 하면서 편지보다 이메일을 많이 쓴다. 이메일은 언제 어디서나 쓸 수 있고 빨리 보낼 수 있기 때문에 간편하다. 그러나 이메일도 편지의 한 종류이기 때문에 몇 가지 신경을 써야 한다. 이메일의 실용성만 생각해서 내용 없이 첨부파일만 보낸다거나 지나치게 간략하게 쓰는 것은 좋지 않다. 이메일을 작성할 때의 몇 가지 유의사항에 대해 살펴보자.

첫째, 짧고도 분명하게 써야 한다. 이메일은 가급적 짧게 쓰는 게 좋다. 그 대신에 하고 싶은 말은 분명히 전달해야 한다. 둘째, 예의를 지켜서 써야 한다. 사람을 만나면 먼저 인사를 하듯이 이메일을 쓸 때에도 먼저 인사를 해야 한다. 또 친구와 SNS로 대화할 때 쓰는 줄임말이나 비속어는 쓰지 않는 게 좋다. 셋째, 첨부파일이 있더라도 가급적 본문에 첨부파일의 내용을 요약하여, 본문만 읽고도 그 내용을 알 수 있도록 해야 한다. 특히 윗사람에게 이메일을 쓸 때는 간결하게 쓰되 다음과 같은 항목을 포함하여 예의를 갖추어 쓰도록 하자.

제목 : 내용을 짐작할 수 있게 쓰되 제목에도 자신의 신분을 밝힌다.
인사말 : 간단히 인사하고 자신이 누구인지 밝힌다.
개요 : 왜 이메일을 보내는지 간단히 쓴다.
구체적 용건 : 왜 이메일을 보내는지 구체적으로 쓴다.
끝인사 : 간단히 인사하고 필요하면 답장을 부탁한다는 말을 덧붙인다.
서명 : 자신의 이름과 함께 '올림', '드림' 등의 말을 덧붙여 쓴다.

※ '올림'과 '드림', 그리고 '씀'
윗사람에게 : ○○○ 올림, ○○○ 드림
동료에게 : ○○○ 드림
아랫사람에게 : ○○○ 씀(이름만 적기도 함)

첨부파일을 첨부할 때 파일의 이름에도 신경을 써야 한다. 아무렇게나 붙인 이름으로 파일을 첨부해서는 안 된다. '결론', '보고서', '1111'과 같이 무성의하거나 정체를 알 수 없는 이름을 붙이는 대신 '국문학사 기말 보고서—문예지'와 같이 파일의 성격이 잘 드러나고 작성자가 누구인지 식별할 수 있도록 이름을 붙이는 것이 좋다. 또 읽기에 편하도록 적절한 위치에서 줄을 바꾸어 쓰는 것이 좋다.

【예시】

> **리포트 관련 문의(국문학사, 문예지)**
>
> □ 보낸 사람 21.3.18 17:35 주소 추가 수신 차단
>
> 선생님, 안녕하세요. 국문학사 수업을 듣고 있는 문예지입니다.
> 중간 리포트에 대해 궁금한 점이 있어서 문의드립니다.
> 리포트 분량이 A4 용지로 5매 내외라고 하셨는데,
> 글자 크기와 줄간격은 어떻게 해야 하나요?
> 그리고 목차와 참고문헌, 부록은 5매 내외의 분량에 포함되는 것인가요?
> 답장해 주시면 감사하겠습니다.
> 그럼 안녕히 계세요.
>
> 문예지 올림.

2) 전화 · 문자 예절

친한 친구, 허물없는 사이라 해서 거리낌없이 대해서는 안 된다. 친한 관계를 오래 유지하려면 최소한의 예의를 갖추어야 한다. 그러니 친하지 않은 사람을 대할 때는 예절에 더욱 신경을 써야 한다.

전화를 하거나 문자 메시지를 보낼 때 먼저 지켜야 할 예절은, 이메일을 보낼 때

와 마찬가지로 자신이 누구인지를 밝히는 것이다. 상대가 친한 사이라면 상관없지만 상대의 전화기에 송신자의 전화번호가 저장되어 있지 않다면 반드시 먼저 자신이 누구인지 밝혀야 한다.

또 우리는 타인의 생활 패턴은 생각지 않고 아무 때나 전화하거나 문자 메시지를 보내는 일이 있다. 자신이 늦은 밤까지 왕성하게 활동한다고 해서 다른 사람도 그러리라는 법은 없다. 긴급한 일이 아니고 밤 10시가 지났다면 전화나 문자 메시지, 메신저를 이용한 연락을 하지 않는 것이 좋다. 또 상대방이 어떤 사정 때문에 문자 메시지나 메신저 연락에 대해 곧바로 응답하지 못하거나 전화를 받지 못할 수도 있는데, 이럴 때에는 곧바로 다시 연락을 하기보다는 여유를 가지고 기다렸다가 다시 연락하는 것이 좋다.

윗사람과 전화 통화를 할 때는 상대방의 전화기에 자신의 전화번호가 저장되어 있다 하더라도 "선생님, 안녕하세요. 저 ○○○입니다. 혹시 지금 통화 가능하신가요?"와 같이 먼저 자신이 누구인지 밝히고 간단한 안부 인사를 한 후 통화 가능 여부를 묻는 것이 좋다. 혹 메모가 필요한 상황에서는 먼저 펜과 메모지를 준비해 두고 전화를 걸어야 한다. 또 통화 후 상대방이 먼저 전화 끊기를 기다렸다가 나중에 끊는 것이 바람직하다. 용무가 끝나자마자 먼저 전화를 끊으면 무례해 보일 수 있기 때문이다. 통화가 끝나자마자 전화를 끊지 않는 것은 꼭 윗사람과 통화할 때만이 아니라 친구와 통화할 때도 지키는 것이 좋다. 통화 종료 후 2~3초 지나고 나서 전화를 끊도록 하자.

전화를 이용할 때에도 위와 같이 예의를 지켜야 하지만, 전화기를 이용하지 말아야 할 때 그것을 지키는 것도 중요한 예절이다. 수업 중 휴대전화를 자꾸 확인하는 것, 또는 다른 사람과 함께 있을 때 계속해서 휴대전화를 확인하거나 전화기로 다른 일을 하는 것은 실례다.

【틀리기 쉬운 표현】 외래어 표기법 2

중국 인명은, 과거인은 한국 한자음으로 적고 현대인은 중국어 표기법에 따라 적는다. 과거인과 현대인을 나누는 기준은 신해혁명(1911) 이전에 활동했는가, 이후에 활동했는가이다. 단, 현대인이라 하더라도 '모택동', '장개석'과 같이 한국 한자음 표기가 굳어진 인물들은 한국 한자음으로 적는 것을 허용한다.

毛泽东 → 마오쩌둥(○), 모택동(○)

蔣介石 → 장제스(○), 장개석(○)

習近平 → 시진핑(○), 습근평(×)

중국 지명은 '베이징', '상하이'와 같이 중국어 표기법에 따라 적는 것을 원칙으로 하되 '북경', '상해'와 같이 우리 한자음으로 읽는 관용이 있는 것은 우리 한자음으로 적는 것을 허용한다.

일본의 인명과 지명은 과거와 현대 구분 없이 일본어 발음으로 표기하는 것을 원칙으로 한다. 단, 일본 지명 중 한국 한자음으로 읽는 관용이 있는 것은 이를 허용한다.

伊藤博文 → 이토 히로부미 (○), 이등박문 (×)

東京 → 도쿄(○), 동경(○)

對馬島 → 쓰시마섬(○), 대마도(○)

연습

1. 학과 공식 행사 때문에 수업에 불참하게 되었다. 담당 선생님께 양해를 구하는 이메일을 써 보자.

2. 장학금 문의를 위해 학과 사무실에 전화하게 됐다고 가정하고 통화 전, 통화 중, 통화 후 유의해야 할 사항에 대해 정리해 보자.

3

글쓰기의 윤리

대부분의 학문 분야에서는 타인의 저작물을 무단으로 이용해서는 안 된다. 창의력과 상상력이 특히 중시되는 예술 분야에서 간혹 의도적으로 다른 작품과 비슷한 것을 창작하기도 한다. 그러나 학술지에 논문을 게재하거나 대학에서 리포트를 제출할 때에는 타인의 글뿐만 아니라 자신이 이미 쓴 글을 가져올 때에도 조심하여야 한다. 윤리적, 법적으로 문제가 될 수 있기 때문이다.

윤리적으로 문제가 되는 글쓰기는 위조, 변조, 표절, 기타 문제로 나누어 볼 수 있다. 법적인 문제에 앞서 이것들은 윤리적인 문제이기도 하므로 글을 쓸 때 항상 윤리적으로 문제가 없는지 꼼꼼히 살펴보아야 한다.

1) 글쓰기의 윤리적 문제

(1) 위조와 변조

'위조(僞造)'는 근거자료를 거짓으로 만들어 내는 행위이다. 실제 실험을 하지도 않고 했다고 하거나, 설문조사를 안 하고 설문조사 결과를 거짓으로 만들어 내는 것 등은 모두 위조에 해당한다. 위조지폐를 만들어 유통시키는 것이 명백한 범죄행위이듯, 위조 데이터를 자신의 글에 써서 제출하는 것도 범죄행위이다.

'변조(變造)'는 근거자료를 제멋대로 수정하는 것이다. 실험이나 설문조사를 행하고 자신의 주장을 뒷받침하기 좋은 자료로 가공하기 위해 결과를 바꾸는 행위가 변조에 해당한다. 위조나 변조는 명백한 범죄행위이고 누구나 이것이 잘못된 행위임을 알고 있기 때문에 마음먹고 하지 않으면 잘 일어나지 않는다. 우리가 특히 주의하여야 할 것은 타인의 글을 가져다 쓰면서 자신도 모르는 사이에 실수를 하여 발생하는 잘못인 표절이다.

(2) 표절

'표절(剽竊)'은 타인의 글 일부를 몰래 훔쳐다 쓰는 것이다. 표절도 일종의 도둑질인 셈이다. 물론 우리는 글을 쓸 때 타인의 글을 두루 참고할 필요가 있다. 때에 따라서는 다른 사람의 글 일부를 가져다 쓸 수도 있다. 이 경우에 인용법을 제대로 지키지 않거나 출처 표기를 제대로 하지 않으면 본의 아니게 표절의 잘못을 저지르게 된다.

표절은 엄연히 비윤리적인 행위일 뿐 아니라 저작권법에 저촉되는 범죄행위이다. 실제로 표절 때문에 장차관 등 고위 공직자 후보가 낙마하는 사례들을 흔하게 볼 수 있다. 배경 지식을 검토하거나 자신의 주장을 뒷받침하는 과정에서 타인이 쓴 글을 참고할 수 있다. 그 자체로는 문제가 없으나, 그중 일정한 자료를 자기 글에 가져올 때는 표절 행위가 되지 않도록 각별히 조심해야 한다.

국내외 표절 기준	
교육부 가이드라인	타인의 아이디어와 글을 출처 표시 없이 적을 때
한국연구재단	여섯 단어 이상 같은 내용이 나올 때
서울대	두 문장 이상 같은 내용이 나올 때
하버드대·보스턴대 등 해외 학계	낱말 일부를 바꾸었어도 전체적인 글의 얼개나 주제, 문체가 유사하다고 판단될 때

표절 여부를 판단하는 여러 기준과 복잡한 논쟁들이 있지만, 편의상 위 표를 기억하는 것이 좋다. 간단히 말해, 타인의 자료에서 아이디어나 '연속된 여섯 단어' 이상의 표현을 출처 표시 없이 그대로 가져오면 표절이 의심될 수 있으므로 주의해야 한다.

표절과 관련하여 또 주의해야 할 것이 '자기 표절'이다. 자기 표절이란 말 그대로 자신의 것을 스스로 훔치는 행위다. 자신의 아이디어, 자신의 표현이라 하더라도 이미 발표한 글의 일부를 언급하면서 출처 표기를 제대로 하지 않으면 이 또한 훔치는 행위, 곧 자기 표절이 된다. 자신의 것을 가져오는 것인데 어째서 이것이 문제가 될까. 한번 발표한 글은 발표 시점부터 자신만의 글이 아니기 때문이다. 자신의 머릿속에만, 혹은 자신만 간직하고 있는 글에서 가져다 쓰는 것은 문제되지 않는다. 문제는 이미 제출하거나 발표한 자신의 글 일부를 출처 표시 없이 가져다 쓰는 것이다. 새로 제출한 논문에 대해 독자들은 새로운 내용이 있을 것으로 기대하는데, 이미 자신이 발표했던 글 중 일부를 마치 처음 쓰는 것처럼 적는 것은 독자를 기망하는 행위이다. 따라서 자신의 아이디어나 표현이라 할지라도 이미 발표한 적이 있는 것을 다시 쓸 때에는 반드시 출처를 표시하여야 한다. 이렇게 자기 표절에서 문제되는 것은 이미 발표했는가의 여부이다.

(3) 기타

위조, 변조, 표절 외에도 윤리적으로 문제가 될 수 있는 것으로 이중 게재, 저자

부당 표기, 대필 등이 있다. 이중 게재는 같은 논문을 두 곳 이상에 싣는 것이다. A라는 학술지에 게재한 논문을 B라는 학술지에 다시 싣는 것이 이중 게재다. 또 이미 발표한 학위논문을 여러 편으로 쪼개어 학술지에 게재하는 것도 이중 게재라 할 수 있다. 1학기 수업에서 제출한 리포트를 2학기의 다른 수업에 그대로 제출하는 것도 일종의 이중 게재다. 자기 표절과 이중 게재를 혼동할 수 있는데, 자신이 이미 쓴 글의 일부를 출처 표시 없이 가져다 쓰는 것은 자기 표절이고, 자신이 이미 써서 제출한 글을 거의 고치지 않고 다른 곳에 다시 제출하는 행위는 이중 게재라 할 수 있다. 즉 원본이 되는 자신의 글을 어느 정도의 범위에서 다시 활용했는가에 따라 자기 표절과 이중 게재가 구분된다.

저자 부당 표기는 글이 완성되는 데 참여한 저자를 부당하게 표기하는 것이다. 연구에 참여했는데 필자 이름에 들어가지 않거나, 반대로 연구에 별로 기여한 것이 없는데 필자 이름으로 올리면 저자 부당 표기에 해당한다. 대필은 글을 대신 써 주는 것이다. 친구나 선후배의 리포트를 대신 써 주는 것도 엄연히 대필이다. 또 돈을 받고 대필업자에게 의뢰하여 쓴 논문도 대필 논문이다. 인터넷의 리포트 판매 업체에서 구입하여 제출하는 것, 동료 · 선배 · 친지에게서 받은 보고서를 적당히 가공하여 제출하는 것도 대필의 일종이다. 대가의 유무와 상관없이 스스로 쓰지 않고 누군가가 대신 써 주는 행위는 모두 대필에 해당한다. 대필은 윤리적, 법적으로 문제가 되므로 해서는 안 되는 것이다.

2) 인용

윤리적으로 문제가 없는 글을 쓰기 위해서는 인용법을 준수하여 타인의 글을 인용하고, 타인의 의견이나 표현을 가져올 때에는 반드시 출처를 표기해야 한다. 기존의 글들을 짜깁기하거나 간편하게 돈을 주고 리포트를 구입하려는 유혹을 버리고, 처음부터 끝까지 자신의 말로 쓰겠다는 마음가짐을 지니는 것이 중요하다. 또한 글을 쓰는 과정에서 자신이 쓰고 있는 부분이 타인의 것인지 체크하는 버릇을 들여야 한다. 현재 쓰고 있는 부분에서 무언가 기시감이 느껴지면 그 즉시 해당 자료를 찾아 정당하게 인용하고 출처를 표시해야 한다.

어떤 의미에서 보면, 표절과 인용은 '남의 것을 가져온 것'이란 점에서 공통점이 있다. 하지만 가져오는 방식에 차이가 나며, 그 차이가 만들어 내는 결과는 실로 엄청나다. 글을 쓰는 과정에서 공부한 자료와 배경 지식은 어떤 식으로든 자기 글에 흔적을 남기게 되어 있다. 이를 그대로 두면 남의 것을 훔쳐 온 표절이 되고, 인용을 하면 남의 것임을 정직하게 밝힌 미덕이 있는 글이 된다. 특히 대학에서 제출하는 보고서는 표절 검색기로 체크가 이루어질 수 있다. 표절임이 드러나면 평가에 상당한 불이익을 받으므로 조심해야 한다. 이와 반대로 인용을 잘한 보고서를 쓰면 180도 달라진 평가를 받을 수 있다. 인용과 출처 표기는 보고서를 쓰기 위해 얼마나 많은 자료들을 찾고 검토했는지 자신의 공부량과 성실성, 전문성을 부각하기 위한 수단이 되기 때문이다.

지금까지 글을 쓰기 위해 인용과 출처 표기가 왜 필요한지에 대해 이야기하였다. 그렇다면 언제 인용을 해야 할까. 이는 글의 정직성과 정확성, 전문성과 효과성을 고려하여 판단하면 된다. 구체적으로 설명하면 다음과 같다.

첫째, '정직성'을 드러내야 할 경우에 인용한다. 글을 쓰는 과정에서 남의 생각과 표현, 실험 결과 등을 마치 나의 생각과 표현, 실험 결과인 것처럼 꾸며서는 안 된다. 어디까지가 남의 것이고 어디부터가 내 것인지를 분명하게 밝혀야 한다. 정당한 인용과 출처 표기는 어디까지가 남의 것인지를 정직하게 드러내기 위해 하는 것이다.

둘째, '정확성'을 갖춰야 할 경우에 인용한다. 무엇에 대해 설명하거나 주장할 때 타인의 자료(글, 수치, 통계, 데이터, 실험, 영상 등)를 가져와 근거로 제시해야 할 때가 있다. 이때 자료의 내용을 왜곡해서는 안 된다. 인용과 출처 표기는 자신이 제시한 자료가 있는 그대로 정확히 가져온 것임을 밝힐 때에도 사용한다.

셋째, '전문성'을 부각하고자 할 때 인용한다. 특히 학술적 소논문 형태의 보고서

일 경우 기존의 자료와 배경 지식에 대해 검토한 흔적을 드러냄으로써 자신이 쌓은 지식의 수준과 넓이, 깊이를 부각할 수 있다. 인용과 출처 표기는 자신이 공부한 내용과 그 흔적을 드러낼 때에도 사용한다.

넷째, '효과성'을 고려하여 인용한다. 무엇에 대해 논할 때 자신의 입장과 같은 기존의 주장을 우군(友軍)으로 삼을 수 있고, 자신과 반대되는 주장을 가져와 비판적으로 활용할 수도 있다. 또 그것들을 구문, 문장, 문단 중 어느 단위에서 얼마만큼 인용하느냐에 따라 효과가 달라지기도 한다. 그 효과를 전략적으로 판단하여 인용할 필요가 있다.

글을 준비하는 과정에서 기존의 자료들을 가급적 많이 찾고 모으고 검토하는 것이 좋다. 하지만 실제 글을 쓸 때는 자신이 검토한 자료들 전부를 인용할 필요는 없다. 만약 스무 가지를 찾고 공부했다면, 그중에서도 필요해 보이는 자료들과 그 내용들을 따로 기억하거나 메모해 놓고, 실제 글을 쓸 때 자기 글의 내용과 맥락에 직간접적으로 연관된 자료들을 취사선택하여 가져오면 된다. 물론 이 자료들에 대해서는 반드시 인용 표시를 해 주어야 한다. 인용하는 방법에는 직접인용과 간접인용이 있다.

(1) 직접인용

원문의 표현을 토씨 하나 바꾸지 않고 가져와 인용하는 것으로, 구절 인용과 문장 인용, 문단 인용이 있다. 구절 인용은 원문의 일정한 표현이나 구절을 자신이 쓰고 있는 한 문장의 내부에 가져오는 것이고, 문장 인용은 원문의 문장(들)을 자신이 쓰고 있는 문장과 문장 사이에 가져오는 것이다. 둘 다 인용하고자 하는 원문의 분량이 적을 때 사용한다. 한편 문단 인용은 원문에서 인용하려는 분량이 비교적 많을 때, 대략 세 문장 이상의 원문을 가져올 때 사용한다. 불가피하게 문단 인용을 할 때라도 지나치게 길게 인용하는 것은 좋지 않다. 인용한 부분이 길면 그에 대한 해설과 분석도 자세해야 하는데, 논의를 장황하게 이끌고 나가다 보면 글의 집중도가 떨어질 수 있기 때문이다.

① 구절 인용

영화 〈보헤미안 랩소디〉를 계기로 록 밴드 '퀸'에 대한 관심이 커진 이유는 무엇일까. 첫째로, 다양한 면모를 선보인 퀸의 실력을 들 수 있다. 실제로 퀸은 "레드 제플린만큼이나 강력하고 육중한" 사운드뿐 아니라 "데이비드 보위만큼이나 화려하고 과시적"인 무대 매너를 선사했다.[1] 즉 뛰어난 음악성과 무대 매너로 팬들의 마음을 사로잡았던 것이다.

② 문장 인용

영화 〈보헤미안 랩소디〉를 계기로 록 밴드 '퀸'에 대한 관심이 커진 이유는 무엇일까. 첫째로, 다양한 면모를 선보인 퀸의 실력을 들 수 있다. "그들은 레드 제플린만큼이나 강력하고 육중한가 하면 데이비드 보위만큼이나 화려하고 과시적이었다."[1] 즉 뛰어난 음악성과 무대 매너로 팬들의 마음을 사로잡았던 것이다.

③ 문단 인용

영화 〈보헤미안 랩소디〉를 계기로 록 밴드 '퀸'에 대한 관심이 커진 이유는 무엇일까. 첫째로, 다양한 면모를 선보인 퀸의 실력을 들 수 있다.

〈Bohemian Rhapsody〉에 대한 당시 평가는 영화에서도 볼 수 있듯 사실 그리 호의적이지 않았다. "필요 이상으로 과장되었다"라는 게 평단 대부분의 견해였다. … (중략) … 비평가들은 지속적으로 그들의 일관성 결여를 문제 삼았다. 확실히 퀸의 음악에는 수많은 장르들이 혼재하고 있었다. 그들은 레드 제플린만큼이나 강력하고 육중한가 하면 데이비드 보위만큼이나 화려하고 과시적이었다. 또, 때로는 발라드 전문 가수보다 더 감미로운 멜로디(〈Love of My Life〉)를 노래하고 연주했다.[1]

이처럼 퀸은 활동 당시 평단으로부터 많은 혹평을 받았다.**(언급)** 평론가들은 이 장르, 저 장르를 섞은 그들에 대해 일관된 정체성이 없다고 비판했던 것이다.**(언급)** 하지만 거꾸로 보면 이는 다양한 장르를 섭렵할 줄 알았던 퀸의 실력을 보여 주는 것이 아닐까?**(논평)** 즉, 그들은 뛰어난 음악성과 무대 매너로 팬들의 마음을 사로잡았던 것이다.

이처럼 구절 인용은 '구절' 단위로, 문장 인용은 '한두 문장' 분량으로, 그리고 문단 인용은 대략 '세 문장 이상' 분량으로 인용한다. 물론 특별히 강조하고자 하는 중요한 자료라면, 한두 문장이라도 문단 인용을 할 수 있다. 문단 인용을 한 후에는 위 예시에서처럼 인용문에 대한 언급과 논평을 적절히 하고 넘어가야 한다. 그렇지 않으면 인용문만 열거한 채 논의가 제대로 이루어지지 못한 글이 될 수 있다.

구절 인용과 문장 인용을 할 때는 인용하는 부분을 큰따옴표(" ")로 표시한다. 또 문단 인용은 한눈에 인용문임이 드러나도록 편집해야 한다. 이를 위해 문단 인용한 곳의 위와 아래를 한 줄씩 띄우고, 좌우 여백을 둔다(오른쪽 여백은 안 두기도 한다). 글자체나 글자 크기도 본문과 달리하여 눈에 띄도록 한다. 문단 인용이 끝나는 곳에는 주석 번호를 달아 마무리한다.

(2) 간접인용

직접인용이 자료의 원문을 있는 그대로 가져와 인용하는 것이라면, 간접인용은 원문의 내용을 자기 말로 바꾸어 인용하는 것이란 점에서 차이가 있다. 직접인용과 마찬가지로 간접인용도 자신이 쓰고 있는 문장과 문장의 사이 또는 한 문장의 내부에서 시도한다. 원문의 전반적인 내용을 요약하여 인용하거나 필요한 일부 내용을 자신의 말로 인용하면 된다.

다만 큰따옴표나 문단 제시를 통해 시각적으로 드러나는 직접인용과 달리, 간접인용의 경우 주석 번호를 달지 않으면 인용한 행위가 드러나지 않으므로 자칫하면 표절이 될 수 있다. 따라서 어디까지가 간접인용한 부분인지 알 수 있도록 간접인용이 끝나는 곳에 반드시 주석 번호를 달아 출처를 표기해야 한다.

※ 원문

〈Bohemian Rhapsody〉에 대한 당시 평가는 영화에서도 볼 수 있듯 사실 그리 호의적이지 않았다. "필요 이상으로 과장되었다"는 게 평단 대부분의 견해였다. 한데 이는 〈Bohemian Rhapsody〉를 넘어 퀸이라는 밴드를 향한 것이기도 했다. 비평가들은 지속적으로 그들의 "일관성 결여"를 문제 삼았다. 확실히 퀸의 음악에는 수많은 장르들이 혼재하고 있었다. 그들은 레드 제플린만큼이나 강력하고 육중한가 하면 데이비드 보위만큼이나 화려하고 과시적이었다. 또, 때로는 발라드 전문 가수보다 더 감미로운 멜로디(〈Love of My Life〉)를 노래하고 연주했다.

※ 간접인용 1

영화 〈보헤미안 랩소디〉를 계기로 록 밴드 '퀸'에 대한 관심이 커진 이유는 무엇일까. 첫째로, 다양한 면모를 선보인 퀸의 실력을 들 수 있다. 퀸은 레드 제플린의 '강력'하고 '육중'한 하드록뿐만 아니라 무대 매너에서도 데이비드 보위의 글램록처럼 '화려'한 의상으로 자신을 과시하였다.[1)] 즉 뛰어난 음악성과 무대 매너로 팬들의 마음을 사로잡았던 것이다.

※ 간접인용 2

영화 〈보헤미안 랩소디〉를 계기로 록 밴드 '퀸'에 대한 관심이 커진 이유는 무엇일까. 첫째로, 다양한 면모를 선보인 퀸의 실력을 들 수 있다. 퀸은 레드 제플린의 '강력'하고 '육중'한 하드록뿐만 아니라 무대 매너에서도 데이비드 보위의 글램록처럼 '화려'한 의상으로 자신을 과시함으로써[1)] 뛰어난 음악성과 무대 매너로 팬들의 마음을 사로잡았던 것이다.

위의 '간접인용 1'은 참고한 글의 내용을 자기 나름대로 요약하여 문장으로 제시한 것이고, '간접인용 2'는 한 문장 안에 간접 인용을 한 후 자신의 의견, 논평까지 덧붙인 예이다. 어떤 방식으로 하든 다른 글에서 참고한 내용이라면 반드시 주석을 달아 인용한 내용임을 표시하여야 한다.

이처럼 간접인용은 출처 표기를 제대로 하지 않으면 표절 시비에 휘말릴 수 있는데, 주의할 점은 이것만이 아니다. 인용한 뒤 주석을 달아 출처를 표기했다 하더라도 참고한 원문의 표현을 그대로 가져다 써서는 안 된다. 다음 예문을 보자.

※ 간접인용 3

〈Bohemian Rhapsody〉에 대한 당시 평가는 영화에서도 볼 수 있듯 사실 그리 호의적이지 않았다. "필요 이상으로 과장되었다"는 게 평단 대부분의 견해였는데, 이는 〈Bohemian Rhapsody〉를 넘어 퀸이라는 밴드를 향한 것이기도 했다. 퀸의 음악에는 수많은 장르들이 혼재하고 있었는데, 그들은 레드 제플린만큼이나 강력하고 육중한가 하면 데이비드 보위만큼이나 화려하고 과시적이었다.[1)]

위의 '간접인용 3'은 약간 변개를 하기는 하였지만 원문의 표현을 거의 그대로 가져다 쓰고 있다. 하지만 출처를 밝혔으니 문제없는 것 아닌가? 그렇지 않다. 이런 방식으로 간접인용을 하게 되면 독자가 이 글을 읽고는 '표현이 훌륭하다'든지 '비유가 적절하다' 등의 오해를 할 수 있다. 표현이든 비유든, 사실은 인용자가 한 것이 아니라 이미 원작자가 한 것이다. 즉 간접인용을 하면서 원문의 표현을 그대로 가져오는 것 또한 독자를 기망하는 행위이자 오해를 불러 올 수 있다는 점에서 일종의 표절로 볼 수 있으니 주의해야 한다.

3) 주석

지금까지 언제, 무엇을, 어떻게 인용해야 하는지 살펴보았다. 그러나 그것만으로 인용하기가 끝난 것은 아니다. 원자료들(글, 수치, 통계, 도표, 데이터, 영상, 이미지 등)을 가져와 인용했으면, 어떤 자료에서 인용한 것인지 그 출처를 주석으로 밝혀야 한다. 그럼으로써 어느 곳이 인용한 부분인지 독자에게 알려 주어야 한다.

주석에는 세 가지 중요한 기능이 있다. 첫째, 기존 논의의 권위를 인정해 주는 기능이다. 수많은 논저 가운데 특별히 주석으로 언급하는 것은 그만큼 가치가 있음을 의미한다. 둘째, 글쓰기의 윤리를 지키는 기능이다. 타인의 견해나 정보를 가져올 때 주석을 통해 그 출처를 밝힘으로써 글쓰기 윤리를 준수할 수 있다. 셋째, 독자에게 편의를 제공해 주는 기능이다. 자신의 글에서 다루는 내용을 독자가 보다 구체적으로 알고 싶을 때 주석에 명기된 정보를 통해 해당 논저를 찾아볼 수 있도록 하는 것이다.

주석은 성격에 따라 참조주와 내용주로, 표기 방식에 따라 내주(內註)와 외주(外註)로, 위치에 따라 각주(脚註)와 미주(尾註)로 나뉜다. 이에 대하여 조금 더 자세히 살펴보자.

(1) 참조주와 내용주

주석은 성격에 따라 참조주와 내용주로 나뉜다. 참조주는 우리가 흔히 보는 주석으로, 인용한 문헌의 출처를 제시하는 주석이다. 내용주는 본문 내용을 보충 설명하는 주석으로, 본문에서 구체적으로 서술하기 번거로운 내용을 처리하는 것이다.

> 또 서후에 보이는 역모 사건은 1764년에 있던 것이므로, 서후는 1760년대 후반에 지은 것으로 볼 수 있다.[1] 이렇게 본전과 서후의 창작 시기는 10년 남짓 차이가 난다. 더군다나 「서광문전후」라는 제목도 엄연히 「광문자전」 후속편이 아니라 본전에 대한 '발문(跋文)'임을 표방하고 있다.[2] … (중략) … 이렇듯 「광문자전」 곳곳에서 『사기』의 흔적을 찾을 수 있지만,[3] 그렇다고 『사기』에서 가져온 흔적을 남기고 있는 것은 아니다.
>
> ---
>
> 1) 김명호, 『연암 문학의 심층 탐구』, 돌베개, 2013, 42면.
>
> 2) 서후(書後)는 발문의 다른 이름이다. 이에 대해서는 진필상, 『한문문체론』, 심경호 역, 이회, 1995, 230면 참조.
>
> 3) 본전에서뿐만 아니라 서후에서도 『사기』의 영향을 확인할 수 있다. 대표적인 것이 바로 작자 연암이 광문을 직접 본 일을 적은 것이다. 연암은 열여덟 살에 병을 심하게 앓아 집에서 일하던 사람들에게 민간에서 일어난 기이한 일들에 대해 물어 듣고는 하였는데 그러면 사람들이 모두 광문에 관한 일을 이야기하더라고 했다. 그러고는 "나도 어렸을 적에 그의 얼굴을 본 적이 있었는데 극히 추악했다."라는 서술을 덧붙이고 있다. 이는 『사기』 「유협열전」 마지막 대목인 사마천의 논평, 즉 "나는 곽해의 모습을 본 적이 있는데, 외모는 보통 사람에 미치지 못하였고 말도 알아듣기 어려웠다."를 떠올리게 한다.

위 보기에서의 1)은 참조주, 2)는 참조주와 내용주의 혼합, 3)은 내용주라 할 수 있다. 주석으로는 참조주가 가장 많이 쓰이고, 참조주와 내용주의 혼합 방식도 가끔 쓰인다. 내용주는 본문 서술에 대한 보충 내지 부연 설명을 위해 작성하는데, 본문에서 다 서술하면 논지가 흐려질 위험이 있을 때 사용한다.

(2) 내주와 외주

내주(內註)는 본문 안〔內〕에 인용 자료의 출처를 간단히 표기하는 주석이다. 일반적으로 본문에서 논의를 이어가다가 괄호 안에 '논저자, 연도 : 면수'로 간단히 적는다. 작성한 내주의 온전한 출처는 글 끝의 참고문헌란에 제시한다. 내주는 다음과 같은 방식으로 작성한다.

> 사람들은 자신을 다른 사람에게 드러내는 방식으로 외모를 중요하게 여기며, 다른 사람이 어떤 사람인지를 판단할 때도 외모의 영향을 받게 된다. 또한 호감에 영향을 주는 가장 단순하지만 강력한 요인은 신체적 매력으로, 동일한 조건을 가진 사람이라도 상대적으로 신체적 매력이 높다면 더 긍정적인 평가를 받고는 한다(성영신 외, 2009 : 461~488). 실제로 사회에서 날씬한 몸매를 유지하고 있는 사람들의 경우 그렇지 않은 사람들에 비해 더 매력적으로 평가되며, 직장인들도 실제로 날씬한 몸매의 유지를 자기관리의 평가 기준으로 삼는다는 보고도 있었다(최진석, 2010.05.03).
>
> 다이어트를 하는 동기에 대해 살펴보면, 비만에 대한 두려움, 그리고 날씬한 몸에 대한 동경으로 크게 나눌 수 있을 것이다. 온갖 성인병과 비만 합병증에 관한 기사와 정보가 넘쳐나면서 뚱뚱한 것은 추함, 불건강, 그리고 개인적 오명이며 게으르고 자기관리를 못한다는 등의 그릇된 사회적 편견이 강해졌다. 이에 사람들은 비만으로 인한 합병증을 예방하기 위해서나 타인으로부터 불이익을 받지 않으려는 동기 때문에(유연옥, 2011 : 22) 필요 이상의 다이어트에 시달리고 있었다. 이 모두가 어쩌면 몸에 대한 왜곡된 사회적 강요가 작용했기 때문은 아닐까?

이처럼 내주는 본문 안에 간단히 괄호로 출처를 표시하는 방식으로, 문장 끝에 표기하기도 하고 문장 안에 표기하기도 한다. 일반적으로 한 편의 글을 쓸 때 내주나 외주 중 한 가지 방식만으로 주석을 표기하지만 간혹 다음과 같이 내주와 외주를 함께 쓰기도 한다.

> 훈민정음에 대한 논의 자체와는 거리가 멀지만 훈민정음 이전에도 우리의 고유한 문자가 있었느냐 하는 문제도[1] 꽤나 많이 언급되어 온 주제 중의 하나였다. 세종실록에 기재되어 있는 내용이나 「훈민정음」에 기록된 내용을 근거로 이제는 훈민정음의 세종 친제설[2] 내지 훈민정음의 세종 당대 창제설을 의심하는 사람이 거의 없어졌지만, 「환단고기」, 「단군고기」 등과 같은 야사류에 기재되어 있는 내용을 근거로 하여, 조선시대 이전에 우리의 고유문자가, 그것도 훈민정음과 거의 같은 문자가 있었다는 학설은 지금까지도 나타나고 있는 실정이다.[3]
>
> 훈민정음의 창제가 세계 문자사의 흐름에서 볼 때 비중국적, 새외적 성격에 한국적 특성이 가미되어 이루어졌다는 사실(이기문, 1980)은 두고두고 음미할 만하다. 당시의 국어를 실제로 분석한 결과에 제자의 근거를 둘 수 있었기 때문에(이기문, 1972) 국어 표기에 합당한 음소문자를 창제해 낼 수 있었던 것이다.
>
> ---
>
> 1) 훈민정음의 기원설에 대한 포괄적인 논의는 김윤경(1938)과 최현배(1961)를 참조할 것.
> 2) 이에 대한 포괄적인 논의는 김윤경(1938)과 이근수(1986)를 특히 참조할 것.
> 3) 세종의 친제설에 대해서는 특히 이기문(1974)에서 살필 수 있고, 세종의 친제설을 부인하는 견해는 특히 이근수(1976, 1979, 1987)에서 살필 수 있다. 훈민정음 창제자에 대한 여러 학설의 소개는 이근수(1987 : 74~75)를 참조할 것.

위의 예시문에서 참조주는 모두 내주로, 내용주는 모두 외주(각주)로 작성하고 있다. 이렇게 하나의 논문이나 책에서 내주와 외주(각주)를 함께 사용하기도 한다.

한편 외주(外註)는 본문 바깥〔外〕에 적는 주석을 가리킨다. 외주에는 각주와 미주가 있다. 본문 바깥이라 하면 본문의 하단부(각주)일 수도 있고 논문이나 책의 끝부분(미주)일 수도 있다.

(3) 각주와 미주

본문의 해당 페이지 아래 부분에 작성하는 주석을 각주라 하고, 논문이나 책 끝에 작성하는 주석을 미주라 한다. 각주(脚註)의 각(脚)은 '다리'라는 뜻이고, 미주(尾註)의 미(尾)는 '꼬리'라는 뜻이다. 본문을 기준으로 어느 위치에 작성하는가에 따라 다른 이름이 붙은 것이다.

일반적으로 각주를 많이 사용하고, 미주는 논쟁적인 논저보다는 설명 위주의 논저에서 이따금 사용한다. 각주와 미주의 예는 다음과 같다.

【각주】

영화 〈보헤미안 랩소디〉를 계기로 록 밴드 '퀸'에 대한 관심이 커진 이유는 무엇일까. 첫째로, 다양한 면모를 선보인 퀸의 실력을 들 수 있다. 퀸은 "레드 제플린만큼이나 강력하고 육중한" 사운드뿐 아니라 "데이비드 보위만큼이나 화려하고 과시적"인 무대 매너를 선사했다.[1)] 즉 뛰어난 음악성과 무대 매너로 팬들의 마음을 사로잡았던 것이다.

---

1) 배순탁, 「록 밴드 퀸의 일대기를 조명한 영화, 위대한 밴드의 신화를 일깨우다」, 『씨네21』, 2018.11.

각주는 위와 같이 본문에서 인용한 자료의 출처를 표기하거나 본문 내용을 보충하기 위해 본문의 해당 페이지 하단부에 작성하는 것이다. 구체적인 작성법은 뒤에서 자세히 살펴보기로 한다. 반면 미주는 논문이나 책의 끝부분에 주석들을 한꺼번에 모아 제시하는 것이다. 다음 예는 논문이 끝나는 부분을 보인 것이다.

【미주】

다. 더군다나 이 작품은 그의 출세작이기도 했기에[9)] 각별한 애착이 있을 수밖에 없었다.

필자는 이 글에서 주로 「광문자전」(본전) 자체의 성취에 대해 논하였다. 연암의 출세작인 이 작품의 뛰어난 점은 서사 단락의 순차적 배치와 계기적 서술, 그러면서도 각각의 서사 단락을 일관하는 가치인 신의(信義)를 부각시키고 있는 점, 각 단락이 '갈등 – 해소'의 구조를 반복하고 있는 점, 그리고 『사기』의 여러 부분에서 표현과 의상(意想)을 빌려 왔으면서도 그것이 기운 흔적 없이 작품에 밀착되어 있는 점 등을 들었다. 「광문자전」은 흥미로운 일화들을 중심으로 한 서사 단락의 원심력에 그것들을 관류하는 가치(신의) 및 구조(갈등 – 해소)가 구심력으로 작용하여 두 힘이 긴장감을 유지한 채 균형을 이루고 있는 작품이라 할 수 있다.

주

1) 박종채, 『나의 아버지 박지원』, 박희병 역, 돌베개, 1998, 23면.
2) *Loc. cit.*
3) 이가원, 「광문자전 연구」, 『인문과학』 제7권, 연세대학교 인문과학연구소, 1962.
4) 박준원, 「광문자전 분석－광문의 실체와 형상」, 『한국한문학연구』 제8집, 한국한문학회, 1985; 차충환, 「상하 경향을 아우른 휴머니즘과 자유인의 형상, 달문」, 『조선후기 소수자의 삶과 형상』, 김진영 편, 보고사, 2007.
5) 김영동, 『박지원소설연구』, 태학사, 1988; 강현모, 「연암의 광문전승에 나타난 서사구조와 지향의식」, 『한국언어문학』 제81집, 한국언어문학회, 2012.
6) 달문은 이 역모 사건에 연루되어 국문을 당하고 태장 60대를 맞은 후 경성으로 유배되었다. 이 사건에 대해서는 조선시대 중죄인의 공초 기록을 담은 『추안급국안』에 자세히 기록되어 있으며, 차충환, 앞의 글, 131면에 사건의 전모가 간략히 정리되어 있다.
7) 서후(書後)는 발문의 다른 이름이다. 이에 대해서는 진필상, 『한문문체론』, 심경호 역, 이회, 1995, 230면 참조.
8) 본전에서뿐만 아니라 서후에서도 『사기』의 영향을 확인할 수 있다. 대표적인 것이 바로 작자 연암이 광문을 직접 본 일을 적은 것이다. 연암은 열여덟 살에 병을 심하게 앓아 집에서 일하던 사람들에게 민간에서 일어난 기이한 일들에 대해 물어 듣고는 하였는데 그러면 사람들이 모두 광문에 관한 일을 이야기하더라고 했다. 그러고는 "나도 어렸을 적에 그의 얼굴을 본 적이 있었는데 극히 추악했다."라는 서술을 덧붙이고 있다. 이는 『사기』 「유협열전」 마지막 대목인 사마천의 논평, 즉 "나는 곽해의 모습을 본 적이 있는데, 외모는 보통 사람에 미치지 못하였고 말도 알아듣기 어려웠다."를 떠올리게 한다.
9) 김명호, 『연암 문학의 심층 탐구』, 돌베개, 2013, 42면.

얼핏 보면 각주와 큰 차이가 없어 보이지만, 주석 1)부터 주석 8)까지는 위 본문에서 찾을 수 없다. 8) 이전의 주석들은 모두 이전 페이지에 있기 때문이다. 미주는 이렇게 논문이나 책이 끝나는 곳에 주석을 모아 제시한다.

각주와 미주는 상반되는 장단점을 가지고 있다. 각주는 그때그때 해당 면에서 확인 가능하다는 장점이 있지만, 자칫 본문에 집중하는 데 방해가 될 수 있다는 단점이 있다. 미주는 주석을 확인하기 위해 논문이나 책의 끝을 펼쳐 해당 번호의 주석 내용을 확인한 후 다시 본문으로 돌아와야 한다는 번거로움이 있지만, 꼭 필요한 상황이 아니면 잘 찾아보지 않게 되어 오히려 본문에 더 집중할 수 있는 장점이 있다.

(4) 외각주

참조주와 내용주 가운데서는 참조주를, 내주와 외주 중에서는 외주를, 각주와 미주 중에서는 각주를 주로 사용한다고 하였다. 학문 분야마다 조금씩 편차가 있지만 가장 일반적으로 많이 사용되는 주석은 참조주인 외각주다. 대학에서 보고서를 쓸 때 일반적으로 논문과 저서를 참고하므로 다음 외각주의 기본 형태를 잘 알아두도록 하자.

【논문】 필자명, 「논문명」, 『학술지명』 권호수, 학회명, 발간연월, 면수.
【저서】 저자명, 『서명』, 출판사, 출판연도, 면수.

인터넷 자료나 잡지, 신문 기사 등을 인용하거나 참고할 때도 있는데, 모두 위의 기본 양식을 조금씩 변형하여 쓴다. 먼저 논문과 저서를 참조주인 외각주로 어떻게 표기하는지 구체적으로 살펴보고, 다른 자료들의 외각주 표기 방식에 대해서도 알아보자.

① 논문

【기본】 필자명, 「논문 제목」, 『학술지명』 권호수, 학회명, 발간연월, 면수.
【예시】 천정환·이용남, 「근대적 대중문화의 발전과 취미」, 『민족문학사연구』 제30집, 민족문학사학회, 2006. 4, 41면.
최윤정·양대륙, 「정보화 시대를 대비한 화학공학 데이터베이스」, 『화학공학의 이론과 응용』 2권 2호, 한국화학공학회, 1996, 71면.

필자명

· 필자가 2~3인이면 가운뎃점(·)을 찍어 병렬한다.

· 필자가 외국인일 때에는 '한나 아렌트', 'H. Arendt', 'Hannah Arendt' 등으로 표기하되 글 전체에서 같은 방식으로 적는다.

논문 제목

· 홑낫표(「 」)를 사용하여 그 안에 적는다. 홑꺾쇠(〈 〉)를 사용하기도 한다.

· 부제목은 선(−)이나 쌍점(:)을 찍고 이어서 쓴다.

권호수, 학회명

· 학술지명 뒤에 곧바로 '제○권 제○호', '○권 ○호', '제○호', '○호', '제○집', '○집' 등으로 표기한다. 간단히 숫자만 표기하기도 한다.

· 학술지(저널)는 학회에서 간행하므로 출판사명이 아닌 학회명을 적는다.

· 권호수, 학술지명, 학회명 등은 해당 학술지나 학술논문 사이트에 소개되어 있는 표기 그대로 쓴다.

발간연월

· 학술지도 잡지의 일종이므로 연, 월까지 표기한다.

· 학술논문 사이트에서 학술지의 발간월을 제공하지 않을 때가 있다. 이때에는 발간연도까지만 쓰기도 한다.

② 저서

【기본】 저자명, 『서명』, 출판사, 출판연도, 면수.

【예시】 이진경, 『문화정치학의 영토들 – 현대문화론 강의』, 그린비, 2007, 215면.

【활용】 최상진·방성원·김진해, 『언어 이야기』, 경진문화사, 2010, 77면.

최상진 외, 『언어 이야기』, 경진문화사, 2010, 77면.

한하운, 인천문화재단 편, 『한하운 전집』, 문학과지성사, 2010, 59면.
한하운, 『한하운 전집』, 인천문화재단 편, 문학과지성사, 2010, 59면.
질 르포어, 박다솜 역, 『원더우먼 히스토리』, 월북, 2017, 33면.
한나 아렌트, 『전체주의의 기원 1』, 박미애·이진우 역, 한길사, 2006, 72면.
H. Arendt, 『전체주의의 기원 1』, 박미애·이진우 옮김, 한길사, 2006, 72면.
Hannah Arendt, 『전체주의의 기원 1』, 박미애·이진우 옮김, 한길사, 2006, 72면.

저자명

· 저자가 2~3인이면 가운뎃점(·)을 찍어 병렬한다.
· 저자가 4인 이상이면 '○○○ 외'로 쓴다. 이때 ○○○는 저자명 가운데 가장 앞에 오는 대표 저자 이름을 쓴다.
· 공동 저자 수를 표시하여 '○○○ 외 △인'과 같이 쓰기도 한다. ○○○는 대표 저자 이름을, △는 전체 저자 수를 쓴다. 가령 홍길동 · 전우치 · 김유정 · 이효석 · 안수길의 5인이 쓴 저서라면 '홍길동 외 4인'으로 쓴다.

편자, 역자

· 책 제목의 바로 앞이나 뒤에 위치해야 하며 편자는 '○○○ 편', '○○○ 엮음' 등으로, 역자는 '○○○ 역', '○○○ 옮김' 등으로 표기한다. 어떤 표기법으로 쓰든 통일해서 쓴다.

서명

· 겹낫표(『 』)를 사용하여 그 안에 적는다. 겹꺾쇠(《 》)를 쓰기도 한다.
· 부제목은 선(—)이나 쌍점(:)을 찍고 이어서 쓴다.

출판사

· 책의 겉표지나 판권에 나와 있는 그대로 표기하며, 띄어 쓰지 않고 붙여서 쓴다. (창작과 비평사×, 창작과비평사○)

출판연도

· 아라비아 숫자로 연도까지만 쓴다.

이진경, 『문화정치학의 영토들—현대문화론 강의』, 그린비, 2007, 215면. (○)

이진경, 『문화정치학의 영토들—현대문화론 강의』, 그린비, 2007년, 215면. (×)

③ 정기간행물(신문, 잡지 등)

【기본】 필자명, 「기사 제목」, 『신문(잡지)명』, 발간년. 발간월. 발간일.

【예시】 김준용, 「흰여울문화마을 주민친화 대변신」, 『부산일보』, 2018. 3. 28.

백진우, 「마동석, 그는 살아있는가?」, 『씨네21』, 2017. 6.

필자명

· 기사(논설) 작성자의 이름을 적으며, 필자명을 알 수 없을 경우 적지 않거나 '미상'으로 표기한다.

발간연월일

· 신문은 발간된 연, 월, 일을 모두 표기한다. '2018. 3. 28.', '2018.03.28.', '2018년 3월 28일.' 등으로 표기하되, 글의 끝까지 같은 방식으로 표기한다.

· 잡지는 연, 월까지 표기한다('2017. 6.', '2017.06.', '2017년 6월' 등).

· 문예 계간지는 봄(호), 여름(호), 가을(호), 겨울(호) 등으로도 쓸 수 있다. (예 : 박민규, 「프로그레시브한 동물 우화와 벽 너머의 상상 : 핑크 플로이드」, 『파란』, 2016. 봄호.)

④ 학위논문

> 【기본】 저자명, 「논문 제목」, 학위 수여 대학과 학위 종별, 발간연도, 면수.
> 【예시】 김명재, 「프로펠러 블레이드의 공력 향상 설계최적화」, 울산대학교 석사학위논문, 2005, 75면.

학위 수여 대학과 학위 종별

· '울산대학교 석사학위논문', '울산대학교 석사논문', '울산대 석사학위논문', '울산대 석사논문' 등으로 쓰되 글의 끝까지 같은 방식으로 표기한다.

· 특수목적대학원(교육대학원, 경영대학원, 정책대학원 등) 논문은 학위 수여 대학명 뒤에 대학원까지 표기한다('울산대학교 교육대학원 석사학위논문').

발간연도

· 학위논문은 연중 2월과 8월에 발간되지만 월까지 표기하지 않고 연도만 적는다.

⑤ 온라인 자료

> 【기본】 저자명, 「제목명」, 『매체명』, 발간한 곳, 발간일자, 〈웹페이지 주소〉, 확인일자.
> 【예시】 잡코리아, 「맞춤법 틀린 '자기소개서'…… 반복되면 '탈락'?」, 『통플러스 그래픽뉴스』, 2017. 10. 26, 〈http://digitalchosun.dizzo.com/site/data/ht m/site/data/html_dir/2017/10/26/2017102612786.html〉, 2020. 11. 21.

발간일자와 확인일자

· 온라인 자료는 언제든 수정이 가능하기 때문에 발간일(발행일, 업로드일)과 함께 자신이 확인한 날짜도 명기하여야 한다.

요즘은 인터넷 시대인 만큼 온라인에서 자료를 찾아 인용하는 학생들이 많다. 그러나 온라인 자료는 신뢰성 문제가 있으니 가급적 신뢰할 만한 오프라인 자료(논문, 저서)를 인용하는 것이 좋다. 신뢰할 수 없는 자료를 기반으로 쓴 글이 신뢰성을 갖기는 어렵기 때문이다.

그러나 통계자료 등 온라인에서만 취득할 수 있어 부득이하게 온라인 자료를 인용해야 할 때도 있다. 이때는 오프라인 자료를 표기하는 방식에 준하여 출처를 표기하되, 뒤에 인터넷 주소를 추가로 병기하면 된다. 온라인 자료의 특성상 파악 안 되는 정보들이 있을 수 있지만, 모두 생략하고 온라인 주소만 적는 것은 삼가야 한다. 출처 표기에는 기본적으로 독자들에게 자료의 유형과 특성을 알려 주는 서비스 기능이 있기 때문이다.

또한 온라인 자료는 학위논문, 신문, 잡지, 학술지 등처럼 오프라인에서도 발간되는 경우가 많다. 그 경우 온라인으로 자료를 입수하였다 하더라도 온라인 주소는 표기하지 않고 오프라인 출처만 적는 것이 원칙이다. 온라인 주소는 온라인 전용 발간 자료(온라인 한정판 신문이나 잡지, 기관 홈페이지, 신뢰할 만한 통계 자료)에 한해 적는 것이 좋다. 그 과정에서 의심 가는 자료는 인용하지 않도록 한다. 온라인 전용 발간 자료는 전문성과 공신력, 일차 자료인지의 여부 등을 따져서 수준 있는 자료를 인용해야 한다.

⑥ 외국어 저서

【기본】 저자명, 서명, 출판지: 출판사, 출판연도, 면수.

【예시】 Benedict Anderson, “Imagined Communities”, London: Verso, 1983, p. 73.

Benedict Anderson, *Imagined Communities: Reflections on the Origin and Spread of Nationalism*, London: Verso, 1983, p. 73.

저자명

· ‘Gilles Deleuze’, ‘G. Deleuze’ 등으로 표기하되 글의 끝까지 같은 표기법으로

통일한다.

· 저자가 여러 명일 경우 and, &, 세미콜론(;)을 사용하여 'G. Deleuze and F. Guattari', 'G. Deleuze & F. Guattari', 'G. Deleuze; F. Guattari' 등으로 표기하되 글의 끝까지 같은 표기법으로 통일한다.

· 서양인은 이름—성의 순으로 표기한다.

서명

· 이탤릭체로 쓰거나 큰따옴표로 묶는다.

· 부제목은 쌍점(:)을 찍고 이어서 쓴다.

출판지

· '출판지: 출판사명'의 방식으로 표기한다.

· 출판지는 출판사 소재 도시 이름을 적는다.

(5) 기타 유의사항

① 주석 번호

주석이 시작되는 곳에는 반드시 번호를 먼저 적어야 한다. 자료들을 인용할 때마다 1), 2), 3) 순으로 계속 번호를 붙여 나가는데 이를 주석 번호라고 한다. 직접인용이든 간접인용이든 인용한 곳이 끝나는 지점에 주석 번호를 생성해야 한다. 주석 번호를 달 위치에 커서를 놓고, 한글 프로그램(hwp)에서는 상단 메뉴에서 〈입력→ 주석→ 각주〉 순서로 클릭하거나 단축키 〈Ctrl+N+N〉을 사용하여 주석을 생성하며, MS Word에서는 상단 메뉴에서 〈참조→ 각주 삽입〉 순으로 클릭하거나 단축키 〈Ctrl+Alt+F〉를 사용하여 주석을 생성한다. 간혹 인용한 내용의 앞부분에 주석 번호를 달기도 하는데, 이는 잘못된 것이다. 아래 정보를 확인하여 올바른 위치에 주석을 달도록 하자.

※ 주석 번호의 잘못된 위치

> [1]퀸은 "레드 제플린만큼이나 강력하고 육중한" 사운드뿐 아니라 "데이비드 보위만큼이나 화려하고 과시적"인 무대 매너를 선사했다.
> 퀸은 레드 제플린의 강력하고 육중한 사운드뿐 아니라 데이비드 보위처럼 화려한 무대로 자신을 과시하여 [1]뛰어난 음악성과 무대 매너로 팬들의 마음을 사로잡았다.

※ 주석 번호의 올바른 위치

> 퀸은 "레드 제플린만큼이나 강력하고 육중한" 사운드뿐 아니라 "데이비드 보위만큼이나 화려하고 과시적"인 무대 매너를 선사했다.[1] 즉 뛰어난 음악성과 무대 매너로 팬들의 마음을 사로잡았던 것이다.
> 퀸은 "레드 제플린만큼이나 강력하고 육중한" 사운드뿐 아니라 데이비드 보위처럼 화려한 무대를 과시했고,[1] 뛰어난 음악성과 무대 매너로 팬들의 마음을 사로잡았다.
> 퀸은 레드 제플린의 강력하고 육중한 사운드뿐 아니라 데이비드 보위처럼 화려한 무대로 자신을 과시함으로써[1] 뛰어난 음악성과 무대 매너로 팬들의 마음을 사로잡았다.

② 인용 페이지 표기

인용한 자료의 페이지를 밝혀 적고자 할 경우 맨 마지막에 오는 정보의 마침표를 쉼표로 바꾸고 인용한 페이지를 '○○면.', 'p. ○○.' 등으로 표기한다. 여러 페이지에 걸쳐 참조하거나 인용한 경우 '○○~○○면.', 'pp. ○○~○○.' 등으로 표기한다. 이는 앞에서 설명한 모든 유형의 자료에 적용된다. 단, 신문이나 온라인 자료는 페이지를 표기하지 않는다. '○○면.'과 'p. ○○.' 중에서 어느 하나로 표기했으면 글의 끝까지 표기법을 통일해야 하는 점도 기억해야 한다.

> 【예시】 1) 질 르포어, 『원더우먼 히스토리』, 박다솜 역, 윌북, 2017, 58면.
> 2) 백진우, 「마동석, 그는 살아 있는가?」, 『씨네 21』, 2017.06, p. 58.
> 3) 천정환·이용남, 「근대적 대중문화의 발전과 취미」, 『민족문학사연구』 제30

집, 민족문학사학회, 2006.04, 58~65면.

4) Benedict Anderson, *Imagined Communities*, London: Verso, 1983, pp. 58~65.

③ 기타 유의사항

- 문헌과 문헌을 병렬할 때는 세미콜론(;)으로 구분하여 제시한다.
- 주석도 하나의 문장으로 인정되기 때문에 맨 끝에 오는 정보는 쉼표가 아니라 마침표를 찍어 마무리해야 한다.
- 한 편의 글에서 논문이나 책을 표시하는 기호는 '「 」, 『 』' 또는 '〈 〉, 《 》' 중 하나로 통일해야 한다.

(6) 약식 주석

지금까지 외각주로 자료 출처를 표기하는 방법에 관해 매체의 유형별로 알아보았다. 실제로 보고서를 쓰다 보면 많은 외각주들을 작성하게 된다. 그러다 보면 동일한 자료를 반복해서 인용해야 할 경우도 생겨난다. 그때마다 일일이 다시 외각주를 완전히 표기하게 되면 글을 쓰는 사람도 번거롭고 독자 입장에서도 반복해서 언급하고 있는 자료가 어떤 것인지 확인하기 어렵다. 이때 사용하는 것이 약식 주석이다. 가장 많이 쓰이는 약식 주석은 다음 세 가지다.

Ibid. : '*ibidem*'의 약어로, 바로 위 주석에서 서지 사항이 완전하게 소개된 문헌을 다시 인용하면서, 인용 면만 달리하는 경우에 쓴다. 논저자명을 쓰지 않고 이 약어와 인용 면수만 적는다. '위의 책', '위의 글'로 쓰기도 한다.
op. cit. : '*opere citato*'의 약어로, 바로 위가 아닌 그 앞의 어딘가에서 인용했던 문헌을 다시 인용하는 경우 논저자명 다음에 쓴다. '앞의 책', '앞의 글'로 쓰기도 한다.
Loc. cit. : '*loco citato*'의 약어로, 바로 위에서 인용한 문헌의 같은 면을 다시 인용할 때 쓴다. 논저자명이나 면수를 적지 않고 이 약어만 쓴다.

약식 주석을 표시하는 약어들은 모두 이탤릭체로 적는다. 또 단어를 줄여 표현한 것임을 나타내는 온점(.)을 생략해서는 안 된다. 만약 약식 주석으로 표기하여 오해가 발생할 수 있다면 생략하는 내용 없이 주석을 완전하게 표기하여야 한다.

> 1) 손세오, 「빅데이터 통계분석의 양상」, 『통계과학』 67호, 한국통계과학회, 2013, 181~183면.
> 2) 손세오, 「산업디자인과 빅데이터의 미래」, 『월간디자인』 5호, 2019. 3, 97면.
> 3) 박용준, 「빅데이터 관점에서 본 영화 〈기생충〉」, 『영상미학』 79호, 한국영상미학회, 2021, 211면.
> 4) 이욱희, 「영화 〈기생충〉의 공간 디자인」, 『씨네21』 1281호, 2020. 11, 45면.
> 5) 손세오, 「산업디자인과 빅데이터의 미래」, 『월간디자인』 5호, 2019. 3, 75~80면.
> 6) *Ibid*., 88~90면.
> 7) 이욱희, *op. cit*., 47면.
> 8) 전필중, 『4차 산업혁명과 빅데이터』, 다솜, 2018, 21면.
> 9) *Loc. cit.*

4) 참고문헌

보고서의 제목과 서론, 본론, 결론을 쓰고 그 과정에서 인용한 자료의 출처 표기까지 했다면, 마지막으로 참고문헌을 작성하여 보고서를 완성한다. 참고문헌은 논문과 저서, 정기간행물, 학위논문, 온라인 자료 등 보고서를 쓰기 위해 주석에서 인용한 자료들의 목록을 보고서의 맨 끝에 일정한 양식을 갖추어 제시하는 것이다. 참고문헌란을 통해 우리는 그 논문이나 책을 쓴 이가 어떤 다른 자료들을 참고했는지 일목요연하게 파악할 수 있을 뿐만 아니라, 그 주제에 관한 글을 쓸 때 어떤 자료를 더 참고할 수 있는지 손쉽게 확인할 수 있다.

참고문헌란 작성법도 주석 작성법과 마찬가지로 학문 분야별로 조금씩 다르므로 전공 분야의 관례를 찾아보는 것이 좋다. 여기서는 대학 학부 수준의 보고서에서 흔히 통용되는 양식을 소개하기로 한다.

【논　문】 필자명, 「논문명」, 『학술지명』, 권호수, 학회명, 발간연월.
【단행본】 저자명, 『서명』, 판수, 출판지 : 출판사, 출판연도.

참고문헌은 주석을 어떤 방식으로 작성하였는가에 따라 다르게 표기한다. 위 양식은 주석을 외각주로 작성하였을 때의 참고문헌 표기 방법이다. 만약 글의 본문에서 주석을 내주로 작성하였거나 내주와 외각주를 혼용하여 표기했으면 참고문헌란에는 다음과 같이 필자명(저자명) 뒤의 괄호 안에 발간(출판) 연도를 표시하여 적기도 한다.

성범중(2010), 『한시 속의 울산 산책』, 울산대학교출판부.
허영란(2017), 「역사교과서와 지역사, 기억의 굴절」, 『역사문제연구』, 21호, 역사문제연구소, 133~171면.

각각의 참고문헌 표기법은 주석 표기법과 크게 다르지 않다. 다만 주석 번호를 붙이지 않는다는 점, 참고 · 인용한 면수를 표기하지 않는다는 점, 학술지에 수록된 논문은 수록 시작 면수와 끝 면수를 표기한다는 점, 판수가 여럿이면 판수를 반드시 표기한다는 점, 국외서는 반드시 출판지를 표기한다는 점 등은 주석을 작성할 때와 다른 점이니 유의하도록 하자. 일반적으로 참고문헌란은 다음과 같은 과정으로 작성한다.

(1) 주석에서 언급한 자료 수합

자신이 보고서를 쓰면서 참고하였거나 보고서 준비 과정에서 공부한 내용을 모두 참고문헌으로 정리하는 것은 아니다. 참고문헌란에 정리하는 자료는 주석에서 최소한 한 번은 언급된 것이어야 한다. 별도의 '새 문서'를 만들어 주석에 있는 자료들을 모으는 것이 참고문헌란 작성의 첫 단계다. 참고문헌란은 보고서의 결론 뒷부분에 작성하는데, 별도의 '새 문서'에 먼저 자료를 모으는 이유는, 이렇게 하는 것이 보고서를 앞뒤로 옮겨 다니며 자료를 모으는 것보다 편리하기 때문이다. 주석 자료를 복사, 수합할 때 주석 번호는 제외한다.

(2) 중복 자료의 삭제 및 자료의 배열

주석에서 여러 차례 언급한 자료는 참고문헌란에서 한 번만 적는다. 그러므로 중복되는 자료를 먼저 삭제하도록 한다. 대학에서 보고서를 쓸 때 참고문헌 수는 일반적으로 20개를 넘지 않는다. 이런 경우에는 참고문헌을 '국내(온라인 자료 포함)－국외' 또는 '국내－국외－온라인 자료'로 분류하여 필자 성의 가나다순(알파벳순)으로 배열한다. 논문과 단행본은 구분하지 않는다. 번역서의 경우 국내서로 처리할 것인지 국외서로 넣을 것인지에 대해서는 여러 의견이 있으나 일반적으로 국외서로 분류한다.

(3) 자료의 정렬

중복 자료를 삭제하고 국내, 국외, 온라인 자료로 분류했다면 이번에는 국내, 국외, 온라인 자료 각각을 순서에 따라 정렬해야 한다. 국내 자료는 필자(저자) 성의 가나다순으로 정렬한다. 동일 필자(저자)의 자료가 두 건 이상일 때에는 출판연도순으로 정렬한다. 또 국외 자료는 동양 자료를 먼저, 서양 자료를 나중에 적는다. 동양 자료와 서양 자료 사이를 한 행 띄우기도 하며, 여러 언어권의 자료들이 있는 경우에는 각각의 언어별로 묶는다. 서양 논문이나 책은 필자(저자) 성과 이름의 위치를 바꾸되 그 사이에 쉼표(,)를 넣는다. 이렇게 한 뒤 필자(저자) 성의 알파벳순으로 정렬한다.

국내 자료, 그리고 국외 자료 중 서양 자료는 한글 프로그램(hwp)에서 각각 블록을 설정한 뒤 상단 메뉴의 '도구'에 있는 '정렬' 기능을 이용해 가나다순(국내 자료), 알파벳순(서양 자료)으로 간편하게 정렬할 수 있다.

(4) 참고 · 인용 면수 삭제

주석에서 바로 가져온 정보에는 대체로 인용하거나 참고한 논문 및 단행본의 면수가 기재되어 있다. 그런데 참고문헌에서는 인용하거나 참고한 면수를 기재하지 않으므로 주석에서 언급한 페이지를 삭제해야 한다. 단, 학술지에 수록된 논문은 참고문헌에 해당 논문의 학술지 수록 면수를 기재하는 경우가 많은데, 이것과 참조 · 인용한 면수를 혼동해서는 안 된다.

(5) 판수 및 출판지 확인

판수(edition)가 여럿인 책은 반드시 판수를 표기해야 한다. 판에 따라 내용이나 편집이 달라질 수 있기 때문이다. '개정판', '수정증보판', '제3판' 등으로 표시하는 판수는 책 제목 다음에 쉼표를 하고 제시한다. 판수는 표지에서도 확인할 수 있지만, 책의 서지 정보가 담긴 면(판권)의 '제1판 제1쇄' 등과 같은 정보에서 정확히 확인할 수 있다. '판'은 내용이나 편집 상태에 변동이 있을 때 인쇄용 판을 다시 만드는 것이고, '쇄'는 내용이나 편집 상태의 변동 없이 그대로 다시 찍어내는 것이므로 그 둘을 혼동해서는 안 된다. '2쇄'니 '3쇄'와 같은 정보는 참고문헌에서 표시할 필요가 없다.

국내 논저는 대개 출판지를 표시하지 않으나, 국외 논저는 출판지를 반드시 적어야 한다. 영어로 된 책이라면 그것이 영국에서 나온 것인지 미국에서 나온 것인지 등을 알 수 있게 하기 위해서다. 출판지는 출판사가 있는 도시 이름으로 적으며, 출판지와 출판사 사이에는 쌍점(:)을 찍는다.

참고문헌

1. 국내 논저

김경은, 「혼자 하는 공부가 진짜다. '혼공족'들을 위한 공부법」, 『경향신문』, 2018. 3. 9.

김영민, 『공부란 무엇인가』, 어크로스, 2020.

신소영·권선영, 「진로결정과 자기주도학습, 학습몰입, 학습성과 인식의 관계구조 분석」, 『학습자중심교과교육연구』 14권 7호, 학습자중심교과교육학회, 2017, 167~185면.

용정현, 「대학생의 완벽성향과 학습몰입도의 관계」, 강원대학교 석사논문, 2011.

정약용, 「학문은 천하의 공변된 것이다」, 『선인들의 공부법』, 개정판, 박희병 편역, 창비, 2013.

한동일, 『한동일의 공부법』, EBS CLASS, 2020.

2. 국외 논저

彭聃龄, 『汉语认知研究－从认知科学到认知神经科学』, 北京：北京师范大学出版社, 2006.

高田明和, 『脳科學醫が教える他人に敏感すぎる人がラクに生きる方法』, 東京：幻冬舍, 2017.

Amen, D. G., 『공부하는 뇌』, 김성훈 역, 반니, 2020.

Bacon, F., 「공부와 독서」, 세네카 외, 『공부의 고전』, 정지인 역, 유유, 2020.

Son, Lisa and Vandierendonck, André, *Bridging Cognitive Science and Education*, East Sussex: Psychology Press, 2016.

3. 온라인 자료

김경일, 「온라인 공부 효과 100배 올리는 법」, 2021. 3. 30, 〈https://www.youtube.com/watch?v=oWriGCIgOmk〉, 2020. 4. 25.

황농문, 「공부하는 힘, 몰입」, 2021. 4. 1, 〈https://www.youtube.com/watch?v=ukjYwSiYT1I〉, 2020. 2. 28.

연습

1. 다음 두 상황에 윤리적으로 각각 어떤 문제가 있는지 논의해 보자.

상황 1	내가 쓴 글의 핵심적인 아이디어가 미처 보지 못한 논문 A와 유사하다는 것을 논문을 제출하고 나서야 알게 되었다. 그러나 나는 글을 쓰면서 논문 A를 참고한 적이 없으므로 표절이 아니라고 생각한다. 과연 내가 쓴 글은 윤리적으로 문제가 없을까?
상황 2	리포트 마감 시한이 얼마 남지 않아 인터넷 리포트 판매업체에서 유료 결제 후 리포트를 받아 제출하였다. 내가 내 돈을 주고 산 자료를 제출한 것이므로 나는 이 행위가 별 문제가 되지 않는다고 생각한다. 과연 문제가 없을까?

2. 자기 전공 분야의 대표적인 학술지가 무엇인지 찾아보고, 해당 학술지의 논문 투고 규정에 제시된 주석과 참고문헌 작성법을 정리해 보자.

3. 다음과 같이 외각주를 작성했다고 할 때 문제가 없는지 확인해 보자.

1) 박종채, 《나의 아버지 박지원》, 박희병 역, 돌베개, 1998, 23면.
2) *Loc. cit.*
3) 이가원, 〈광문자전 연구〉, 《인문과학》 제7권, 연세대학교 인문과학연구소, 1962.
4) 문석윤 외 5인, 『담헌 홍대용 연구』, 사람의무늬, 2012; 차충환, 〈상하 경향을 아우른 휴머니즘과 자유인의 형상, 달문〉, 《조선후기 소수자의 삶과

형상》, 김진영 편, 보고사, 2007; 안순태, 〈광문자전 연구—본전의 서사적 특징을 중심으로〉, 《국문학연구》 42호, 국문학회, 2020.

5) 박지원, 《열하일기》(박희병, *op. cit.* 131면에서 재인용).

6) 안순태, 〈연행록 소재 동물희 기사 연구〉, 《민족문화연구》 제89호, 고려대 민족문화연구원, 2020.

7) 〈왕릉 새로 보다…제1회 조선왕릉문화제 열흘간 펼친다〉, 《헤럴드경제》, 2020.10.13., 〈http://news.heraldcorp.com/view.php?ud=20201013000182〉, 2021.04.06.

8) 안순태, *op. cit.*, 247면.

4. 다음 인용자의 상황을 가정하여 자료들의 출처를 외각주로 표기해 보자.

인용자	교수님이 대학 4년 동안의 학업 계획에 관해 보고서를 작성해 오라고 하셨어. 관련 자료를 찾다가 '공부란 무엇인가'와 '세계 최고의 인재들은 무엇을 공부하는가'라는 책들에 나오는 아래의 내용들에 감명을 받아 인용하고 싶어졌어. 첫 번째 책은 '어크로스'라는 출판사에서 2020년 8월에 나왔고 저자는 김영민이야. 두 번째 책은 후쿠하라 마사히로가 쓴 책으로 2015년 10월 12일에 '엔트리'란 곳에서 출판했고 번역자는 김정환이야. 차례대로 어떻게 출처를 표기하지?
자료 1)	심오한 공부일수록 쾌감을 느낄 수 있을 때까지 고된 훈련 기간이 필요하다. 훈련을 마치기 전에 공부를 포기하면, 공부가 주는 쾌락을 충분히 누릴 수 없다. 올림픽 마라톤 금메달리스트 황영조 선수는 경기 중에 포기하고 싶다는 생각보다는 출발 직전에 포기하고 싶다는 생각이 훨씬 강하게 든다고 말한 적이 있다. 일단 공부가 궤도에 오르면 그럭저럭 진행하게 되는 법. 그렇다면 공부하는 과정보다 어려운 것이 고된 공부를 하려고 마음먹는 일이다. 쉽지 않은 공부는 늘 결기를 요구한다. (공부란 무엇인가, 127면)

자료 2)	질문 방식에 따라 답은 얼마든지 변화하며, 의문을 품을수록 답의 폭도 넓어진다. 고등교육을 받은 사람과 그렇지 않은 사람의 차이는 질문을 구사해서 나오는 답을 자유자재로 변화시킬 수 있는 사고의 유연성이다. 사고의 유연성은 그 사람 인생의 성장 잠재력과도 관계가 있다. 가령 현재 어떤 두 사람의 지적 능력이 같다고 했을 때 최종적으로 어느 쪽이 더 성장하느냐는 이 사고의 유연성에 달려 있다. (세계 최고의 인재들은 무엇을 공부하는가, 77~78면)
출처 표기	1) 2)

5. 빅데이터에 대해 배우는 수업에서 보고서를 쓰게 됐다고 가정하고, 아래 1)부터 10)까지의 내용을 외각주로 작성해 보자.

1) 한국경제신문에서 다음의 기사를 인용하였다.

> **통계청 "국가데이터 허브로 위상 강화"**
>
> 제과점 사장 A씨는 기온 등 케이웨더의 날씨 데이터를 분석한 자료를 제공받아 진열품과 생산량을 조정해 올해 매출을 지난해보다 20% 늘렸다.
>
> … (중략) …
>
> 은순현 통계청 통계데이터허브국장은 "통계빅데이터센터가 정식으로 열면 정부와 공공기관, 기업은 물론이고 일반 국민까지 누구나 센터를 이용해 데이터를 가치 있는 정보와 지식으로 전환할 수 있게 될 것"이라고 말했다. 이어 "통계청은 향후 지속적으로 공공행정데이터 개방

을 가속화하고 국가통계와 민간빅데이터의 연계가 가능한 통계빅데이터센터를 더욱 활성화해 정부의 데이터산업 육성 정책에 기여할 것"이라고 강조했다.

임호범 기자 lhb@hankyung.com

한국경제　2018.09.18.

2) 잡지 '주간경향' 1028호(2020년 1월 발행)에 주영재가 쓴 '인공지능과 데이터로 무장한 교육업계'의 63면을 인용하였다.

3) 한국정보기술학회에서 발간하는 학술지 '한국정보기술학회지'의 14권 1호(2016년 6월 발행)에 수록된 유성민의 논문 '빅데이터가 인공지능에 미친 영향'을 읽고 그 논문의 28면을 인용하였다.

4) 다음 김지숙의 석사논문 25면을 인용하였다.

陳瑞勳教授指導
碩士學位論文

빅데이터 활용과 분석기술 고찰

이 論文을 理學 碩士學位 論文으로 提出함.

2012 12年 月 日
高麗大學校大學院
情報統計學科

金 志 淑 (印)

제5장 빅데이터 활용사례

美 대통령 과학기술자문위원회는 '모든 미국 연방 정부 기관은 빅데이터 전략이 필요하다'고 강조하였듯이 미래 국가 경쟁력은 빅데이터의 활용에 달려있다고 해도 과언이 아니다. 스마트폰과 소셜 네트워크 효과로 디지털 공간의 데이터 빅뱅이 발생하여 정부 차원의 데이터 지식 확보 및 활용 방안이 요구된다. 빅데이터는 정부, 기업, 의료, 학술연구 부문에서 그 가치가 입증됨에 따라 다양한 분야에서 도입 · 활용되고 있다.

본 활용사례는 이웅용, 윤영미, 권정은의 선행 연구를 참고하여 작성하였다.

5.1. 활용 가능성 및 주요사례

(1) CRM(Consumer Relationship Management)

빅데이터 분석이 가장 많이 활용되는 부분으로, 고객 분석을 통해 차별적인 경쟁력을 확보하여 높은 성과로 연계시킬 수 있다. 현 고객에 대한 서비스 등의 이용성향, 취향 등의 분석을 통해 고객을 세분화하고, 각 고객 군에 맞는 맞춤형 전략을 추진하는 것이 특징이며, 고객의 불만사항 등을 실시간으로 파악하여 고객 로열티를 증진시킨다. 현재의 충성도 높은 고객뿐 아니라, 이탈 가능성이 있는 고객 파악은 물론 잠재 고객 파악에도 활용된다.

(2) 맞춤형 광고

최근 소비자는 불특정 다수를 대상으로 하는 매스미디어 광고보다 타 소비자의 행동에 영향을 받는 경향이 커지고 있다. 이용자들이 광고를 시청하는 시간은 '유일한 자원'이기에 한정된 시간 내에 최대효과를 주는 맞춤형 마케팅의 중요성이 커지고 있으며, 효과적인 마케팅을 위한 개별 소비자의 행동파악에는 빅데이터 분석이 필수적 요인으로 꼽히고 있다. 이에 따라 개별 고객이 선호하는 제품과 관련된 정보를 제공해 구매를 촉진시키는 추천시스템 연구가 활발히 진행되고 있다. 또한, 방송 영역에서도

- 25 -

5) 2번 각주로 다룬 주영재의 글에서 65~67면을 인용하였다.

6) 피에르 시몽 라플라스가 쓰고 조재근이 번역한 책 '확률에 대한 철학적 시론'에서 109면부터 112면까지 인용하였다. 지만지 출판사에서 2012년에 나온 책이다.

7) 피에르 시몽 라플라스의 같은 책에서 230면을 인용하였다.

8) 피에르 시몽 라플라스의 같은 책에서 230면을 또다시 인용하였다.

9) 빅토르 마이어 쇤버거, 케네스 쿠키어가 공동으로 쓴 책 '빅데이터가 만드는 세상'의 325면을 인용하였다. 2013년에 21세기북스 출판사에서 이지연에 의해 번역되어 나온 책이다.

10) 유튜브에서 구독 중인 '조승연의 탐구생활'에서 '강대국을 만드는 통계의 역사'라는 동영상을 보고 인용하였다. 2020년 7월 21일에 업로드한 영상이며 주소는 https://www.youtube.com/watch?v=YlGMHmzeW3Y이다. 영상을 확인한 것은 2021년 4월 8일이다.

6. 위에서 작성한 외각주를 토대로 참고문헌란을 작성해 보자.

※ 참고문헌

제 3 부

글쓰기의 절차

1

주제 · 제목 선정과 주제문 작성

좋은 글은 바로 써지는 것이 아니라 사전의 여러 준비와 훈련을 필요로 한다. 우선은 무엇을 쓸지 글감과 주제를 정하고 글의 제목과 주제문을 마련하는 작업부터 시작해야 한다. 그런 후에 기존의 자료들을 충분히 조사, 검토하여 배경 지식을 쌓고 자신만의 문제의식을 도출하는 과정이 뒤따라야 한다. 문제의식을 글로 구현하기 위해 개요를 짜는 것도 필요하다.

여기까지가 글쓰기의 사전 준비 작업에 해당한다면, 실제로 글을 쓰기 위해 평소 익혀 두어야 할 기본 소양들이 있다. 단어와 문장, 문단 쓰기가 그것이다. 한 편의 글은 단어, 문장, 문단들이 모여 이룬 집합체라 해도 과언이 아니다. 글을 다 썼다면 고칠 곳을 가다듬고 양식에 맞게 편집할 줄도 알아야 한다. 이번 장부터는 글쓰기에 필요한 이상의 소양들을 일련의 절차와 단계에 따라 학습하도록 한다.

주제, 제목, 주제문 마련	자료 조사와 검토	개요 작성	단어와 문장 쓰기	문단 쓰기	퇴고와 편집

〈글쓰기의 절차〉

1) 주제 선정

글쓰기에 앞서 가장 먼저 해야 할 일은 무엇을 쓸 것인가의 문제, 즉 글감과 주제를 정하는 것이다. 흔히 대학과 사회에서 작성하는 글들의 경우 글감이 주어지는 경우가 많다. 대학에서는 수업의 담당 교수가 무엇에 대해 써 오라고 직접 글감을 정해 주곤 하는데 이를 '지정 글감'이라고 한다. 이와 달리 처음부터 스스로 글감을 찾아야 할 때도 있다. 이를 '자유 글감'이라고 한다. 대학의 글쓰기에서는 지정 글감이 주어질 때가 많으며, 자유 글감으로 쓰는 경우는 적은 편이다. 근래에는 둘의 혼합형으로, 여러 글감들이 주어지고 그중에서 자유롭게 선택하도록 하는 경우도 늘고 있다.

지정 글감은 텍스트, 인물, 사건, 사안, 쟁점, 문제, 실험 등과 관련하여 비교적 큰 틀에서 주어지는 경우가 많다. 예를 들어 어떤 인물이나 작품, 여행, 한중일(韓中日), 산업 동향, 감염병 등 거시적인 범위에서 간략하게 주어지기도 하고, 김수영의 시세계, 『차라투스트라는 이렇게 말했다』, 추천 여행지, 한중일의 조선산업, 코로나 바이러스처럼 좀 더 좁은 범위에서 주어지기도 한다. 자유 글감의 경우 이상의 예들을 자신이 직접 찾고 구상해야 한다.

지정 글감이든 자유 글감이든 중요한 것은 글감을 발판으로 좋은 '주제'를 마련하도록 해야 한다는 점이다. 최종적인 글의 성패 또한 주제의 선정에서 좌우되는 경우가 많기 때문이다. 글의 주제는 단순히 무엇을 쓰느냐의 문제뿐 아니라 왜 써야 하며, 어떠한 구성과 체계로 쓰느냐의 문제에 이르기까지 암암리에 영향을 미친다. "용기의 핵심은 신중함"이라고 셰익스피어가 말했지만, 주제에 있어서도 다음의 요건들을 고려하여 신중하게 정할 필요가 있다.

예상 독자의 특성, 연령, 관심사, 지식수준 등을 고려해야 한다.
뻔한 주제를 피한다. 참신하고 독창적인 주제일수록 좋다.
브레인스토밍으로 주제를 좁히고 구체화해야 한다.

글감의 난이도, 글의 분량과 제출 기한 등을 고려하여 감당할 수 있는 주제를 만들어야 한다.

(1) 예상 독자를 고려한 주제

말과 마찬가지로 글도 기본적으로 의사소통을 위한 수단이다. 그런 점에서 자기 글을 읽게 될 독자(들)가 누구인지, 또 그 독자(들)가 무엇을 원하는지 예상할 필요가 있다. 아무리 그럴싸해 보여도 지나치게 난해하여 내용 전달이 되지 않거나 독자의 관심에서 멀어진 글은 좋은 글로 보기 어렵기 때문이다.

대학에서는 지정 글감을 가지고 글의 주제를 마련해야 할 때가 많은데, 해당 글감을 내준 담당 교수의 의도에 대해 생각해 볼 필요가 있다. 글감은 수업의 목적 및 내용과 관련하여 주어지는 것이 일반적이다. 잘 모르겠으면 담당 교수에게 문의하는 것도 좋은 방법이다. 설령 자유 글감이라 하더라도 마음대로 글감을 찾기보다는 수업의 방향성과 취지 및 담당 교수가 평소 강조했던 것들을 떠올려 보면서 글감을 찾고 이를 발전시켜서 주제를 마련하는 것이 좋다.

이는 기획서, 제안서, 자기소개서 등 공모전이나 취업 및 사회생활을 위한 글쓰기에서도 마찬가지다. 회사에서 기안서나 보고서를 작성한다면 일차 독자는 직장상사가 될 것이다. 따라서 자신의 글을 읽게 될 독자들(직장 상사, 심사위원, 전문가 등)이 누구인지 예상하고 그들의 특성과 관심사를 파악해야 한다. 이는 일반 독자를 상대로 한 에세이, 리뷰, 블로그, 유튜브, SNS 등에서도 마찬가지다. 예상 독자군(群)의 연령과 경험치, 관심사와 지식수준 등을 고려하여 주제를 마련해야 하는 것이다. 가령 〈여행〉으로 글을 쓰더라도 대학생과 중장년이 기대하는 여행은 다른 법이다.

(2) 참신하고 독창적인 주제

어떠한 글이든 참신해야 좋다는 사실을 모르는 사람은 없다. 문제는 어떻게, 얼마만큼 새롭고 독창적인 글을 쓰느냐인데, 이 문제 앞에서 답답함과 막막함을 호소하는 사람들이 많다.

사실 답답함과 막막함은 글감에 대한 평소의 관심도 및 배경 지식과 관계가 있다. 별로 관심 없던 분야의 글감으로 독창적인 글을 쓰기란 어렵기 마련이다. 따라서 잘 모르는 분야의 지정 글감이 주어졌다 하더라도 마음을 열고 그 글감에 대해 알아보려는 자세가 필요하다. 글감의 배경 지식을 찾아보면서 그간 무슨 지식과 논의와 쟁점이 있었는지 파악해 보는 것이 좋다. '하늘 아래 새로운 것 없다'는 말처럼 독창적인 글은 아무도 말하지 않은 글이 아니다. 오히려 참신한 글은 과거에 여러 사람이 한 말들이 있었음을 알고 그에 비판적으로 접근하거나 그 말들이 놓친 틈을 찾거나 그 말들 위에 자신의 말을 세운 글이다.

정 어렵다면 같은 글감으로 쓰는 동료 학우들을 떠올려 봐도 좋다. 해당 글감에 대해 학우들의 주 관심사가 무엇인지, 또 어떠한 주제들을 마련했는지 알아보자. 많은 학우들이 쓸 법한 뻔한 글을 예상할 수 있다면, 그 순간부터 나만의 글을 쓰고자 하는 욕구가 생기게 마련이다.

(3) 범위를 좁히고 구체화한 주제

무엇보다도 중요한 것은 글감으로부터 처음 떠올린 주제에 만족하지 말고 주제의 범위를 계속 좁히면서 구체화해야 한다는 점이다. 처음에 마련한 주제는 아무래도 큰 범위의 추상적인 경우가 많다. 그러한 주제로는 관련 자료를 찾기도 방대하고, 글을 준비하거나 쓰기에도 벅찰뿐더러, 독자 입장에서도 읽기에 초점 없는 글, 즉 고역인 글이 되기 십상이다. 이와 달리 좁고 구체화된 주제를 마련하면 관련 자료를 찾기가 한결 수월해지고, 글을 쓰기에도 편하며, 읽기에도 초점이 분명해지는 효과가 있다. 게다가 참신하고 독창적인 글쓰기에도 도움이 된다.

주제의 범위를 구체화하는 방법으로 초중고등학교 시절에 한 번쯤 해 보았을 브레인스토밍을 활용하면 된다. 예를 들어 〈감염병〉이란 글감이 주어졌다고 가정하자. 글감에 대해 여러 단계에 걸쳐 자유연상을 시도하도록 한다.

- [ ]

- [x] 감염병

- [ ]

- [x] 독감
- [ ] SARS
- [ ] MERS
- [x] COVID19

- [ ]

- [ ] 초기 대응 양상
- [ ] 마스크 수급
- [x] 사회적 거리두기
- [ ] 각국의 방역
- [ ] 백신
- [ ] 경제 문제
- [x] 영화나 드라마

- [ ]

- [x] 한국
- [ ] 동아시아(한중일)
- [x] 서구(미국, 유럽)
- [ ] 중동
- [ ] 남미

- [ ]

- [ ] 영화 〈감기〉
- [ ] 영화 〈컨테이젼〉
- [x] 드라마 〈킹덤〉

- [ ]

- [ ] 스토리
- [x] 등장인물
- [x] 재난 대응 양상
- [ ] 배우 연기
- [ ] 촬영 기법

브레인스토밍은 상위 항목에서 하위 항목으로 해 나가는 게 일반적이지만 꼭 그럴 필요는 없다. 옆길로 새도 좋으니 상하위의 정확한 체계보다는 자유롭게 떠오르는 대로 낱말들을 배열하자. 그런 후 연상한 결과물을 놓고 마음 가는 낱말들에 체크해 보자. 위 사례에서는 독감과 코로나 등의 감염병에 대한 〈사회적 거리두기〉와 〈영화나 드라마〉를 중복 체크했는데, 〈사회적 거리두기〉를 가지고 더 연상한 낱말들 중에서는 '한국'과 '서구(미국, 유럽)'를, 〈영화나 드라마〉로 더 연상한 낱말들 가운데는 '드라마 〈킹덤〉'을 택한 후 '등장인물'과 '재난 대응 양상'에 동시 체크하였다. 자신의 관심사를 드러낸 낱말들로 볼 수 있다. 이 낱말들을 적절히 조합하여 다음의 주제를 만들어 낼 수 있다.

글감	감염병
연상 1	감염병 독감, COVID19 사회적 거리두기 한국, 서구(미국, 유럽)
주제 1	한국과 서구권 국가들에 나타난 사회적 거리두기
연상 2	감염병 독감, COVID19 영화나 드라마 드라마 〈킹덤〉 등장인물, 재난 대응 양상
주제 2	드라마 〈킹덤〉에 나타난 등장인물들의 재난 대응 양상

이처럼 자유연상한 단어들을 논리적으로 연결하여 초점 있고 구체화된 주제가 나오도록 해야 한다. 그러기 위해서는 가급적 여러 단계에 걸쳐 브레인스토밍을 하는 것이 좋다. 그렇지 않고 한두 단계 정도만 하면 거기서 뽑아낼 수 있는 글감이란 〈COVID 19에 대하여〉나 〈COVID 19로 인한 사회적 거리두기에 대하여〉, 〈COVID 19를 다룬 영화나 드라마〉 정도에 머물 것이다. 그렇게 되면 범위가 너무 크고 자신만의 문제의식을 예각적으로 드러내지 못하는 주제가 된다.

(4) 감당할 수 있는 주제

글의 주제를 마련하는 과정에서 한 가지 조심할 점이 있다. 얼마만큼 좁히고 구체화해야 실제로 글쓰기에 좋을지 전략적으로 판단해야 한다는 점이다. 주제를 너무 좁히면 관련 자료를 찾기가 쉽지 않은 단점이 있다. 반대로 주제의 범위를 넓히면 많은 방계 자료까지를 찾고 섭렵해야 한다. 이 문제는 글의 분량 및 마감 기한과도 관계가 있다. 전자의 경우 적절한 분량의 글에 적합하나 많은 분량을 써야 하는 글에서는 더 작성할 내용이 없어 곤란을 겪을 수 있다. 후자의 경우는 그 반대가 된다. 특히 글의 제출 마감 기한이 얼마 남지 않은 경우, 넓은 범위의 주제로는 쓰기에 많은 분량을 필요로 하므로 성급하고 엉성한 글로 귀결될 위험이 크다. 따라서 주제의 난이도, 글의 분량, 제출 기한 등을 종합적으로 고려하여 자신이 감당할 수 있는 범위 내로 주제를 좁히고 구체화하는 것이 필요하다.

2) 제목 선정

상점에 들어갈 때 간판을 보고 그 상점의 성격을 파악하고 들어갈지 말지 결정하듯, 글의 제목을 보고 그 글을 읽을지 말지를 결정한다. 이처럼 제목은 글의 간판과 같다. 글에서 제목은 맨 앞에 위치하는 것으로, 글 전체의 내용과 방향성 또는 주제와 관련한 자신의 문제의식을 함축적으로 전달하는 기능을 가지고 있다. 이를 잊고 그저 장식적 요소로 여겨서 그럴싸하게 붙이는 것을 제목으로 아는 학생들이 있다. 심지어는 제목을 안 쓸 수 없으니 무성의하게 붙이는 학생들도 많다. 하지만 글의 맨 앞에 오는 얼굴인 이상 좋은 제목을 만들도록 노력해야 한다.

제목을 정하는 방식은 크게 세 가지가 있다. 가장 일반적인 방법은 주제를 짧은 문장이나 구로 압축하는 방법이다. 대학에서 리포트나 각종 보고서를 작성할 때 이 방법을 주로 쓴다. 글의 주제를 마련해 놓았으면 적절히 변주하여 제목으로 삼을 수 있다. 필요시 부제를 사용해도 좋다.

주제 1	한국과 서구권 국가들에 나타난 사회적 거리두기
제목 1	COVID 19 확산에 따른 사회적 거리두기의 두 가지 양상 – 한국과 서구권 국가들의 비교

주제 2	드라마 〈킹덤〉에 나타난 등장인물들의 재난 대응 양상
제목 2	드라마 등장인물들의 감염병 대응 양상으로 보는 코로나 극복 방안 – 넷플릭스 드라마 〈킹덤〉의 사례를 중심으로

첫 번째 예로 든 글의 제목을 보자. 제목을 읽으면서 독자는 이 글이 코로나로 발생한 일련의 사태들 중에서도 사회적 거리두기로 논점을 좁히고 있음을 알게 된다. 특히 한국과 서방 국가들의 차이점을 비교하려는 목적에서 작성된 글임도 이해할 수 있게 된다. 두 번째 예의 제목에서도 글의 주제와 논점이 분명하게 읽힌다. '재난

대응 양상'을 '감염병 대응 양상'으로 바꿈으로써 드라마 〈킹덤〉의 소재적 특성에 대해서도 알려주고 있다.

제목을 정하는 두 번째 방법은 글의 내용 가운데 일부를 발췌하는 것이다. 주로 신문 기사, 특히 온라인 기사문에서 흔히 볼 수 있는 방법이다. 〈브라질 대통령, "나라 무너지는데 할 수 있는 게 없어" 발언 구설〉, 〈119 불러놓고 "젊은 것이 버릇없어" 구급대원 때린 60대〉와 같은 것이 그 예다. 글에서 가장 핵심적이거나 흥미로운 문장의 일부를 그대로 제목에 노출하는 것이다. 그러나 단순히 독자의 시선을 끌기 위해 핵심 내용과 별 상관이 없는 자극적인 표현을 제목으로 내세우는 것은 좋지 않다.

마지막으로 유사한 것에 빗대어 제목을 정하는 방법도 있다. 제목만 보고도 전체 글의 내용을 짐작할 수 있도록 적절한 비유를 드는 것이다. 〈인터넷, 분별없는 학생들의 백과사전〉 또는 〈조직개혁 마무리투수로 등판한 장관〉과 같은 것을 그 예로 들 수 있다.

다만 모든 유형의 글들이 위의 사례들처럼 구체적이고 분명한 제목을 달아야 하는 것은 아니다. 제목을 통해 반드시 많은 정보를 전달해야만 하는 것도 아니다. 특히 에세이나 감상문, 비평문 같은 글들이 그렇다. 문학적 감수성을 발휘하거나 상상력을 자극하는 암시적인 제목도 가능하다. 하지만 그러한 경우에도 공들여 붙인 제목이라는 인상을 주어야 한다. 무성의하거나 뻔한 제목은 삼가야 한다. 일례로 〈프로그레시브한 동물 우화와 벽 너머의 상상—핑크 플로이드〉란 제목은 핑크 플로이드의 음악 세계에 대한 저자 나름의 관점과 해석을 은연중에 드러내므로 호기심과 궁금증을 자아낸다. 하지만 〈위대한 프로그레시브 록 밴드 핑크 플로이드에 대하여〉란 제목은 소재만 나열한 것으로 진부할 수밖에 없다.

3) 주제문 작성

글의 주제와 제목이 마련됐으면 다음으로 주제문을 작성하도록 한다. 주제문은 글의 주제에 대한 자신의 중심 생각이나 견해 따위를 한두 문장으로 나타낸 것이다. 글 전체를 통해 탐구하고 싶은 내용 또는 전달하고 싶은 핵심 메시지라고 보아도 무방하다. 명사형 구문으로 쓰는 주제, 제목과 달리 주제문은 평서문으로 작성한다.

주제 1	한국과 서구권 국가들에 나타난 사회적 거리두기
제목 1	COVID 19 확산에 따른 사회적 거리두기의 두 가지 양상 – 한국과 서구권 국가들의 비교
주제문 1	COVID 19로 인한 사회적 거리두기 운동에 대해 한국과 서구권 국가들의 반응이 다른 이유는 시민의 개인권과 자유권에 대한 인식 차이가 크기 때문이다. 그 문화적, 역사적 배경을 알아본다.

주제 2	드라마 〈킹덤〉에 나타난 등장인물들의 재난 대응 양상
제목 2	드라마 등장인물들의 감염병 대응 양상으로 보는 코로나 극복 방안 – 넷플릭스 드라마 〈킹덤〉의 사례를 중심으로
주제문 2	〈킹덤〉의 주요 등장인물들이 보인 감염병 대응 방식을 비교하고 참조하여 우리 사회의 코로나 극복 방안을 모색한다.

다만, 이후에 관련 자료들을 찾고 실제로 공부하는 과정에서 자신의 견해나 입장이 바뀔 수도 있다. 그럴 경우 처음에 만든 주제문도 수정이 가능하다. 이는 제목의 경우도 마찬가지다. 그런 점에서 어차피 바뀌게 될 글의 제목과 주제문을 처음부터 무엇 하러 작성하느냐는 질문이 있을 수 있다. 하지만 글의 제목과 주제문은 자신이 쓰려는 글의 초점과 문제의식, 거시적 방향성을 잡는 데 도움이 된다. 또한 글의 개요를 작성할 때에도 일종의 기준점으로 작용하여 무질서하거나 산만한 개요를 방지하는 데 도움이 된다.

연습

1. 담당 교수가 제시한 글감들 중 하나를 골라 주제, 제목, 주제문을 마련해 보자.

글감	
예	기후 위기, 여행 관련 작품, MZ세대, 카푸어, 촉법 소년 등
담당 교수 제시	

주제	
제목	
주제문	

2

자료조사와 검토

글의 주제와 제목, 주제문이 결정됐다고 해서 바로 글을 쓸 수 있는 것은 아니다. 시간을 가지고 글의 주제와 관련한 기존의 자료들을 조사하고 검토하여 필요한 배경 지식을 확보해야 한다. 이 과정을 생략하고 글을 쓸 수도 있지만, 배경 지식을 충분히 갖추고 활용하여 쓴 글에 비해 부족할 수밖에 없는 것은 엄연한 사실이다. 다각도의 자료 조사와 검토는 글의 성실성과 충실성, 나아가 독창성을 위한 첩경이 된다.

독창적인 글에 대해 생각해 보자. 과연 새롭고 참신한 생각은 어디에서 오는 것일까. 독창적인 글쓰기란 하얀 백지에 처음부터 나만의 생각을 그려 가는 식의 절대적 과정이 아니다. 오히려 그것은 상대적 과정에 가깝다. 자신의 생각과 아이디어가 과거의 누군가에 의해 다뤄졌던 것임을 발견하고, 그와의 대화 속에서 기존의 것과 다른 나만의 생각을 도출해 내는 과정이란 점에서 그렇다. 이 '생산적 대화'를 위해 기존의 자료를 찾고 검토할 필요가 있는 셈이다. 생산적 대화를 거친 글일수록 나만의 목소리를 낼 가능성이 커진다. 그런 점에서 글쓰기란 기존 지식과의 의

사소통이기도 하다.

1) 자료조사

글의 주제와 제목, 주제문을 정했으면 필요한 관련 자료들을 조사해야 한다. 관련 자료는 다양한 매체들을 통해 가급적 많이 찾을수록 좋다. 우선은 도서관에 소장되어 있는 단행본 책들을 이용하는 것이 기본이다. 그러면서 학술지 논문과 학위논문으로 외연을 넓히고, 전공 분야의 특성에 따라 신문과 잡지, 유관 기관과 단체의 발간물, 각종 인터뷰와 데이터(여론조사, 통계 · 상담 · 실험 자료, 도표, 이미지 등), 온라인 전용 자료(유튜브, 인터넷 신문 등)에 이르기까지 관심 가는 대로 폭넓게 탐색하는 것이 좋다.

이상의 자료들을 도서관, 연구소, 공공기관, 서점 등 오프라인에서 찾는 것이 원칙이긴 하나, 온라인으로도 제공받을 수 있는 사례가 늘고 있다. 각자의 학문과 전공 분야에 따라 알아 두면 좋을 특정한 온라인 사이트들이 있으나 지면 관계상 모두를 소개하기란 어렵다. 여기서는 다음의 자료들을 찾는 기본적인 방법에 관해 설명하기로 한다.

단행본, 학술지 논문, 학위논문, 잡지, 신문, 기타 자료, 온라인 전용 자료

(1) 도서관 이용

아무리 인터넷 시대라고는 하지만 도서관의 중요성과 가치를 망각해서는 안 된다. 방에 앉아 PC로 검색한 온라인 자료만으로 글을 쓰는 학생들이 많다. 하지만 지식의 원천과 보고(寶庫)가 도서관에서 출발했으며, 여전히 많은 도서관에서 방대한 자료들을 체계적으로 수집, 보관해 오고 있음을 상기할 필요가 있다. 종종 도서관의 위기와 소멸이 거론되기도 하지만, 시대의 변화에 발맞춰 도서관은 여전히 진화 중이다.

대학생으로서 도서관 이용법을 모르는 것은 부끄러운 일이다. 도서관에 책만 있는 줄 아는 이들이 많지만, 특히 대학 도서관의 경우 단행본(한국어 저서, 외국어 원서, 번역서, 편서, 사전, 고서, 교재 등), 학위논문(석사논문, 박사논문), 정기간행물(학술지 논문, 잡지, 신문, 각종 단체나 기관의 보고서 등), 시청각 자료(DVD 등)를 다채롭게 구비하고 있으며, 온라인 자료도 이용 가능하도록 돕고 있다. 도서관에 비치된 검색대에서는 물론 도서관 홈페이지에서도 자료들의 소장처와 소장 위치를 찾을 수 있다.

(2) 단행본 찾기

자료조사 시 도움이 될 만한 책(한국어 저서, 외국어 원서, 번역서, 편서, 사전, 고서, 교재, 개론서 등)을 찾아보는 것은 기본 중의 기본이다. 다른 도서관들과 마찬가지로 대학 도서관의 경우에도 검색대에서 책의 소장 위치를 알아내어 해당 서가로 찾아가 열람하거나 대출할 수 있다. 어떤 책들은 직접 찾아갈 필요 없이 집에서 PC나 스마트폰으로 학교 도서관 홈페이지에 로그인하여 온라인 북(on-line book)으로도 볼 수 있다. 국내에서 가장 많은 책들이 모여 있는 국립중앙도서관이나 국회도서관도 이용해 보기를 추천한다.

도서관에서 단행본을 찾을 때 꼭 기억해야 할 것이 있다. 도서관 검색대나 도서관 홈페이지에서 자료를 검색하여 청구기호를 확인했으면, 서가에 가서 찾고자 하는 책 주변에 어떠한 책들이 있는지 반드시 살펴보아야 한다. 검색으로는 미처 찾지 못하였지만 자신이 쓰려는 글에 큰 도움을 줄 수 있는 자료가 있을 가능성이 높기 때문이다.

(3) 학술지 논문 찾기

학술지란 국내외의 전문 학술단체(학회)들에서 발행하는 학술 논문집을 말한다.

각 학회에서 정한 기간마다 정기적으로 발행하며, 이를 표시하기 위해 권호를 사용한다. 학술지에는 해당 분야의 전문 학자들이 쓴 다수의 논문들이 실려 있다. 대학 도서관에서 구입 소장하고 있는 학술지들의 경우 직접 도서관을 방문하여 볼 수 있다. 그러나 요즘은 더 많은 논문들을 온라인에서 찾고 볼 수 있는 시대이다. 일차적으로 학교 도서관 홈페이지에 로그인한 후 관심 가는 키워드나 제목으로 논문을 검색한 다음에 〈온라인 이용 가능〉을 클릭하여 보는 방법이 있다.

또는 더 많은 논문을 제공하는 외부의 온라인 기관들을 이용하는 방법도 있다. 일례로 '학술연구정보서비스(http://www.riss.kr)'가 그것이다. 온라인 주소를 직접 찾아 들어갈 수도 있고, 학교 도서관 홈페이지에 로그인한 후 '학외 이용' 또는 '외부 접속'을 통해 접속하면 논문 무료 보기의 혜택을 받을 수 있다. 마찬가지로 키워드나 제목으로 논문을 검색한 후 〈원문 보기〉를 클릭하여 이용하면 된다. 논문을 다운로드할 수도 있다.

〈학술연구정보서비스-Riss〉

(4) 학위논문 찾기

석사논문과 박사논문을 학위논문이라고 한다. 국내에서 나온 학위논문들의 경우 전부 국회도서관에 소장된다. 국회도서관을 직접 방문할 수 있으나, 대학 도서관들과 공공 도서관들 내부에 비치되어 있는 〈국회도서관 원문 제공 PC〉를 통해서도 온라인으로 이용이 가능하다. 또는 PC로 Riss에 접속해서 열람하는 방법도 있다. 학술지 논문을 찾을 때와 마찬가지로 학교 도서관 홈페이지에 로그인한 후 Riss로 연계 접속하여 관심 가는 학위논문을 검색하면 된다.

(5) 잡지, 신문 찾기

쓰고자 하는 글의 유형과 전공 분야의 학문적 특성상 신문이나 잡지를 찾게 되는 경우가 꽤 있다. 도서관에서도 많은 잡지와 신문을 보유하고 있으나, 요즘에는 이를 열람하기 위해 직접 도서관을 방문하기보다는 PC를 이용하는 쪽으로 추세가 바뀌고 있다. 대개의 잡지와 신문이 온라인에서도 제공되고 있기 때문이다. 예를 들어, 영화 리뷰를 쓰기 위해 참고할 자료를 《씨네21》에서 찾게 됐다고 가정하자. 포털 사이트에서 관련 글이나 기사를 검색하거나 직접 씨네21 홈페이지를 방문하여 검색하는 방법이 있다. 신문기사도 마찬가지 방법으로 하면 된다.

(6) 기타 자료 찾기

이상의 자료들 이외에 기타 자료들을 찾아야 할 때도 있다. 특정 기관이나 단체의 보고서, 각종 인터뷰와 데이터 자료들(여론조사, 통계자료, 상담 자료, 실험 자료, 도표, 이미지 등)이 그것이다. 주로 사회과학, 공학, 의학 분야의 글쓰기에서 필요로 하는 경우가 많다. 이러한 자료들도 도서관에서 구비하고 있으나 온라인에서 더 쓸 만한 자료를 찾을 수 있는 경우가 많다. 예를 들어 환경 문제와 신재생 에너지라는 주제로 글을 쓰고자 할 때 유관 공공기관인 〈한국에너지공단〉 홈페이지를 방문해 보자. 자료실에 올라와 있는 보고서 「2019년 전 부문 온실가스 배출량 조사」를 읽어 보는 것도 좋은 방법이다. 이처럼 공공기관 홈페이지 자료나 규모가 큰 기관의 홈페이지에서 제공하는 자료가 신뢰할 만하다.

(7) 온라인 전용 자료 찾기

지금까지 소개한 자료들은 대부분 오프라인에서 발행되며, 많은 경우 독자의 편의를 고려하여 온라인으로도 제공되는 특징이 있다. 즉 오프라인 전용 자료이거나 온, 오프라인 양쪽 모두에서 이용 가능한 자료들에 해당한다. 어쨌든 이들 모두는 공통적으로 오프라인에 뿌리를 둔 자료로 볼 수 있다. 하지만 전적으로 온라인에서만 볼 수 있는 자료들이 있다. 위키 백과, 네이버 백과, 블로그, 유튜브, SNS 등이 그것이다. 인터넷 시대인 만큼 이들 자료들에 주로 의지해서 글을 쓰는 학생들이 많다. 하지만 온라인 전용 자료의 가치와 신뢰도에 대해 여러 논란이 있는 것도 사실이다. 이용할 수 있지만, 주 자료보다는 보조 자료로 이용하는 것이 좋으며 공신력을 따져서 신중하게 검토해야 한다.

2) 자료 검토

글의 주제와 관련한 배경 지식을 확보한다.
여러 저자들의 주장을 체계적으로 분류하고 요약한다.
주요 쟁점이나 논쟁을 파악한다.
필요한 데이터를 확보한다.
비판적 사고로 생산적 대화를 시도하여 자신의 견해와 입장을 세운다.

다양한 유형의 자료들을 찾고 모은 다음에는 충분한 시간을 두고 자료들을 검토해 나가는 과정이 필요하다. 우선은 수집한 자료들을 하나하나 읽어 내야 한다. 가급적 처음부터 끝까지 읽는 것이 바람직하나, 자신이 쓰려는 글의 주제 및 문제의식과 관계된 곳을 찾아 그 부분에 집중해도 좋다. 차분히 자료들을 읽으면서 주제와 연관된 유용한 지식을 모으고, 그렇게 모은 지식들로 '체계적인 배경 지식'을 확보하도록 애써야 한다.

또한 이 과정에서 '연구사 검토'가 진행되어야 한다. 연구사 검토란, 저자들의 논점과 주장, 입장, 견해 등을 선후 관계나 유형에 따라 일목요연하게 파악하는 것을 말한다. 이를 위해 각 저자들의 주장을 일련의 좌표로 정리해 보는 것이 좋다. 어떤 입장이 있다면〔正〕, 그와 반대되는 입장〔反〕, 또는 제3의 입장〔合〕 등으로 자료들을 그루핑해 나가는 것이다. 특히 과거에 어떤 쟁점이나 논쟁이 있었다면 따로 정리해 둘 필요가 있다. 도표, 통계, 수치, 실험 결과, 이미지 등 쓸 만한 자료들도 챙겨 두어야 한다.

아울러 자료들을 검토하는 과정에서 '생산적 대화'를 시도해야 한다. 이를 위해 우선은 자료들의 내용부터 왜곡 없이 정확하게 읽어 내야 한다. 각 자료에서 중요한 내용과 중요하지 않은 내용을 가려내는 지혜도 필요하다. 중요한 내용을 위주로 하여 저자가 말한 핵심을 정확하게 읽어 냈다면, 가만히 있지 말고 그것과 적극적이고 능동적으로 대화해야 한다. 저자의 주장과 논리, 근거 등에서 동의할 수 있는 부분과 그렇지 않은 부분을 찾고, 그러한 주장의 장점과 단점, 의의와 한계에 대해 생각해 보아야 한다. 이처럼 검토하는 자료들마다 비판적 사고력을 발휘하다 보면 자기만의 견해와 입장이 서게 될 것이다. 여기까지 해야 진정으로 연구사 검토가 이뤄졌다고 볼 수 있다. 제대로 연구사 검토를 해야 자기만의 독창적인 시각으로 글을 쓸 준비가 되는 것이다.

연습

※ 기존에 정한 주제, 제목, 주제문으로 글을 쓰게 됐다고 가정하고 관련 자료들을 하나씩 찾아 아래에 적어 보자.

자료조사	
책	
학술지 논문	
학위논문	
잡지나 신문의 글	
기타 자료	
온라인 전용 자료	

3

개요 작성

글의 주제와 제목, 주제문을 정하고 관련 자료의 검토까지 마쳤으면, 글을 쓰기 위한 사전 준비의 마지막 단계로 개요를 작성해야 한다. 무엇을 쓸지 정했고, 배경지식도 얻었으며, 자신의 관점과 입장도 생각해 두었으니, 그것들을 어떻게 글에 녹여 효과적으로 담아낼지 계획이 필요하기 때문이다.

개요(outline)는 글의 전반적인 구조와 내용의 흐름을 짜는 것으로, 건축으로 치면 설계도와 같다. 면적, 높이, 기둥, 지붕에 이르기까지 건축설계를 잘해야 그에 맞추어 지은 건물이 튼튼하듯 글도 마찬가지다. 개요 없이 쓰다 보면 글이 엉뚱한 방향으로 새거나, 중요한 내용을 놓치거나, 중요하지도 않은 부분을 길게 늘어놓는 등의 문제가 발생한다. 글은 글인데 이상한 모양의 글이 되고 논지가 쉽게 허물어지는 부실한 글이 되는 것이다.

개요를 작성하면 다음의 이점이 있다. 첫째, 글에 구조적인 체계가 생긴다. 그에 따라 체계에 맞지 않는 불필요한 내용을 걷어 내고 필요한 내용들 위주로 글을 채울 수 있다. 둘째, 글 전반에 자연스럽고 논리적인 흐름이 생긴다. 개요는 무슨 흐름으로 이어갈지 밝히는 일종의 스토리라인(story line)에 가깝다. 앞뒤 내용의 연결과 상호관계를 생각하게 되기 때문이다. 셋째, 실제 글쓰기의 시간을 절약할 수 있다. 개요 작성은 다소 번거롭지만, 잘 만들어 놓기만 하면 그에 맞춰 또박또박 써 나가면 되므로 계획한 시간 안에 글을 완성할 수 있는 이점이 있다.

1) 개요 구상

개요를 처음 구상할 때 고려할 점들은 다음과 같다. 큰 틀에서 체계는 어떻게 세울지, 세부적인 체계를 짜는 데 있어 화제들을 어떻게 질서화, 체계화하여 장(章), 절(節), 항(項)에 배치할지, 각각을 어느 정도의 분량으로 쓸지가 그것이다.

(1) 도입, 논의, 마무리의 체계

대부분 글은 처음의 도입부, 본격적인 논의가 이어지는 본론, 끝의 마무리 등 삼단 체계로 구성된다. 개요 작성 시 처음부터 막막해하는 이들이 많은데, 일단 노트의 맨 위에 '1. 서론', 맨 아래에 '결론'부터 써 놓자. 중간을 최대한 많이 비워 두고 말이다. 결국 중간의 본론 부분을 어떻게 구축하는지가 개요 작성 시의 관건이라 할 수 있다.

(2) 장, 절, 항의 계층적 관계

다루려는 화제들에 대해 포함하고 포함되는 관계를 생각하면서 상위 항목과 하위 항목으로 나누거나 묶어야 한다. 그리고 그렇게 나온 상하위 항목들을 장, 절, 항, 목의 체계를 사용하여 계층적으로 배치해야 한다. 학부에서 쓰는 글들은 장, 절, 항 정도까지면 족할 것이다. 장, 절, 항, 목의 번호 체계는 다음과 같이 할 수 있다.

수문식 개요				수 개요
로마체로 장(章) 표기		숫자로 장(章) 표기		
Ⅰ.	Ⅰ.	1.	1.	1.
Ⅱ.	Ⅱ.	2.	2.	2.
1.	1.	1)	1)	2.1.
가.	1)	(1)	①	2.1.1.
나.	2)	(2)	②	2.1.2.
2.	2.	2)	2)	2.2.
가.	1)	(1)	①	2.2.1.
나.	2)	(2)	②	2.2.2.
a.	①	①	a.	2.2.2.1.
b.	②	②	b.	2.2.2.2.
Ⅲ.	Ⅲ.	3.	3.	3.

이상의 번호 체계 중 어떤 것을 사용해도 좋고, 약간의 변화를 주어도 좋지만, 괄호를 사용할 시에 반드시 '1. → 1) → (1)'의 순서로 가는 원칙은 지켜야 한다. 또 하위 항목은 반드시 두 개 이상이 되도록 해야 한다.

(3) 글의 분량

개요는 글의 전체 분량을 고려하여 짜야 한다. 글의 분량에 비해 지나치게 간소한 개요로 짜면 실제 글 쓰는 과정에서 내용을 채워 나가기가 벅찰 것이다. 반대로 쓰고 싶은 화제들을 너무 많이 마련해 놓으면 글의 분량이 초과되거나, 분량에 맞추느라 각각의 화제들에 대해 소략한 논의만을 이어 가게 될 것이다. 그러므로 각 장들과 절들의 분량을 적절히, 균형 있게 안배하도록 신경 쓰는 것이 좋다. 가령 10페이지 분량의 보고서를 작성한다면 본론은 두 개 내지 세 개의 장으로 구성하는 것이 좋다.

2) 개요의 유형과 작성법

형식적으로 볼 때 개요의 유형은 세 가지로 나뉜다. 화제 개요, 문장 개요, 혼합 개요가 그것이다. 이 중 하나의 방식으로 작성하면 된다.

(1) 화제 개요

화제 개요는 키워드가 되는 단어나 구문을 사용하여 작성한 개요이다. 각각의 화제들이 간결하게 드러나는 장점이 있다. 실제 글의 장, 절, 항 제목으로 삼기에도 적합하다. 단, 개요만 봐서는 설명하는 글인지 주장하는 글인지 알기 어려우며, 주장하는 글이더라도 무슨 주장을 하고 싶은지 파악하기 어려운 단점이 있다.

주제	네 가지 조건의 방정식으로 풀어 보는 인생의 가치관
제목	〈가늘게/길게/짧게/굵게〉의 네 가지 조건으로 보는 '바람직한 삶이란 무엇인가'
주제문	20대에서 '굵고 짧게 살자'는 말이 유행하고 있다. 〈가늘게/길게/짧게/굵게〉에서 파생되는 네 가지 삶의 태도에 대해 순위를 매기면서 살피고 가장 바람직한 삶의 가치관이 무엇인지 생각해 본다.

Ⅰ. 서론
 1. 삶을 돌아볼 여유가 없는 현 시대
 2. 삶의 방향을 위한 네 가지 조건 : 가늘게/굵게와 짧게/길게
Ⅱ. 가늘게 사는 것의 의미
 1. 최하의 삶 : 가늘고 짧게 살기
  1) 개념 정의
  2) 인물 사례와 평가 (자살 청소년)
 2. 차하의 삶 : 가늘고 길게 살기
  1) 개념 정의
  2) 인물 사례와 평가 (대부분의 소시민)
Ⅲ. 굵게 사는 것의 의미
 1. 차상의 삶 : 굵고 짧게 살기

1) 개념 정의

2) 인물 사례와 평가 (스티브 잡스, 반 고흐)

2. 최상의 삶 : 굵고 길게 살기

1) 개념 정의

2) 인물 사례와 평가 (정주영 등)

Ⅳ. 마무리

가장 좋은 삶의 태도

(2) 문장 개요

문장 개요는 문장들로 작성해 나간 개요이다. 화제 개요와 달리 주장하는 바가 분명하게 드러나며, 글의 흐름도 잘 읽히는 장점이 있다. 다만 완결된 문장을 사용해야 하므로 쓰기에 다소 번거로우며, 실제 글의 소제목들로 삼기에도 부적합하고, 글의 구조가 한눈에 들어오지 않는다는 단점이 있다.

Ⅰ. 서론

1. 바쁜 일상으로 삶을 돌아볼 여유가 없는 시대이다.
2. 가늘게/굵게/짧게/길게에서 파생되는 삶의 네 가지 태도에 대해 생각할 필요가 있다.
3. '가늘게/굵게'는 꿈과 열정의 유무로 정의된다.
4. '짧게/길게'는 수명으로 정의된다.

Ⅱ. 가늘게 사는 것에는 두 가지 태도가 있다.

1. 최하는 가늘고 짧게 사는 삶이다.
   1) 꿈과 열정 없이 살다가 단명한다.
   2) 최소한 이런 삶만큼은 피해야 한다.
2. 차하는 가늘고 길게 사는 삶이다.
   1) 꿈과 열정은 없지만 긴 수명을 누린다.
   2) 원치 않는 일을 하며 살아가는 사람들이 그렇다.

Ⅲ. 굵게 사는 것에는 두 가지 태도가 있다.

1. 차상은 굵고 짧게 사는 삶이다.
   1) 불꽃 같은 삶이지만 오래 살지 못한다.
   2) 스티브 잡스 같은 천재들로, 감동을 주지만 가족을 생각하면 안타깝다.
2. 최상은 굵고 길게 사는 삶이다.

1) 열정을 불태우고 꿈을 이루면서 오래도록 산다.
2) 가장 추구하고 싶은 삶으로, 늘 노력하고 건강에도 힘써야 한다.
Ⅳ. 마무리
가장 좋은 삶의 태도는 굵고 길게 사는 삶이다.

(3) 혼합 개요

혼합 개요는 화제 개요와 문장 개요를 합친 형태이다. 장(章) 제목은 단어나 구문으로 쓰고, 절(節)과 항(項)의 경우 구문과 문장 둘 다 가능하나, 최하위 항목만큼은 문장으로 작성한다. 화제 개요처럼 항목들의 위계 관계가 드러나면서도 문장 개요처럼 주장들의 흐름이 잘 읽히는 장점이 있다. 다만 앞선 개요들에 비해 작성이 까다롭고 오래 걸리는 단점이 있다.

1. 서론
1) 삶을 돌아볼 여유가 없는 현 시대
2) 삶의 방향을 위한 네 가지 조건 : 짧게/길게와 가늘게/굵게
(1) '짧게/길게'는 수명으로 정의된다.
(2) '가늘게/굵게'는 화려한 명성이나 부귀영화의 유무로 정의된다.
2. 가늘게 사는 것의 의미
1) 최하의 삶 : 짧고 가늘게 살기
(1) 개념 정의
① 젊은 나이에 단명한다.
② 명성이나 부귀영화도 누리지 못한 삶이다.
(2) 인물 사례와 평가
① 생각보다 이런 케이스가 많다.
② 가장 안된 케이스로, 이를 피하기 위하여 열심히 살고 건강도 챙겨야 한다.
2) 차하의 삶 : 짧고 굵게 살기
(1) 개념 정의
① 젊은 나이에 단명한다.
② 화려한 스포트라이트를 받으며 부귀영화를 누린 삶이다.
(2) 인물 사례와 평가
① 프레디 머큐리 등의 스타들과 스티브 잡스 같은 천재들이 그렇다.

② 부러움과 동경의 대상이지만, 단명으로 더 누리지 못하니 무슨 소용인가.
3. 굵게 사는 것의 의미
1) 차상의 삶 : 길고 굵게 살기
(1) 개념 정의
① 건강하게 오래도록 산다.
② 화려한 명성이나 부귀영화도 누리는 삶이다.
(2) 인물 사례와 평가
① 생각보다 이런 케이스가 적지 않다.
② 최상의 삶처럼 보이지만, 사라지기 쉬운 명성과 부귀영화를 늘 지켜내느라 불안과 스트레스가 많을 것이다.
2) 최상의 삶 : 길고 가늘게 살기
(1) 개념 정의
① 건강하게 오래도록 산다.
② 화려한 명성이나 부귀영화는 없지만 하고 싶은 것을 하며 행복하게 산다.
(2) 인물 사례와 평가
① 최근의 욜로족(YOLO族)이 그렇다.
② 소박하더라도 하고 싶은 것을 오래 누리며 사는 것이 가장 좋다.
4. 마무리
가장 좋은 삶의 태도는 욜로(YOLO)로 사는 것이다.

3) 개요 수정

개요를 작성한 후에는 반드시 수정하는 과정을 거쳐야 한다. 다음의 사항들을 고려하여 고치도록 한다.

(1) 논리적인 연결과 흐름

개요에는 논리적인 사고력이 요구된다. 무엇보다도 개요를 짠 후에는 각 화제들의 앞뒤가 논리적으로 자연스럽게 연결되고 있는지 살펴야 한다. 논리적으로 어색하게 이어지는 부분이 발견되면, 단어와 표현을 바꾸거나, 앞뒤 순서를 조정하거나, 불필요한 곳을 빼거나, 필요한 내용을 추가하는 식으로 고쳐 나간다. 그렇게 하여 처음부터 읽었을 때 하나의 이야기처럼 내용의 흐름이 끊기지 않고 읽히는 개요가 되어야 한다. 다음의 예를 보자.

주제	웹툰을 활용한 역사책 읽기
제목	웹툰을 활용한 역사책 읽기의 방법과 효과
주제문	역사책에 관심과 흥미가 생기도록 웹툰을 활용하는 방법에 대해 모색한다.

【개요 사례】	【개요 수정】
Ⅰ. 서론 1. 대학생들의 책 읽기 실태 조사 2. 역사책을 재미있게 읽을 방법은? Ⅱ. 대학생들의 역사책 기피 이유 1. 역사책의 지루함 Ⅲ. 웹툰을 활용한 책읽기의 필요성 1. 웹툰의 유래 2. 웹툰의 특징 Ⅳ. 웹툰을 활용해 역사책을 읽는 방안 1. 웹툰에 달린 댓글들을 활용 2. 웹툰은 등장인물의 특징을 묘사함 Ⅴ. 결론 역사책을 쉽고 재미있게 읽히자	Ⅰ. 서론 1. 대학생들의 책 읽기 실태 조사 2. 역사를 좋아하나 역사책에 무관심한 대학생들 Ⅱ. 대학생들의 역사책 기피 이유 1. 역사책 이용의 불편함 2. 역사책의 어려움과 지루함 Ⅲ. 웹툰을 활용한 책읽기의 필요성 1. 웹툰의 특징과 장점 2. 웹툰에 대한 대학생들의 호감도 Ⅳ. 웹툰을 활용해 역사책을 읽는 방안 1. 웹툰에 달린 댓글들을 활용 2. 웹툰의 인물 묘사에 대해 토론 Ⅴ. 결론 웹툰을 활용한 역사책 읽기가 주는 효과

(2) 불필요한 내용의 삭제

글을 구상하다 보면 이것저것 쓰고 싶은 것이 많아지고는 한다. 그리고 그것들을 버리기 아까워 어떻게든 개요에 담아 내려고 애쓰기도 한다. 그러나 좋은 글은 최대한 많은 내용을 억지로 욱여넣은 글이 아니라, 조금 비우고 덜어 내더라도 비중 있는 내용들을 추리고 체계적인 구성을 갖추어 전달한 글임을 기억해야 한다. 그러므로 자신이 작성한 개요에서 장, 절, 항의 계층적 체계에 들어맞지 않는 내용이 있다면 아깝게 느껴지더라도 과감히 버릴 줄 알아야 한다.

【틀리기 쉬운 표현】 모음조화

모음조화란 두 음절 이상의 단어에서, 뒤의 모음이 앞 모음의 영향으로 그와 가깝거나 같은 소리로 되는 언어 현상이다. 양성모음 뒤에는 양성모음이, 음성모음 뒤에는 음성모임이 어우러져 오는 현상으로, 알록달록/얼룩덜룩, 졸졸/줄줄 등이 그 예다. 모음조화를 염두에 두고 다음 중 어느 것이 옳은 표현인지 찾아보자.

희뿌얘/희뿌예, 거매/거메

연습

※ 다음 글에서 제시하고 있는 '가치관'이 무엇인지 생각해 보자.

한 마리 동물로서 자신이 생겨 먹은 대로의 경향성을 깨닫자

그거 아나. 당신 같은 사람, 우리나라에 참, 많다. 나이 서른에 자신이 뭘 하고 싶은지도 뭘 잘하는지도 모르겠단 사람들, 부지기수다. 사실 뭘 해야 할지 모르겠단 것보다 훨씬 더 근본적인 문제는 자신이 어떻게 살고 싶은지를 모른다는 거다. 당신 진로를 대신 택해 줄 재주는 없다. 하지만 후자의 문제라면, 지금부터 뭘 고민해야 하는지, 말해 줄 수 있다.

지난 아테네올림픽 때다. 우리 리포터가 풍물 취재로 한 어부를 인터뷰했다. 잡은 생선 중 크고 좋은 놈들 따로 놓은 걸 보고 리포터가 당연하다는 듯 이쪽 상등품은 팔 거냐고 묻자, 어부는 무슨 소리냔 표정으로, 먹을 거란다. 왜 값을 더 쳐 줄 물건을 팔지 않느냐고 묻자 나머지 판 돈만으로도 먹고살 수 있단다. 좋은 놈들은 와이프랑 먹을 거란다. 행복관이 판이한 게다. 스웨덴 교과서에 이런 내용이 나온다. 인간에겐 소유욕과 존재욕이 있는데, 소유욕은 경제적 욕망을, 존재욕은 인간과 인간이, 인간이 자연과 더불어 살고자 하는 의지를 뜻한다고. 그런데 그 존재욕을 희생해 소유욕을 충족시키는 건 병적 사회라고. 공교육이 처음 가르치는 게 그런 거다. 사회 시스템 역시 그 가치관에 기초해 구축되고.

아이가 어른이 되는 과정에서 가장 먼저 배워야 할 건 그렇게 자신의 삶을 어떻게 상대할 것인가, 그 기본 태도에 관한 입장이어야 한다. 우린 그런 거 안 배운다. 대신 성공은 곧 돈이라는 거, 돈 없으면 무시당한다는 거, 그 경쟁에서의 낙오는 인생 실패를 의미한다는 거, 그렇게 경제논리로 일관된 협박과 회유로 훈육된다. 그리하여 우리 모두는 초식동물처럼 산다. 초식동물의 군집은 가장 뒤처지는 놈이 포식자의 먹이가 되어 나머지의 안전이 잠정 담보되는 시스템이다. 거기에 공적 신뢰 따윈 없다. 결국 끝줄에 서지 않으려 끊임없이 서로를 경계하며 두리번거리는 왜소하고 불안한 낱개들만 남을 뿐. 자신만의 삶의 방식을 시도할 겨를도 없고 엄두도 안 날밖에. 우리네 평균적 삶이 그렇다. 여기까진 위로다. 갈피를 못 잡는 건 당신만이 아니란 거다.

그러니 이 땅에서 어떻게 살 건지는 스스로 깨치는 수밖에 없다. 그러자면 가장 먼저 필요한 게 자신이 무엇으로 만들어진 인간인지부터 아는 거다. 언제 기쁘고 언제 슬픈지. 무엇에 감동하고 무엇에 분노하는지. 뭘 견딜 수 있고 뭘 견딜 수 없는지. 세상의 규범에 어디까지 장단 맞춰 줄 의사가 있고 어디서부턴 콧방귀도 안 뀔 건지. 그렇게 자신의 등고선과 임계점을 파악해야 한다. 그리고 그렇게 윤곽과 경계가 파악된 자신 중, 추하고 못나고 인정하기 싫은 부분까지, 나의 일부로, 있는 그대로, 수용할 수 있어야 한다. 전혀 멋지지 않은 나도 방어기제의 필터링 없이 고스란히 받아들이게 되는 지점, 그런 지점을 지나게 되면 이제 한 마리 동물로서 자신이 생겨 먹은 대로의 경향성, 그런 경향성의 지도가 만들어진다.

거기서부턴 더 이상 자신에 대해 관심이 없어진다. 더 이상 자기 합리화나 삶에 대한 하찮은 변명 따위에 에너지 소모하는 일, 없어진단 이야기다.

그리고 그때부터 모든 에너지는 생겨 먹은 대로의 나를 세상 속에서 구현하는 것에 온전히 집중할 수 있게 된다. 더 이상 눈치 보거나 두리번거리지 않고. 그다음부턴 쉽다. 꿈이니 야망이니 거창한 단어에 주눅 들거나 현혹되거나 지배당하지 말고, 그저 자신이 죽기 전에 해 보고 싶은 것들, 가 보고 싶은 곳들, 만나 보고 싶은 자들 따위의 리스트를 만들라. 그리고 그 리스트를 하나씩 지워 가라. 사람이 왜 사느냐. 그 리스트를 지워 가며 삶의 코너 코너에서 닥쳐오는 놀라움과 즐거움을 하나도 놓치지 않고 최대한 만끽하려 산다. 최소한 나는 그렇다. 건투를 빈다.

– 김어준, 『건투를 빈다』, 푸른숲, 2018.

---

1. 윗글의 내용을 다음으로 요약해 보자.

오늘날 우리 사회는 (　　　)보다도 (　　　)을(를) 추구하도록 요구하고 있다. 그러다 보니 모두가 물질적인 성공과 경쟁의 논리에 매몰되어 획일적으로 살아가고 있다. 그보다는 있는 그대로의 나 자신, 즉 나의 개성과 고유성을 파악하고 긍정해 보자. 진정으로 해 보고 싶은 나만의 (　　　)을(를) 만들고 실현해 보자.

2. 윗글의 내용을 참조하여 삶을 어떻게 살아야 좋을지에 대해 네 가지 논리적 조건을 만들고, 비교하여 순위도 매겨 보자.

【논리적 조건】 (A)와 (B)을(를) 이루는 삶 (A)를 이루나 (B)을(를) 이루지 못하는 삶 (A)를 이루지 못하나 (B)을(를) 이루는 삶 (A)와 (B)을(를) 이루지 못하는 삶
【나의 가치관】 1순위 : 2순위 : 3순위 : 4순위 :

3. 자신의 가치관 순위와 그 이유에 대해 학우들에게 설명한 후 질문을 받고 대답하는 형식으로 학우들과 가치관에 대해 논의해 보자.

4. 학우들의 가치관 순위를 보고 느낀 점을 적어 보자.

5. 자신이 세운 삶의 가치관에 대해 글을 쓴다고 가정하고, 이를 위한 개요를 작성해 보자. (결론에 가장 바람직한 삶의 태도가 무엇인지 드러나도록 할 것)

주제	
제목	
주제문	
개요	

4

단어와 문장 쓰기

한 편의 글은 단어에서 시작하여 단어들의 집합인 문장, 문장들의 집합인 문단으로 이루어진다. 따라서 글쓰기에는 단어(들), 문장(들), 문단(들)의 작성 원리에 대한 이해가 필수적이며, 이를 바탕으로 글의 유형 및 상황과 맥락에 따라 효과적으로 표현할 줄 아는 능력이 요구된다. 아울러 글의 표현에는 자신의 생각과 논리를 정돈하고 설득력 있게 드러내는 사고 작용도 필요하다. 다시 말해 사고와 표현이 잘 어우러질 때 좋은 글이 된다고 보아도 좋을 것이다.

이를 위해 먼저 표현의 차원에서 단어, 문장, 문단의 순으로 각각의 작성법을 익힐 필요가 있다. 그런 후 요약하기와 관점 세우기 순으로 생각을 가다듬는 법에 대해서도 훈련하도록 하자.

1) 단어

단어는 자립적인 뜻으로 쓸 수 있는 말 또는 그 말의 뒤에 붙어서 문법적인 기능을 나타내는 말이다. 단어의 세계는 흥미롭고도 복잡하며 무궁무진하다. 같은 뜻을 지녔더라도 말할 때와 글 쓸 때 필요한 단어가 달라지기도 하고, 특정한 상황과 맥락에 어울리는 낱말들도 존재하기 때문이다. '되게', '근데', '이걸/그걸', '~랑'처럼 구어체의 단어들을 글에 들여올 때 '매우', '그런데', '이것을/그것을', '~와/과'로 써야 한다든가, '죽다, 숨지다, 사망하다'보다는 '돌아가시다, 별세하다, 타계하다, 영면하다, 운명하다, 작고하다, 서거하다' 같은 어휘를 써야 할 때가 그렇다. 종교에서는 '입적하다, 선종하다, 소천하다' 등으로 죽음에 대한 예우적 표현을 달리하기도 한다.

이처럼 단어의 경우 구어와 문어, 상황과 맥락, 처지와 조건 등을 고려하여 적합한 낱말을 적재적소에 구사할 필요가 있다. 그 밖에 맞춤법과 띄어쓰기도 준수해야 한다. 단어 사용 시 유념해야 할 다음의 지침들을 고려하여 밑줄의 틀린 곳들을 바르게 고쳐 보자.

(1) 구어와 문어를 구별한다

- 사막에 가려면 물과 말린 과일, 육포를 무지 많이 사야 한다.
- 그 영화 진짜로 재미있다.
- 암튼, 커닝하면 학교에서 잘린다고 들었어.

(2) 구체적인 단어로 명료하게 표현한다

- 내 말하기 실력이 옛날에는 그저 그랬고 별로였지만 지금은 많이 좋아졌어.
- 계속 담배를 하고 술을 하면 기억력이 감퇴된다.

(3) 정확한 뜻을 알고 쓴다

- 최근의 높은 실업률은 고용 불안의 반증이다.
- 베토벤은 조용히 산책하는 와중에 악상(樂想)을 얻곤 했다.

(4) 올바른 표기를 지킨다

- 며칠 못 먹었는지 얼굴이 핼쓱해졌다.
- 수업이 금새 끝나니까 조금만 기다려줘.
- 친구로 사귀기에 걸맞는 상대

(5) 상황과 문맥에 어울리도록 쓴다

- 그래도 이것만은 절대 먹어야 한다는 생각이 들었다.
- 리포트 주제가 고난이도라서 쓰는 데 애를 먹었다.

다르다	틀리다
같지 않다 (차이의 상황)	맞지 않다 (옳고 그름의 상황)
이론과 현실은 다릅니다. 선생님, 제 생각은 달라요.	계산이 틀렸구나. 약속이 틀리지 않습니까?

로서	로써
지위, 신분, 자격	재료, 도구, 수단, 방법, 셈할 때
그것은 교사로서 할 일이 아니다. 그는 기자로서 국회에 출입할 수 있었다.	쌀로써 떡을 만든다. 이제는 눈물로써 호소하는 수밖에 없다. 고향을 떠난 지 올해로써 7년이다. 탈락이 이로써 세 번째이다.

던(지)	든(지)
과거의 상황	선택의 상황
어제 왔던 사람이 신랑감이래. 얼마나 울었던지 눈이 퉁퉁 불었다.	배든 사과든 아무거나 주렴. 가든지 오든지 알아서 하세요. 무엇이든 맡겨 주시면 최선을 다하겠습니다.

에	에게
무정물 뒤에 쓰며, 무정물 뒤에는 〈~한테〉 불가	유정물 뒤에 쓰며, 유정물 뒤에는 〈~한테〉 가능
미세먼지가 자동차에 미치는 영향 세상에 도전하자 화분에 물을 주자 화분한테 물을 주자 (×)	신임 당대표에게 물어볼 것이다. 신임 당대표한테 물어볼 것이다. (○)

(6) 사전 찾는 습관을 들인다

글을 쓰는 과정에서 사전적인 뜻을 정확히 알지 못하고 단어들을 구사하는 경우가 많다. 그로 인해 문장과 문맥의 의미가 자신의 의도와 다르게 엉뚱하게 전달되는 결과가 초래되고는 한다. 혹여 헷갈리거나 미심쩍은 부분이 있으면, 지레짐작으로 쓰지 말고 사전을 찾아야 한다. 국립국어원의 표준국어대사전(https://stdict.korean.go.kr)에서 다음의 단어들이 지닌 뜻을 찾아보자.

나는 더 높이 올라가기 위해 멈춰 있는 걸 (지향/지양)할 거야. 그러니까 내일부터는 부지런해져야 하고 일찍 일어나는 걸 (지향/지양)해야 해.

작가는 독자에게 범인이 누구인지를 (가르쳐/가리켜) 주지 않았지만, 작품 속 주인공의 손은 가만히 이웃을 (가르치고/가리키고) 있었다.

만원 버스에서 지갑을 (잃어버릴/잊어버릴) 정도로 그는 뭘 자꾸 (잃어버리고/잊어버리고) 있어.

대회에 출전하려면 키를 (늘리고/늘이고) 몸무게도 (늘려야/늘여야) 하지만, 무엇보다도 실력을 (늘리는/늘이는) 게 급선무이다.

(7) 맞춤법 검사기를 활용한다

또한 글을 쓸 때 꼭 지켜야 할 것은 맞춤법과 띄어쓰기이다. 한두 개의 오류는 실수로 볼 수 있으나, 빈번하게 틀릴 경우 기본 소양을 의심받게 되므로 글을 다 작성한 후에는 맞춤법 검사기로 체크하는 버릇을 들여야 한다. 이를 위해 〈한국어 맞춤법/문법 검사기〉(https://speller.cs.pusan.ac.kr)를 추천한다. 글 전체를 복사하여 붙인 후 검색해도 틀린 곳을 다 짚어 주므로 편리하다. 왜 틀렸는지의 이유도 문법적으로 알려 주므로, 평소 자신이 쓴 글을 체크하면서 그때그때 익혀 두면 가랑비에 옷 젖듯 실력이 느는 효과가 있다. 다만 인공지능이 미묘한 문맥과 뉘앙스를 이해하지 못해 틀리게 고쳐 주는 곳도 있으므로 최종적으로는 자신이 직접 확인해야 한다.

(8) 외국어 사용을 자제한다

세계화 시대에 외국의 여러 학문이나 문물이 들어오는 것은 자연스러운 일이다. 만약 자신의 글을 특정 분야의 전문가가 읽게 될 경우 해당 분야의 외국어를 사용하는 일도 가능하고 필요한 일일 수 있다. 하지만 일반 독자들과 소통하는 대부분의 글들에서 선뜻 이해하기 어려운 외국어들을 생경하게 나열하여 자신의 지식을 과시하는 행위가 과연 바람직한 일인지 자문해 볼 필요가 있다.

> 베이비 케어 키트, stress test, 리스크, 가디언스, 스마트그리드, 니즈, 매칭, 로드맵, Kick-off 회의, 창업 인큐베이팅, Start-up, FDI, 히든 챔피언, Code of Conduct, Golden Seed, 로컬 푸드, 패커, Barrier Free, 오픈 플랫폼, win-win하는, Contact, K-move, 미스매칭, 플래그십…….
>
> 최근 석 달 사이 중앙정부에서 발표한 보도 자료에서 사용된 말입니다. 국립국어원이 3

월부터 6월까지 거의 무작위로 정부 기관 보도 자료를 분석해 보니(전수조사는 하지 않았다는 의미입니다), 뜻이 분명하지 않거나 불필요하게 사용된 외국어 낱말이 3백 개가 넘었습니다.

… (중략) …

아래가 국립국어원에서 제시한 대체어입니다.

육아용품 묶음, 금융 안정성 검사, 위험 요인, 인권 지킴이, 지능형 전력망, 수요, 연결, 계획, 착수 회의, 창업 지원, 창업(Start-up), 외국인 직접 투자, 강소기업, 행동강령, 황금 종자, 현지 생산 식품, 유통 조직, 장벽 제거, 열린 창구, 서로에게 이득이 되는, 접촉, 청년층 해외 취업 지원 프로그램, 불일치, 주력 상품…….

앞의 말에 비해 한결 이해하기 쉬워졌죠?

2) 문장

문장은 단어들이 연결되어 이루어진 것으로, 생각과 감정을 완결되게 드러내기 위한 기본 단위이다. 그런 점에서 문장을 쓸 때는 자신이 전달하고자 하는 바를 분명하게 담아내면서, 규범을 지켜 정확하고 문법에 맞도록 작성해야 한다. 한국어가 모국어인 화자에게 한국어 문장 쓰기가 어려운 일은 아닐지 모른다. 하지만 한국어 화자가 대부분인 현실에서 남들보다 좋은 문장을 쓰기란 더 어렵고도 많은 훈련을 필요로 하는 일이다. 평소 글쓰기에 지속적인 관심을 가지고 꾸준히 연습해야 하는 이유이다. 여기서는 기초적인 수준에서 문장 작성 시 유의할 점들에 대해 알아보기로 한다.

(1) 주부와 술부의 호응을 살핀다

주어와 서술어는 문장에 없어서는 안 되는 필수 성분이며 서로 호응해야 한다. 한국어 문장에서 주어는 문장의 맨 앞에, 서술어는 맨 끝에 주로 위치하므로, 자칫 문장이 길어지면 호응 관계를 놓쳐 비문이 되는 경우가 많다. 한 문장 한 문장 쓸 때마다 신경 쓰는 습관을 들여야 한다.

나는 혼자만의 여행을 더욱 꿈꾸고 기다려진다. 나의 간절한 소망은 한 번이라도 장학금을 타고 싶었다. 스페인이 북서부에 위치한 도시인 산티아고에 무덤이 있다고 알려지면서 이곳을 향한 성지 순례가 이어지고 있다.

(2) 수식어와 피수식어의 관계를 살핀다

꾸며 주는 수식어와 꾸밈을 받는 피수식어의 관계에도 유의해야 한다. 분명한 의미 전달을 위해 수식어를 피수식어 바로 앞에 두는 것이 좋으며, 이중 수식으로 의미가 모호해지지 않도록 조심해야 한다. 특히 접속조사 '와/과'를 사용하는 경우 앞뒤를 잘 살펴 수식 관계가 분명하게 드러나도록 해야 한다. 명사를 나열한 구문의 경우에도 의미가 명확히 전달되도록 명사들의 배치에 신경 써야 한다.

① 수식어의 위치

우리는 지속적인 역사에 대해 관심을 가져야 한다. 어느 쪽이 바람직한 슬픔의 극복 방법인지 알 수 없었다. 호사카도 엄연한 세금을 납부하는 한국인이다.

② 이중 수식

누나는 웃으면서 들어오는 나를 반겼다. 한국이 간절했던 트럼프가 엄청난 결단을 내린 상황. 경제 호황으로 두바이에 거주하는 인구 가운데 외국인의 비율이 증가하기 시작했다.

③ '와/과'의 사용

> 토익 점수와 체력을 기르기 위해 최선을 다하고 싶다.
> 두피와 모발은 물론 비듬에도 좋은 샴푸.
> 그는 나에게 귤과 사과 두 개를 주었다.

④ 명사들의 나열

> 자동 원고 이송 장치
> 새로 출시된 스마트폰에 자동 이미지 파일 전송 기능이 추가되었다.

(3) 불필요한 동어 반복을 삼간다

특정한 뜻을 유독 강조하거나, 문장의 리듬을 살리기 위해 같은 표현을 일부러 반복하는 경우가 있다. 하지만 대부분의 경우 원칙적으로는 동일한 뜻의 단어나 어구, 표현을 되풀이하여 사용하지 말아야 한다. 되풀이했다면 어느 한쪽을 생략하거나 다른 표현으로 바꾸어 준다.

> 돌이켜 회고해 보건대 우리나라는 끝없는 국난 극복의 역사를 이어 왔습니다.
> 세상의 인심이 야박하여 누구나 작은 일에도 이해타산을 계산하곤 한다.
> 최근에 현대자동차가 유럽 시장에서 좋은 호평을 받기 시작했다.
> 좋은 결실을 맺기 위해 기말고사를 잘 준비하겠습니다.
> 이미 가지고 있던 기존의 실험 데이터로 논문을 쓰고자 합니다.
> 친구가 영화 티켓을 미리 예매했다.

(4) 빠진 문장 성분이 없는지 확인한다

동어 반복을 피하기 위해 생략이 필요하지만, 이와 반대로 문장 성분을 필요 이상으로 생략하여 문장이 어색해지는 경우가 있다. 의도한 의미가 잘 전달되도록 혹시 빠진 문장 성분은 없는지 살피는 습관을 들여야 한다.

> 민석이가 대학 병원까지 갈 정도로 큰 사고를 당해 애타게 했다.
> 인간은 자연을 지배하기도 하고 복종하기도 한다.

(5) 어색한 피동과 사동 표현을 삼간다

어릴 때부터 영어, 일어 등을 배우다 보니 외국어 문장에 어울리는 피동문을 쓰는 사람들이 많다. 그러나 한국어 문장은 능동문으로 쓰는 것이 자연스럽고 바람직하다. 능동형 표현으로 바꾸어 뜻이 통하면 그대로 쓰고, 뜻이 어색해지는 경우에만 피동형 표현을 쓰는 것이 좋다. 특히 '~어지'는 쓰지 않도록 한다. 또한 영어에서 쓰는 사동형 표현도 가급적 기본형으로 바꾸는 것이 좋다.

> 나도 그렇게 생각되어지더라.
> 이 책은 너무나 어려워서 학생들에게 읽혀지지 않을 것이다.
> 그는 교육계의 참스승으로 불려져 왔다.
> 친구가 아르바이트를 소개시켜 준다고 해서 가 봤더니 꽤나 마음에 드는 일이었다.
> 물가가 너무 상승하여 극심한 사회 혼란을 야기시키기에 이르렀다.

(6) 긴 문장을 삼간다

대학에 오면 보고서, 감상문, 비평문, 제안서 등 여러 유형의 글들을 쓰게 된다. 어느 글이든 제출 마감 시간에 쫓겨 급하게 쓰는 학생들이 많은데, 그러다 보면 머릿속에 즉각적으로 떠오른 생각들을 정돈 없이 풀어내는 과정에서 자신도 모르게 문장이 길어지게 된다. 문장이 길수록 자신의 통제 범위에서 벗어나 비문이 될 확률이 높아진다. 하나의 문장으로 하나의 완결된 의미를 전달하겠다는 생각을 가지고 문장을 짧게 쓰거나 적절한 길이로 끊어서 쓰는 것이 좋다.

> 마드리드 왕궁은 보안상 관광객 마음대로 관람하는 것이 금지되어 있고 가이드와 동반하여 관람을 할 수 있고 1700년대에 지어진 건축물로 2800개의 방이 있다고 한다.
>
> 이곳을 선택하게 된 동기는 유럽은 비용이 부담되기도 하고 유럽에 비해 가까우며 친구의 친척 분이 계셔서 숙박에서 비용을 많이 절감하기도 하고 그분의 도움을 받으며 제대로 여행할 수 있을 것 같아서였는데, 막상 와서 보니 어느 지역이나 비슷하겠지만 이곳은 여행자들을 우습게 알고 물건을 파는 사람들이 물건값을 자기네 멋대로 막 높여서 부르기도 하고 택시나 그곳의 교통수단을 이용할 때에도 사기를 치는 사람들이 많다고 하니 정말 조심해야 할 것 같다.

【틀리기 쉬운 표현】 띄어쓰기

우리말의 띄어쓰기는 단어별로 띄어 쓰는 것을 원칙으로 하되 주요 내용은 다음과 같다.

1) 의존명사는 띄어 쓴다. 예) 것, 바, 줄, 수, 데, 뿐, 리, 듯, 체, 채, 양

2) 단음절로 된 단어가 연이어 나타날 적에는 붙여 쓸 수 있다.

   예) 그때 그곳, 한잎 두잎, 좀더 큰것

3) 보조용언은 띄어 씀을 원칙으로 하되 경우에 따라 붙여 씀도 허용한다.

   예) 꺼져 간다(꺼져간다), 견디어 내다(견디어내다), 밝아 오다(밝아오다)

4) 복합어는 한 덩어리로 붙여 쓴다.

   예) 샘솟다, 지난번, 눈웃음, 우리글, 아침때, 큰아버지, 그만두다

5) 파생어도 한 덩어리로 붙여 쓴다.

예) 강추위, 맨발, 웃어른, 새파랗다, 잔소리

6) 접미사는 붙여 쓴다. 예) 욕심꾸러기, 천여 명, 십 원짜리

7) 첩어 또는 준첩어는 한 덩어리로 쓴다.

예) 가깝디가깝다, 머나먼, 차례차례, 여기저기, 하루하루

※ 다음 문장에서 띄어쓰기가 잘못된 곳은?

- 기차가 연착할듯 하다.
- 범인이 자백한 바, 그가 누명을 벗었다.

※ 다음 밑줄 친 부분들의 띄어쓰기가 지닌 의미를 조사해 보자.

- 웬만하면 믿음 직한데 속지 않는다.
- 그 친구는 참 믿음직한 친구다.

- 집에 가서 밥이나 먹을걸 괜히 추위에 떨고 기다렸다.
- 집에 가서 먹을 걸 찾아 먹었다.

- 집에 가는 데 얼마나 걸리니?
- 집에 가는데 얼마나 멀게 느껴지던지.

- 밥을 먹은 지 얼마나 지났니?
- 밥을 먹었는지 안 먹었는지 알 방법이 없다.

- 나를 이해해 주는 사람은 너밖에 없다.
- 너는 문 밖에 잠깐 나가 있거라.

- 칠수만 집에 갔다.
- 칠수를 만난 지 오 년 만이다.

- 친구 간에도 예의를 지켜야 한다.
- 오 년간 부지런히 공부를 했다.

- 공부가 안돼서 잠깐 쉬고 있다.
- 공부를 안 해서 시험을 망쳤다.

- 그 일이 못된 게 누구 탓이겠어.
- 그는 술을 잘 못 마시는 체질이다.

※ 사전을 이용한 띄어쓰기 확인법

- 단어 사이에 '-'가 있는 단어는 붙여 쓰는 단어이다. (예 : 넘나-들다)
- 단어 앞이나 뒤에 '-'가 있으면 앞말 또는 뒷말과 붙여 쓴다.
  (예 : -째「접사」)
- 단어 사이에 '^'가 있으면 띄어 쓰는 것이 원칙이지만 붙여 쓰는 것도 가능하다. (예 : 자전거^전용^도로)
- 단어보다 더 큰 단위는 사전에 실려 있지 않으므로 사전에서 검색이 안 되는 표현은 띄어 쓴다. (예 : 원리원칙(×), 원리 원칙(○))

연습

※ 다음 글을 읽고 올바른 단어와 구문의 중요성에 대해 생각해 보자.

이수열 선생

신문에 칼럼 같은 것을 오래 연재한 사람은 이수열 선생에게서 한두 번 편지를 받은 기억이 있을 것이다. 선생은 오랜 기간에 걸쳐, 주로 명망가들이 지면에 발표한 글을 오려 백지에 붙이고, 우리말의 어법에 어긋난다고 생각되는 구절들을 붉은 잉크로 수정하여, 그 필자들에게 꼬박꼬박 보내주었다. 선생이 아직도 그 일을 계속하고 있는지는 알 수 없으나, 우리말을 바로 쓰게 하려는 그 열정과 노고는 보훈처 같은 정부의 서훈 기관에 기록되어 있어야 마땅하다. 선생의 노고도 노고지만, 보람이 있기도 하고 없기도 했을 이 일을 위해 지불한 우편요금만 해도 상당한 액수가 될 것이다.

나는 선생의 신상이나 이력에 관해서 잘 알지 못한다. 지난 90년대 초에 선생에게서 받은 편지의 발신지가 서울 은평구의 어느 동이었다는 것을 기억하고 있고, 당신이 저술한 책의 앞날개를 읽어서 "초 · 중 · 고 교사로 47년 동안 근무하고 정년퇴임하였다"는 정도를 알고 있을 뿐이다. 내 책장에는 선생이 쓴 책이 두 권 꽂혀 있고, 서랍에는 선생의 편지가 세 통 들어 있다.

편지를 받은 사람들이 고맙게 생각했을까. 아마 그러기도 하겠지만, 괜한 트집이라고 여기고 불평했던 사람들도 적지 않았으리라. 선생의 기준은 엄격하고 잘못을 바루는 데는 한 치의 용서도 없다. 일어식 어투인 '있으시기 바랍니다'나 '에 다름 아니다' 같은 서술에 붉은 줄을 긋는 것은 말할 것도 없고, '바탕', '선물', '위치'처럼 자체에 움직임이 없는 명사에 '하다'를 붙여서 말하는 것도 용납하지 않는다. '양호교사가 크게 부족하다'도 '터무니없이 부족하다'로 고쳐 써야 한다. 논란이 많은 대명사 '그녀'뿐만 아니라 '그'도 선생이 보기에는 뿌리 없는 말이며, 따라서 써서는 안 되는 말이다. 국어 교과서의 글이건 헌법 조문이건 선생이 흡족하게 여길 글은 별로 없다. 제법 오랫동안 글쓰기를 수련한 사람이라고 해도 선생의 지적을 받지 않고 2백자 원고지 열 장을 채우기가 어려울 것이다.

나는 말에 대한 선생의 의견에 전적으로 찬동하지는 않는다. 나로서는 뿌리가 없고 본디의 결에 거슬리는 말이라고 하더라도 그것이 관용으로 굳어졌으면 그것을 새로운 뿌리로 삼아야 한다고 믿는 편이다. 어떤 표현법이 일어나 영어에서 연유한 것이라 하더라도 우리의 언중에게 그 표현이 큰 무리 없이 이해된다면 이미 우리말 속에 그 표현을 가능하게 하는 힘이 들어 있었던 것이라고 주장하기도 한다. 선생이 지향하는 순결주의가 말의 표현력을 적지 않게 억압하고 있다는 생각도 접어 두기 어렵다. 지금 이 글을 쓰면서도 대명사 '그'를 여기서만이라도 써 보지 않겠다고 작정하고 있지만 사실 여간 불편한 것이 아니다. 그래서 나는 선생의 충고를 일일이 따를 수가 없다. 내가 쓴 글에서 '황폐화한 마음', '자체적으로 해결한다'를 뽑아 밑줄을 그어 보냈을 때는 다소곳이 고개를 숙였지만, '어디에도 없다'를 '아무데도 없다'로 고쳐야 한다고 했을 때는 숙였던 고개를 설레설레 흔들었다. '서로가 서로에게'라는 구절을 두고 '서로'는 격조사를 붙일 수 없는 부사라고 했을 때 나는 불평을 터뜨리고 말았다. "서로가 무슨 해병대인가. 한번 부사면 영원히 부사란 말인가."

그러나 내 글은 알게 모르게 선생의 영향을 많이 받고 있다. 내가 '꽃이 피었는가 묻는다'를 버리고 '꽃이 피었는지 묻는다'로 쓰게 된 것은 오로지 선생의 덕분이다. '그대로'나 '모두' 같은 말에 가능한 한 격조사를 붙이지 않으려 하는 것도, '나의, 너의'보다 '내, 네'를 쓰려 하는 것도 모두 선생을 의식하기 때문이다. '상징주의에서부터 초현실주의까지'라든지 '여행에의 초대' 같은 말을 쓰고 나서 꺼림칙한 느낌이 남는 것도 선생이 있기 때문이다.

말에 관한 한 나는 현실주의자이지만, 선생의 순결주의 같은 든든한 의지처가 있어야 현실주의도 용을 쓴다. 선생의 깊은 지식과 열정은 우리말의 소금이다. 이 소금이 너무 짠 것은 사실이다. 그러나 고쳐 생각한다. 소금이 짜지 않으면 그것을 어찌 소금이라 하겠는가.

– 황현산, 『밤이 선생이다』, 난다, 2013.

---

1. 다음 단어들의 올바른 표기에 체크하면서 자신의 실력을 진단해 보자.

녹슬은 / 녹슨	아등바등 / 아둥바둥	두루뭉술 / 두리뭉실
찌들은 / 찌든	오랫만에 / 오랜만에	시덥잖은 / 시답잖은
물들은 / 물든	오랜동안 / 오랫동안	아무튼 / 아뭏든
깨끗이 / 깨끗히	개수 / 갯수	어떡해 / 어떻해
곰곰이 / 곰곰히	대가 / 댓가	어이없다 / 어의없다
일일이 / 일일히	싸그리 / 깡그리	어쭙잖게 / 어줍잖게
되뇌이다 / 되뇌다	생각건대/ 생각컨대	역활 / 역할
설레다 / 설레이다	단언컨데 / 단언컨대	웬만하면 / 왠만하면
헤매이다 / 헤매다	요컨데 / 요컨대	욱여넣다 / 우겨넣다
삼가다 / 삼가하다	괜시리 / 괜스레	한 움큼 / 한 웅큼

그제서야 / 그제야	구시렁거리다/ 궁시렁거리다	일찌기 / 일찍이
되도록이면 / 되도록	김치찌개 / 김치찌게	잠궜다 / 잠갔다
늘상 / 늘	나무래다 / 나무라다	제끼다 / 제치다
마악 / 막	넌지시 / 넌즈시	재작년 / 제작년
얼만큼 / 얼마(만)큼	넓다랗다 / 널따랗다	짜집기 / 짜깁기
욱신거리다 / 욱씬거리다	닥달하다 / 닦달하다	통째로 / 통채로
눈살 / 눈쌀	덤터기 / 덤탱이	함부러 / 함부로
서슴지 않다 / 서슴치 않다	되물림 / 대물림	희한하다 / 희안하다

※ 다음 글을 읽고 말과 친구의 관계에 대해 생각해 보자.

침묵의 의미

현대는 말이 참 많은 시대다. 먹고 뱉어 내는 것이 입의 기능이긴 하지만, 오늘의 입은 불필요한 말들을 뱉어 내느라고 그 어느 때보다도 많은 수고를 하는 것 같다. 이전에는 사람끼리 마주보며 말을 나누었는데, 전자매체인가 하는 게 나오면서부터는 혼자서도 얼마든지 지껄일 수 있게 되었다. 민주공화국인 대한민국에서는 그 말의 내용이 아첨이건 거짓이건 혹은 협박이건 욕지거리건 간에 마음대로 지껄일 수 있다. 가위(可謂) 언론의 자유가 보장된 풍토인 것이다.

그런데 말이 많으면 쓸 말이 별로 없다는 것이 우리들의 경험이다. 하루하루 나 자신의 입에서 토해지는 말을 홀로 있는 시간에 달아 보면 대부분 하잘것없는 소음인 것이다. 사람이 해야 할 말이란 꼭 필요한 말이거나 '참

말'이어야 할 텐데, 불필요한 말과 거짓말이 태반인 것을 보면 우울하다. 시시한 말을 하고 나면 내 안에 있는 빛이 조금씩 새어나가 버리는 것 같아 말끝이 늘 허전해진다.

좋은 친구란 무엇으로 알아볼 수 있을까를 가끔 생각해 보는데, 첫째 같이 있는 시간에 대한 의식으로 알 수 있을 것 같다. 같이 있는 시간이 지루하게 느껴지면 아닐 것이고, 벌써 이렇게 됐어? 할 정도로 같이 있는 시간이 빨리 흐른다면 그는 정다운 사이일 것이다. 왜냐하면 좋은 친구하고는 시간과 공간 밖에서 살기 때문이다. 우리들이 기도를 올려 보면 더욱 잘 알 수 있다. 기도가 순일하게 잘될 경우는 시공 안에서 살고 있는 일상의 우리이지만 분명히 시공 밖에 있게 되고, 그렇지 못할 때는 자꾸 시간을 의식하게 된다. 시간과 공간을 의식하게 되면 그건 허울뿐인 기도인 것이다.

우리는 또 무엇으로 친구를 알아볼 수 있을까. 그렇다, 말이 없어도 지루하거나 따분하지 않은 그런 사이는 좋은 친구일 것이다. 입 벌려 소리 내지 않더라도 넉넉하고 정결한 뜰을 서로가 넘나들 수 있는 것이다. 소리를 입밖에 내지 않을 뿐, 구슬처럼 영롱한 말이 침묵 속에서 끊임없이 오고간다. 그런 경지에는 시간과 공간이 미칠 수 없다.

말이란 늘 오해를 동반하게 된다. 똑같은 개념을 지닌 말을 가지고도 의사소통이 잘 안 되는 것은 서로가 말 뒤에 숨은 뜻을 모르고 있기 때문이다. 엄마들이 아가의 서투른 말을 이내 알아들을 수 있는 것은 말소리보다 뜻에 귀 기울이기 때문일 것이다. 이렇듯 사랑은 침묵 속에서 이루어진다.

– 법정, 『무소유』, 범우사, 2004.

2. 윗글의 내용을 참조하여 다음의 주제들 중 하나로 문장 쓰기를 연습해 보자.

【주제】 좋은 친구란 무엇인가 친구끼리 말로 영향을 준 경험 (교감, 도움, 성장, 상처 등) 【작성 방법】 10줄 이상 작성할 것 경어체로 쓰지 말고 평서문으로 작성할 것 문장 연습이 목적이므로 비문 없이 쓰도록 노력할 것
【작성】

5

문단 쓰기

문단은 문장들의 집합체로, 공통된 내용의 문장들을 모아 일정한 메시지를 드러내도록 한 의미 전달체계의 기본 단위이다. 또한 문단은 문장들이 모여 연결된 것이면서도 글 전체를 여러 부분들로 나누어 주는 단위가 된다. 글 전체의 구조로 보면 한 편의 글은 복수의 문단들이 모여 이뤄진 것으로 볼 수 있다.

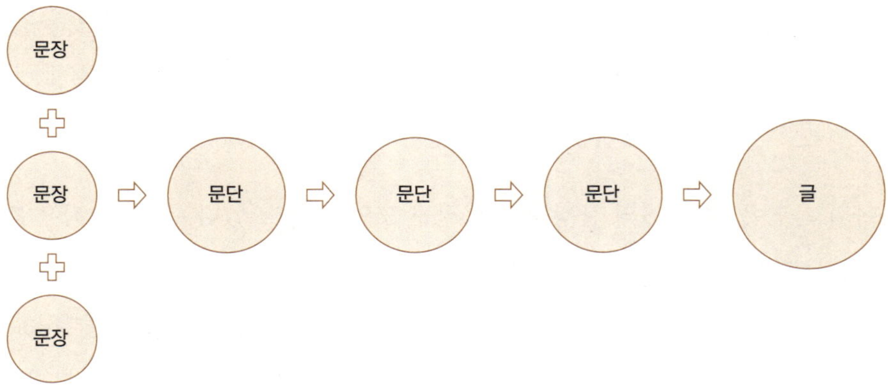

그렇다면 글을 쓸 때 왜 여러 개의 문단들로 작성해야 하는 것일까. 글쓰기에는 일종의 체계와 짜임새가 필요하다. 그 체계와 짜임새는 전달하고자 하는 메시지들의 효과적인 배치를 통해 만들어진다. 아울러 글쓰기에는 무엇보다도 독자에 대한 고려, 즉 가독성이 요구된다. 무슨 말을 이어 가고자 한 것인지가 잘 드러나고 읽혀야 기본을 갖춘 글로 볼 수 있다. 이를 위해선 전달하려는 여러 메시지들을 일정한 기준에 의해 묶거나 나누는 작업을 거쳐야 한다. 그래야 체계와 짜임새를 갖춘 글, 더 나아가 가독성 있는 글이 될 수 있다.

간혹 이에 대한 이해 없이 글을 쓰는 학생들이 많다. 열심히 쓰긴 했으나, 문단 구분이 제대로 되어 있지 않아 무슨 말을 이어 가고자 한 것인지 선뜻 이해되지 않는 글들이 많다. 문단의 모양새가 이상한 경우도 있고, 지나치게 짧거나 긴 경우도 있다. 심지어 글 전체를 하나의 문단(통문단)으로 쓰는 학생도 있다. 이런 글들은 읽는 이에게 피로감을 유발한다. 더 읽고 싶지 않아 덮고 싶을 뿐이다. 이런 글이 되지 않도록 문단에 대한 이해를 높여서 글을 작성해야 한다.

1) 문단의 모양

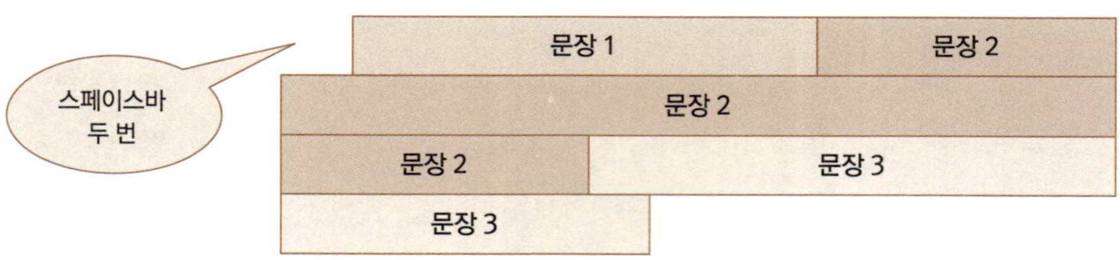

하나의 문단은 여러 개의 문장들로 연결된 모양을 띠고 있다. 주의할 점은 각 문단의 시작 부분에서 들여쓰기를 해야 한다는 점이다. 스페이스 바를 두 번 누르거나, 한글(hwp)의 경우 〈서식 → 문단 → 들여쓰기 → 숫자 입력〉으로, 워드(word)의 경우 〈레이아웃 → 들여쓰기 → 1글자 입력〉으로 지정하는 방법이 있다. 그런데 이를 지키지 않는 학생들이 있다. 어느 문단은 스페이스 바 한 번을, 또 어느 문단에서는 탭(Tab) 키 등으로 여백을 많이 주어 들여쓰기를 하는 경우가 그것이다.

【옳은 예】(∨ 표시는 스페이스 바 한 번)

> ∨∨성공한 정신과 의사 꾸뻬 씨. 그의 진료실은 언제나 많은 것을 갖고 있으면서도 스스로를 불행하다고 여기는 사람들로 넘쳐난다. 어느 날, 꾸뻬 씨는 자신 역시 행복하지 않다고 결론을 내린다. 마음의 병을 안고 찾아오는 사람들을 그 어떤 치료로도 진정한 행복에 이르게 할 수 없음을 깨달았기 때문이다.
> ∨∨마침내 꾸뻬 씨는 진료실 문을 닫고 여행을 떠난다. 그는 세계 여러 나라를 여행하며 무엇이 사람들을 행복하게 하고 불행하게 만드는지 '행복의 비밀'을 찾아 나선다.

【그른 예】

> ∨∨∨성공한 정신과 의사 꾸뻬 씨. 그의 진료실은 언제나 많은 것을 갖고 있으면서도 스스로를 불행하다고 여기는 사람들로 넘쳐난다. 어느 날, 꾸뻬 씨는 자신 역시 행복하지 않다고 결론을 내린다. 마음의 병을 안고 찾아오는 사람들을 그 어떤 치료로도 진정한 행복에 이르게 할 수 없음을 깨달았기 때문이다.
> ∨마침내 꾸뻬 씨는 진료실 문을 닫고 여행을 떠난다. 그는 세계 여러 나라를 여행하며 무엇이 사람들을 행복하게 하고 불행하게 만드는지 '행복의 비밀'을 찾아 나선다.

> ∨∨∨∨∨∨∨∨성공한 정신과 의사 꾸뻬 씨. 그의 진료실은 언제나 많은 것을 갖고 있으면서도 스스로를 불행하다고 여기는 사람들로 넘쳐난다. 어느 날, 꾸뻬 씨는 자신 역시 행복하지 않다고 결론을 내린다. 마음의 병을 안고 찾아오는 사람들을 그 어떤 치료로도 진정한 행복에 이르게 할 수 없음을 깨달았기 때문이다.
> ∨∨∨∨∨∨∨∨마침내 꾸뻬 씨는 진료실 문을 닫고 여행을 떠난다. 그는 세계 여러 나라를 여행하며 무엇이 사람들을 행복하게 하고 불행하게 만드는지 '행복의 비밀'을 찾아 나선다.

또 하나 유의할 점은 문단의 왼쪽과 오른쪽을 반듯하게 해야 한다는 점이다. 가운데 정렬로 되어 있거나 오른쪽이 삐뚤빼뚤해서는 안 된다. 양쪽 정렬하여 문단의 모양을 직사각형으로 유지하도록 한다.

【그른 예】

성공한 정신과 의사 꾸뻬 씨. 그의 진료실은 언제나 많은 것을 갖고 있으면서도
스스로를 불행하다고 여기는 사람들로 넘쳐난다. 어느 날, 꾸뻬 씨는 자신 역시
행복하지 않다고 결론을 내린다. 마음의 병을 안고 찾아오는 사람들을 그 어떤
치료로도 진정한 행복에 이르게 할 수 없음을 깨달았기 때문이다.
마침내 꾸뻬 씨는 진료실 문을 닫고 여행을 떠난다. 그는 세계 여러 나라를 여행하며
무엇이 사람들을 행복하게 하고 불행하게 만드는지 '행복의 비밀'을 찾아 나선다.

성공한 정신과 의사 꾸뻬 씨. 그의 진료실은 언제나 많은 것을 갖고 있으면서도 스스로를 불행하다고 여기는 사람들로 넘쳐난다. 어느 날, 꾸뻬 씨는 자신 역시 행복하지 않다고 결론을 내린다. 마음의 병을 안고 찾아오는 사람들을 그 어떤 치료로도 진정한 행복에 이르게 할 수 없음을 깨달았기 때문이다.

마침내 꾸뻬 씨는 진료실 문을 닫고 여행을 떠난다. 그는 세계 여러 나라를 여행하며 무엇이 사람들을 행복하게 하고 불행하게 만드는지 '행복의 비밀'을 찾아 나선다.

2) 문단의 구조

문단의 모양새를 살펴봤지만, 그렇다고 하여 여러 문장들을 단순히 모아 놓은 것만으로 문단이 만들어지지는 않는다. 무엇보다도 문단은 하나의 주 메시지를 담은 이야기 덩어리임을 기억할 필요가 있다. 하나의 문단에는 그 문단을 통해 드러내고자 하는 하나의 중심 메시지가 담겨야 한다. 이를 '핵심 문장'이라고 한다. 핵심 문장은 문단의 맨 앞에 놓는 것이 바람직하다(두괄식 문단). 필요에 따라 문단의 맨 뒤

나(미괄식 문단), 가운데에(중괄식 문단), 또는 앞뒤 양쪽에 놓을 수도 있다(양괄식 문단).

두괄식 문단을 권하는 이유는 쓰기에 편하고 읽기에도 가독성이 좋기 때문이다. 독자 입장에서는 문단들의 맨 앞부분만 떼어 읽어 나가도 글 전체의 흐름을 파악할 수 있는 이점이 있다. 저자 입장에서는 효율적으로 글을 쓰기에 용이하다. 각 문단들마다 핵심 문장부터 마련해 놓은 다음 그 뒤에 이를 뒷받침하기 위한 내용들을 이어가면 되기 때문이다. 그런 점에서 하나의 문단은 핵심 문장과 여러 개의 뒷받침 문장들로 구성된다. 두괄식 문단을 예로 들어 그림으로 표현하면 다음과 같다.

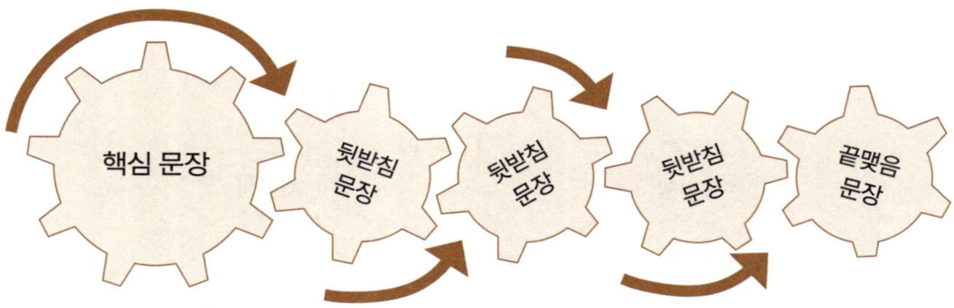

핵심 문장의 경우 1~2개의 문장으로 작성하며, 해당 문단을 통해 드러내고자 하는 중심 메시지를 담아야 한다. 주의할 점은 핵심 문장의 내용 범위를 고려해야 한다는 점이다. 핵심 문장에서 말하려는 내용의 범위가 너무 넓으면 이를 뒷받침하는 문장들이 많아야 하므로 문단의 길이가 지나치게 길어질 수 있다. 반대로 핵심 문장의 내용 범위가 너무 좁으면 이를 뒷받침하기 위해 쓸 말들이 별로 없어 문단의 길이가 꽤나 짧아질 수 있다. 따라서 문단의 길이를 고려하여 핵심 문장의 내용 범위를 적정한 선에서 조절할 필요가 있다.

뒷받침 문장의 경우 핵심 문장에 뒤이어 여러 개가 와야 하며, 핵심 문장을 논리적으로 뒷받침해야 한다. 핵심 문장에서 제시한 것을 개념적으로 밝히거나(정의), 더 파고들어 가거나(분석), 논증하거나(연역), 원인과 그에 따른 결과를 제시하거나(인과), 다른 것과 견주거나(비교), 자세히 그려 보이는 것(묘사) 등이 그것이다. 정

어렵다면 타인의 말을 근거로 제시하거나(인용), 사건 · 통계 · 수치 · 도표 등으로 사례를 드는 것(예시)도 좋다.

다만 이 과정에서 잊지 말아야 할 점이 있다. 뒷받침 문장들의 내용이 핵심 문장과 일정한 관계를 맺고 있어야 한다는 점이다. 뒷받침 문장들은 핵심 문장과 유기적인 관계를 유지하며 작성되어야 한다. 이를 위해 문단의 끝까지 뒷받침 문장들을 다 읽고 난 후에도 문단의 핵심 문장이 환기될 수 있도록 작성하는 태도가 필요하다. 뒷받침 문장들끼리의 자연스럽고 논리적인 연결에도 신경 써야 한다. 구체적인 방법을 제시하면 다음과 같다.

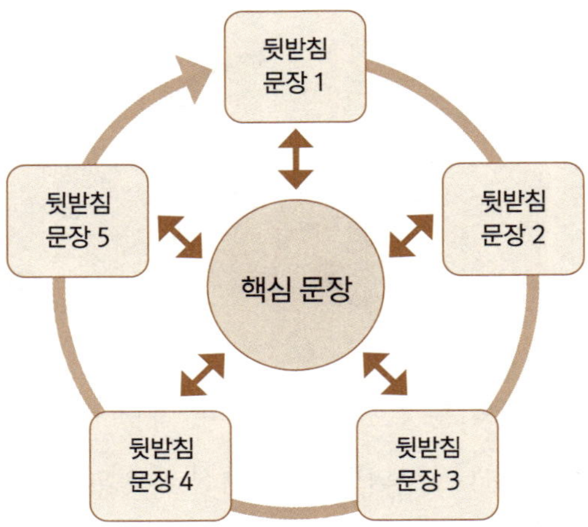

(1) 문단의 통일성

문단 내의 여러 문장들은 해당 문단의 핵심 문장과 통일된 관계를 유지해야 한다. 이를 위해 '하나의 문단－하나의 화제'라는 원칙을 지키면서, 뒷받침 문장들을 핵심 문장과 직접적이든 간접적이든 연관되도록 작성해야 한다. 위 그림의 안쪽 화살표들처럼 뒷받침 문장들의 내용이 핵심 문장의 메시지를 향해 있어야 한다는 뜻이다. 그렇게 하여 뒷받침 문장들을 끝까지 다 읽은 후에도 말하고자 한 초점, 즉 핵심 메시지가 무엇인지 환기되도록 문단을 작성해야 한다.

실제로 뒷받침 문장들을 이어가다 보면 점점 핵심 문장의 범위에서 멀어지는 원심력이 작용하게 된다. 이 원심력을 통제하면서 뒷받침 문장들이 핵심 문장에서 벗어나지 않도록 구심력을 유지하는 것이 중요하다. 만약 핵심 문장과 동떨어진 내용으로 쓰고 있다면 뒷받침 문장(들)을 삭제하거나 고치거나 다음 문단에 배치해야 한다.

【예문 1】

> **내가 A대학교에 입학한 이유는 두 가지다.(핵심 문장)** 대학에 입학하고 입학이 결정되는 데는 복잡한 사정이 가로놓여 있다. 내 친구 형철은 비싼 등록금 때문에 아예 대학을 포기했다. 나는 형철의 아버지를 만난 적이 있는데 육십이 넘은 연세셨지만 놀랍게도 명석한 사고능력을 유지하고 있었다. 그런데 A대학교는 등록금이 너무 싸다. 태희는 B대학교의 구내 식당이 마음에 들어서 입학을 결정했다고 한다. 하지만 실제로는 태희의 아버지가 입학을 결정했다고 나는 생각한다.

【수정 1】

> **내가 A대학교에 입학한 이유는 두 가지다.(핵심 문장)** 첫째 이유는 무엇보다도 돈 문제 때문이다. A대는 등록금이 다른 대학에 비해 싸다. 이 문제는 내게 매우 중요하다. 왜냐하면 아버지는 그다지 부자가 아니고, 나는 내 대학 등록금 때문에 아버지가 받을 고통을 조금이나마 줄여드리고 싶었기 때문이다. 두 번째 이유는 A대가 내가 필요로 하는 풍부한 교양과정을 제공하고 있기 때문이다. 인문적 소양이 중요하다고 생각하면서도 입시교육만 받아 온 나에게는 그런 것이 부족하다. 그런데 A대는 모든 신입생들에게 인문 교양을 습득할 충분한 기회를 제공하고 있었다.

위 예문에서는 불필요한 뒷받침 문장들을 삭제하고 고치는 방법으로 문단의 통일성을 유지하였다. 이번에는 문단의 구분으로 문제를 해결해 보도록 하자.

【예문 2】

이제 대학생이 된 나는 더 넓은 세상을 갈망하며 구체적인 진로를 세울 때가 되었다. 사실 고등학생 시절에는 대학 입시에 많은 시간을 빼앗겨 따로 시간을 내서 진로 탐색을 하기가 어려웠다. 스스로에 대해 잘 안다고 자신할 수도 없었기에 내가 좋아하는 것과 잘하는 것을 모르는 상태에서 진로 목표를 세우기가 벅찬 감이 있었다. 누군가는 대학에 가서 진로를 정하는 건 남들보다 늦게 출발하는 것이라 말했지만, 사람마다 각자의 속도가 있으므로, 조금 늦더라도 대학생이 됐으니 나만의 진정한 꿈과 목표가 무엇인지 찾고 싶다. 우선은 학과 수업에 충실하면서 맡은 바를 항상 성실히 할 것이다. 또한 학생회, 동아리, 교환 학생 등 다양한 교내, 교외 활동도 하고 싶다. 대학 진학과 동시에 가장 해보고 싶었던 체계적인 봉사 활동에도 주력할 계획이다. 고등학교 시절, 평일은 거의 학교에서 보내야 했기에 봉사 활동을 할 수 있는 날이 주말밖에 없었다. 이와 달리 대학생은 수업을 선택해 들을 수 있으므로 평일에도 봉사 활동을 할 수가 있다. 이를 십분 활용하여 일회성이 아닌, 어떠한 단체나 기관에서 장기적으로 봉사하는 것이 현재 나의 가장 중요한 목표이다. 친구들이 모두 각자의 진로를 향해 나아갈 때 나 혼자만 제자리에 머물러 있는 것은 아닌지 걱정을 한 적이 있다. 하지만 이제 그토록 원하던 대학생이 됐으니, 시간이 걸리더라도 평소 관심 있었던 다양한 분야의 학업과 봉사 활동을 발판으로 삼아 '진로'라는 날개를 찾다 보면 분명 내게도 날아오를 무한한 창공이 다가올 것이다.

【수정 2】

이제 대학생이 된 나는 더 넓은 세상을 갈망하며 구체적인 진로를 세울 때가 되었다. 사실 고등학생 시절에는 대학 입시에 많은 시간을 빼앗겨 따로 시간을 내서 진로 탐색을 하기가 어려웠다. 스스로에 대해 잘 안다고 자신할 수도 없었기에 내가 좋아하는 것과 잘하는 것을 모르는 상태에서 진로 목표를 세우기가 벅찬 감이 있었다. 누군가는 대학에 가서 진로를 정하는 건 남들보다 늦게 출발하는 것이라 말했지만, 사람마다 각자의 속도가 있으므로, 조금 늦더라도 대학생이 됐으니 나만의 진정한 꿈과 목표가 무엇인지 찾고 싶다.

이를 위해 우선은 학과 수업에 충실하면서 맡은 바를 항상 성실히 할 것이다. 다양한 수업을 통해 지식과 견해를 쌓다 보면 좀 더 가치 있는 일이 무엇인지 알게 될 것이기 때문이다. 또한 학생회, 동아리, 교환 학생 등 다양한 교내, 교외 활동도 하고 싶다. 수업만으로 배울 수 없는 세상 경험 또한 나만의 적성과 직업적 능력을 찾는 데 도움이 될 것이기 때문이다.

특히 대학 진학과 동시에 가장 해보고 싶었던 체계적인 봉사 활동에도 주력할 계획이다. 고등학교 시절, 평일은 거의 학교에서 보내야 했기에 봉사 활동을 할 수 있는 날이 주말밖에 없었다. 이와 달리 대학생은 수업을 선택해 들을 수 있으므로 평일에도 봉사 활동을 할 수가 있다. 이를 십분 활용하여 일회성이 아닌, 어떠한 단체나 기관에서 장기적으로 봉사하는 것이 현재 나의 가장 중요한 목표이다.

무엇보다도 성급하거나 조바심을 내선 안 되겠다는 생각이다. 친구들이 모두 각자의 진로를 향해 나아갈 때 나 혼자만 제자리에 머물러 있는 것은 아닌지 걱정을 한 적이 있다. 하지만 이제 그토록 원하던 대학생이 됐으니, 시간이 걸리더라도 평소 관심 있었던 다양한 분야의 학업과 봉사 활동을 발판으로 삼아 '진로'라는 날개를 찾다 보면 분명 내게도 날아오를 무한한 창공이 다가올 것이다.

위 예문은 하나의 문단에 너무 많은 내용을 담다 보니 초점이 없으며 장황하다는 인상을 주고 있다. 크게 네 가지의 내용을 전하고자 한바, 그에 맞추어 여러 문단들로 나눠 줄 필요가 있다. 실제로 수정한 글을 보자. 각 문단들에 어떻게 통일성이 생겼는지 감상해 보자.

참고로, 음영이 있는 문장들은 각 문단의 앞에 위치한 핵심 문장이다. 핵심 문장들만 따로 읽어도 글 전체의 내용과 흐름이 어떤지가 이해될 것이다. 또한 밑줄 친 부분들은 수정하면서 새로 추가한 표현들이다. 두 번째 문단의 경우 비교적 짧은 편이어서 다른 문단들과 분량을 맞춰 줄 필요가 있었다. 문단들의 균형 있는 분량 안배에도 신경 써야 한다는 뜻이다.

(2) 문단의 긴밀성

문단 작성 시 또 하나 염두에 두어야 할 것은 긴밀성이다. 긴밀성이란 앞 문장과 뒷 문장이 자연스럽고 조리 있게 연결된 상태를 말한다. 앞의 그림에 표시된 바깥쪽 화살표에서 보듯, 문단의 내용은 그 흐름이 매끄럽게 이어지도록 작성되어야 한다. 이를 위해 시간적 선후, 공간적 이동, 단계적 변화, 인과적 관계 등을 고려할 필요가 있다. 적절한 지시어와 접속어를 사용하거나, 강조하고 싶은 부분을 반복하는 것도 좋은 방법이다.

※ 지시어, 접속어의 사용

> 인간은 모든 동물들 중에서도 웃을 수 있는 유일한 존재이다. 물론 일반 동물들도 노여움, 슬픔, 기쁨, 즐거움을 나타낼 줄 안다. 하지만 기쁨이나 즐거움을 웃음으로 표현하지는 못한다. 일례로 소가 웃는다고 하지만, 사람의 눈에 그렇게 보일 뿐이다. 고사 지낼 때 웃는 모습을 하고 있는 돼지 머리를 비싸게 사다 쓰는 기묘한 풍속에서도 동물의 표정에 대한 사람 나름대로의 판단이 더 잘 드러난다. 이처럼 동물은 안면 근육이 제대로 웃을 수 있게 발달되어 있지 않을 뿐만 아니라, 살아가는 데 웃음이 필요하지도 않다. 그런 점에서 복잡한 감정과 생각을 웃음으로 나타내는 능력은 사람에게만 있다. 그것이 사람과 동물을 가르는 징표이다.

※ 강조하는 부분의 반복

> 우리는 이야기로 세상을 배운다. 인류가 집단을 이루고 살면서, 게다가 사회적 관계는 갈수록 복잡해지면서, 우리는 주변 사람들에 대해 점점 알기가 어려워졌다. 구성원에 관한 정보를 확산시키는 효과적인 방법의 하나는 바로 이야기다. "걔 어때? 요즘 걔 뭐 하니?" 우리가 이야기로 인간과 세상과 나를 배운다는 것은, 이야기가 없는 인간에게는 관심이 없으며 이야기가 없는 제품에는 매력을 못 느낀다는 뜻이다. 뇌는 이야기에 민감하게 반응하고 이야기를 통해 세상을 읽는다. 모든 것을 인과 관계로 설명하고 싶어 하고, 그 안에서 매력적인 이야기를 발견한다. 설동설을 넘어, 이 우주는 거대한 이야기 덩어리다.

3) 문단 작성

문단의 개념과 생김새, 구조와 작성 방법에 대해 알아보았다. 문단에 대한 이 같은 이해를 토대로 실제 문단을 작성해 보도록 하자. 우선 글을 쓰기 위해 훈련해 두어야 할 것은 자신이 찾고 읽은 자료에 대한 정확하고도 간명한 요약이다. 또한 복수의 여러 자료들을 검토하면서 자신만의 관점도 세우고 정립할 줄 알아야 한다. 그런 점에서 여기서는 요약하기와 입장 세우기에 초점을 두어 문단 쓰기를 연습하도록 한다.

(1) 내용 파악과 요약하기

글을 쓰는 과정에서 자신이 읽은 자료를 요약적으로 전달해야 할 때가 많다. 요약이란 타인의 말과 글을 자신의 언어로 재진술한 것을 뜻한다. 자료의 내용을 잘 간추려 전달하는 것이 요약의 관건이다. 따라서 요약은 정확한 이해력을 바탕으로 자료의 논점과 요점, 핵심 주장과 논리를 찾아 자신의 언어로 재표현하는 행위이다. 그런 점에서 요약은 제2의 창작에 가깝다.

요약 시 명심해야 할 점들은 다음과 같다. 첫째, 요약과 표절을 혼동해선 안 된다. 요약할 때 원문의 부분들을 그대로 가져오거나 짜깁기하는 학생들이 많다. 그러나 요약문은 자료의 내용을 자신의 말로(in your own words) 바꾸어서 축약한 글임을 기억해야 한다.

둘째, 자료의 요점을 있는 그대로 요약해야 한다. 간혹 원자료에서 중요하지 않거나 지엽적인 내용을 요약해 가져와 자신이 주장하려는 바에 견강부회(牽强附會)하는 경우가 있다. 심지어 그 과정에서 자료의 내용을 왜곡하기까지 한다. 자신의 말로 요약하되, 자료의 요점을 온전하고 정확하게 전달해야 한다. 이를 위해 핵심어나 주제문 또는 문단들의 핵심 문장을 찾아 요약에 활용하는 것이 좋다.

셋째, 자료의 논리적인 구조가 드러나도록 요약한다. 어떤 글들의 경우 연역이나 귀납 등 논증의 구조를 취하고 있거나 구분, 분류, 비교, 인과관계 등을 활용하여 쓴 경우가 있다. 그런 글들의 경우 논리적인 골격이 드러나는 방식으로 요약해야 한다.

이상의 방법들을 참조하여 다음의 예문들을 읽고 요약을 시도해 보자.

【예문 1】

사회에서 보다 높은 수준의 교육을 받는 계층 가운데 오늘날 최고로 행복한 사람은 과학자이다. 현대 세계에서 과학은 분명 진보적이고 위력적인 힘을 가지고 있다. 이 같은 과학의 중요성에 대해 의심하는 과학자나 일반인은 없을 것이다. 따라서 과학자들은 자신이 하는 일에 대해 회의하거나 복잡한 감정을 가질 필요가 없다. 그들 중 가장 뛰어난 사람들은 대부분 감정적으로 단순하다. 또한 과학자들은 자신의 일과에서 충분한 만족감을 느끼므로 식사를 해도 즐겁고 결혼 생활도 행복하다. 과학자들은 대체로 옛날 그대로의 가정적 행복을 누리고 있는데, 그 이유는 자기 지력(知力)의 뛰어난 부분으로 연구에 열중하고 자기가 해 나갈 수 없는 분야에 관해서는 파고들지 않기 때문이다. 그들은 연구하는 생활에서 행복을 느낀다. 자신의 능력을 최대한으로 활용하면서 생활하고, 자기 자신뿐만 아니라 일반 대중에게까지도 중요한 성과를 내놓는다. 일반 대중들이 과학에 대해 조금도 인식하지 못할 때에도 그렇다.

【한 문장 요약】

오늘날 최고로 행복한 사람은 과학자이다. 왜냐하면

【예문 2】

행복한 삶의 지향과 추구는 어떤 방식으로 이루어져야 하는가? 불현듯 마음만 먹으면 행복이 오는 것이 아니다. 무엇인가 꾸준한 노력이 필요하다. 집중된 사고 활동과 실천의 노력을 통해서 쾌락적 행복에서 만족적 행복으로, 다시 이것이 또 온전한 행복으로 격상되어 갈 것이기 때문이다. 행복한 삶을 견지하고 계속적으로 격상시켜 나가기 위한 최소한의 조건은 무엇일까? 두 가지 조건이 거론되곤 한다.

첫째로 거론되는 행복한 삶을 이룩하기 위한 기본 조건은 일과 삶의 균형이다. 로버트 라이시(R. Reich)의 『부유한 노예』에 제시되어 있는 현대인의 "일과 삶의 불균형"에 관한 경고가 이 조건을 잘 설명한다. 그는 현대인은 경제적으로 풍요해질수록 점점 더 바빠져서 부유해지기는 했지만, 삶의 형태는 노예의 모습으로 전락해 가고 있다고 현대 문명의 흐름을 진단한 바 있다. 이런 점에서 볼 때, 로버트 라이시가 시사하는 오늘날의 어른과 청소년들이 행복을 위해 노력해야 할 지향점은 아주 분명하다. 돈을 버는 것과 의미 있는 삶을 사는 것을 동시에 병행시키는 지혜를 젊어서부터 기르고 익숙해지게 하라는 것이다. 청소년들을 경제적 성공에로만 몰아대는 현재의 상황은 미래로 갈수록 더욱 거세질 가능성이 크다. 그래서 이러한 일과 삶의 균형 회복과 성취는 21세기에 새롭게 부상하는 현대인의 발달 과업이 된다.

둘째로 거론되는 행복한 삶을 이룩하기 위한 기본 조건은 몰입(flow)이다. 칙첸미하이의 『몰입의 즐거움』에 제시된 "가치로운 몰입이 삶의 질 즉 행복의 질을 결정한다"는 주장이 이 조건을 잘 설명한다. 그는 몰입할 줄 아는 능력과 습관을 한 개인의 삶의 질을 평가하는 중요한 지표로 본다. 선진국들의 경제적 풍요는 정신문화의 풍요도 함께 수반한다. 이때의 정신적 풍요란 구체적으로 무엇을 말하는 것일까? 즉, 정신적, 문화적으로 풍요하다는 것은 사람들의 행동 속에서 어떤 구체적인 특징을 말하는 것일까?

몰입에는 여러 종류가 있으며, 질적 차이가 크다. 여가 시간마다 고스톱과 카드에 미치는 사람이 있고, 카지노, 경마 등 사행성 놀이에 빠져 있는 사람도 있다. 그런가 하면 독서, 등산, 연극, 음악, 미술, 영화, 문학 그리고 자원봉사에 몰입하는 사람도 있다. 어떤 종류의 몰입이 개인에게나, 사회 그리고 국가에 유용하고 가치 있는 것인지는 자명하다. 이런 점에서 칙첸미하이의 몰입은 "자아실현형 몰입"을 가리킨다. 그에 의하면 선진국들의 경우 "자아실현형 몰입"이 가능한 사람은 대체로 60%를 넘어서고 있다. '일을 하거나 한가로울 때, 시간 감각을 잃어버릴 정도로 집중하거나 몰두한 경험이 있습니까'라고 물었을 때, 약 63% 이상이 "자주" 또는 "가끔 있다"라고 답을 한다는 것이다.

가치 있는 몰입은 교육과 훈련을 필요로 한다. 그러나 가치가 낮은 몰입일수록 연습과 준비가 덜 필요하다. 예컨대, 60세 전후에서 정년으로 퇴직한 사람이 어느 날부터 별안간 오페라와 연극을 보러 다닐 수 있는 것이 아니다. 시간이 있고 경제적 여유가 있다고 하더라도 긴 시간에 걸친 연습과 훈련 그리고 준비가 없이는 그것을 즐길 수가 없기 때문이다.

오늘날 젊은이들은 과연 어느 쪽의 몰입으로 빠져들고 있는가? 그런 몰입들이 과연 그들이 살아갈 50년 후의 미래 사회에서 온전히 행복한 삶의 질을 보장할 수 있는 몰입인가?

이런 점에서 칙첸미하이가 시사하는 것은 자아실현과 관련된 몰입을 할 수 있는 능력과 습관을 형성하는 것이다. 청소년 시절부터 길러진 건전하고 의미 있는 몰입의 경험과 습관이 50년 후의 노년기를 의미 있고 행복하게 보낼 발판이 되는 것이기 때문이다.

【한 문단 요약】

(2) 관계 파악과 관점 세우기

요약을 통해 하나의 자료에 대해 파악하고 정리하는 법을 익혔으니, 이번에는 복수의 자료들에 대해 검토하는 법을 훈련하도록 하자. 실제 글을 준비하는 과정에서 자신이 쓰려는 글의 주제와 관련하여 여러 다양한 자료들을 접하게 될 것이다. 또한 그 자료들을 읽어 나가면서 서로 차이가 있거나 상반되는 견해의 자료들이 있음도 알게 될 것이다. 그 자료들의 다성적(多聲的) 논리를 접하면서, 자신은 어떤 관점을 세워야 할지 곰곰이 생각할 필요가 있다.

우선은 자료들의 내용부터 정확히 파악해야 하므로 개별 자료에 대한 요약이 선행되어야 한다. 그런 다음 요약한 결과물들을 들여다보면서 A의 의견에 동의할 것인지, A와 다르거나 상반된 논리를 따를 것인지, 제삼의 입장을 도출할 것인지 생각해야 한다.

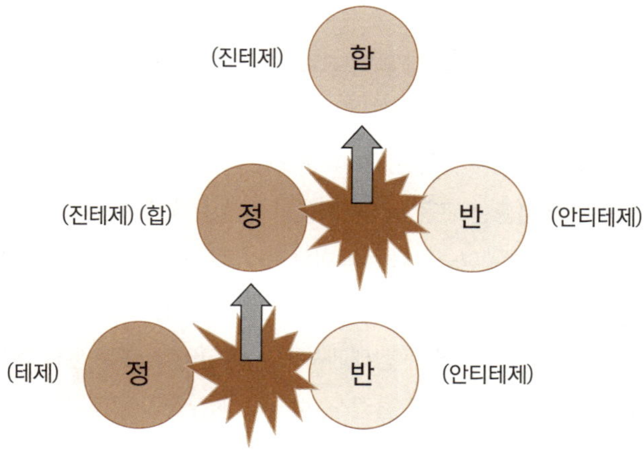

다음의 예문들은 돈과 행복의 관계에 대하여 서로 다른 시각을 보여 주고 있다. (가)와 (나)를 읽고 각각의 내용을 요약한 후 그에 대한 자신의 입장을 하나의 문단으로 마련해 보자.

(가)

이스털린의 역설(Easterlin Paradox)은 행복 경제학의 핵심 개념이다. 이 개념은 「경제성장이 인간의 행복을 증진하는가」라는 논문을 쓴 경제학자 리처드 이스털린의 이름에서 유래된 것이다. 1973년 발표된 이 논문에서 이스털린은 이전보다 소득이 향상되면 더 행복해질 것 같지만, 실제로 조사해본 결과 소득이 늘어나고 부유해진다고 해도 행복의 수준은 1인당 국민소득 기준으로 따져볼 때 별로 달라진 게 없다는 점을 주장했다.

그는 논문에서 "1946년 이후 미국에서 실시된 일련의 연구를 살펴본 결과 소득이 전보다 많아진다고 해서 더 큰 행복이 자동적으로 따라오지 않는다"라고 결론을 내린다. 1946년부터 1970년 사이에 미국 내 1인당 소득은 꾸준히 늘었지만 일반적인 행복지수는 소득과 비례해 계속해서 높아지지 않았으며, 1960년과 1970년 사이에는 오히려 행복지수가 낮아지는 양상을 보였다. … (중략) …

지난 2007년 3,500만 파운드(607억 원)에 당첨돼 화제를 모은 안젤라 켈리의 경우는 어떨까. 그는 사실상 은둔자가 되었다. 같은 동네에 살던 이웃은 이렇게 말한다.

"복권 대박이 그녀의 삶을 사실상 폐허로 만들었어요. 주변의 압박이 너무 커서 견디기 힘들었을 거예요. 당첨되기 전이 훨씬 더 행복했던 것 같네요. 이제 그녀는 인생의 목표를 잃어버린 사람처럼 보여요."

확실히 돈이 모든 것을 규정하고 삶을 행복하게 만들어 준다는 가정은 올바르지 않다. 그러나 어느 정도 주목할 만한 상관관계는 있다.

행복은 재정적 스트레스에서 벗어난 자유로움으로 이루어진 것이다. 다른 사람을 배려할 수 있는 여유, 가족에게 훌륭한 교육여건을 제공할 수 있는 능력, 먼 대륙을 여행하거나 지구 밖 행성을 탐험할 수 있는 넉넉함을 보장한다. 생계를 이어 가려고 매일매일 원하지 않는 일을 해야 하는 형편에서 꿈과 야망을 추구하기란 어려운 일이다.

행복은 꿈과 야망을 추구할 수 있는 상태에서 오는 감정이다. 또는 본인의 삶과 인간관계를 충만하고 의미 있게 만드는 식으로 물질적, 감성적, 정신적인 만족감을 확대하는 것이라고 표현할 수도 있다. 자신이 소중히 여기는 사람들과 사회공동체의 안녕을 위해 적극적으로 기여하고 영향력을 미치는 것도 일종의 행복이라 말할 수 있다. 바로 이러한 것들이 행복의 특성이며 이러한 가능성은 돈이 있어야 실현 가능하다는 것에는 의심의 여지가 없다. 돈은 자신의 운명을 선택할 수 있는 기회와 자유를 부여한다.

(나)

일반적으로 우리는 적은 돈으로 출발을 한다. 하지만 적은 돈이라도 소중한 법이다. … (중략) … 실제로 적은 것에서 출발하면 할수록 보통 젊은 사람들의 경우 똑같진 않더라도 보다 나은 기회를 갖게 된다. 약간만 수입이 증가해도 효과는 크고 인생에 커다란 차이를 만들어낸다. … (중략) … 첫 직장에서 급여가 조금 올라가면 삶이 훨씬 원활해진다. 객관적으로는 돈이 조금 증가한 것이지만 삶은 극적으로 개선되는 것이다. 조금씩 수입이 증가할수록 삶의 질의 상승도 새롭게 느낄 수 있게 될 것이다. 수년간 이렇게 증가된 수입이 삶에 미치는 변화는 항상 결정적인 것이 된다.

대부분의 경우 그것은 더 이상 인지되지 않는다. 왜냐하면 돈을 버는 것은 일반적으로 이미 당사자가 알기 힘든 자기 동력을 갖게 되기 때문이다. 돈을 점점 더 많이 쓰더라도 유용성은 점점 적어지게 된다. 적은 돈으로도 살 수 있는 것을 거의 다 산 사람은 몇몇 추가적인 사치품을 사기 위해 많은 돈을 쓴다. 이제부터는 뭔가를 개선하기 위해 더 많은 돈이 필요하게 된다. 최고의 응접실에 최고의 오디오를 설치하면 부촌에 위치한 자신의 집이 그에 걸맞은 인상을 주게 되고, 열린 문 사이로 이웃에 사는 젊은 친구들의 놀라움을 이끌어낼 수 있을 것이다. 항상 오성급 호텔과 비행기 1등석만을 이용하게 되면 머니 게임의 혼잡 속에서 대부분이 몰락을 경험하는 위험스러운 순간이 찾아오게 된다.

그 전에 익숙해지는 단계가 먼저 찾아온다. 처음에는 놀라운 것들이 금방 당연하게 느껴지고 즐거움도 점점 줄어들다가 완전히 사라진다. 이제 돈으로 삶의 질을 더욱 향상시키는 일은 극단적으로 돈이 많이 들어가는 일이 된다. 많은 사람들이 극도로 비싼 여행, 미식, 귀금속 등으로, 또 어떤 사람들은 독특한 예술품으로 그것을 시도한다. 하지만 뭔가가 느껴질 정도로 수준을 향상시키는 것은 점점 어려워지고 돈이 많이 드는 일이 된다. 마침내 삶의 질의 곡선이 더 이상 상승하지 못하는 지점이 다가온다. 이제부터는 현상 유지만 하려 해도 엄청나게 많은 수입이 필요하다. 하지만 이런 상황임에도 당사자는 자신에게 무슨 일이 일어나고 있는지 거의 알지 못한다. 이제 돈을 버는 일은 의미를 더 이상 찾을 수 없는 일종의 반사작용이 되어 버린다.

이런 일이 진행될수록 돈 버는 일은 더 이상 검토해 볼 필요가 없는 자명한 전제로 여겨지게 된다. 하지만 보다 나쁜 일이 다가온다. 삶의 질 곡선은 다시 내려간다. 이윽고 역설적인 상황이 나타나게 된다. 당사자는 더 많은 돈을 벌어야 하지만 더 많은 걱정거리만 생기고 상태는 더욱 열악해진다. 이 같은 상황은 많은 돈을 이미 쌓아놓았고 모든 필요를 충족할 수 있게 된 사람에게서 발견된다. 더 많은 돈을 벌어도 손해 볼지 모른다는 불안만 커지며 돈더미를 감시해야 하는 조치를 위해 돈이 점점 더 많이 들어가게 된다. 그럴수록 최대한 더 많은 돈을 벌기 위한 노력을 경주하지 않으면 안 된다.

돈 버는 기계가 된 그들은 이제 아무런 성찰도 없이 그저 돈을 다다익선이라는 원리에 따라 벌 뿐이다. 이미 당사자는 이 같은 미친 상황을 더 이상 판단하기 힘들어졌고 구원을 받기 위해서는 점점 더 많은 돈을 찾아 앞을 향해 도피하는 수밖에 없다. 하지만 현실에서는 불행만이 커지게 된다. 유감스럽게도 대부분의 사람들은 이 같은 흐름이 왜 생겨났는가에 대한 의식을 가지지 못하고 있다.

【한 문단씩 작성】

(가) 요약	

(나) 요약	
(가)와 (나)의 차이점	
자신의 입장 / 주장	

연습

※ 다음 글을 읽고 '휴식'의 의미에 대해 생각해 보자.

전원을 끄자

어떤 일에서 전문가가 되기 위해서는 적지 않은 시간과 노력이 필요하다. 휴식도 마찬가지다. 일을 하지 않는 상태, 그러니까 일과 일 사이가 휴식이 아니다. 휴식은 저절로 오지 않는다. 무턱대고 쉬려 했다가는 휴식의 노예가 되기 십상이다. 수많은 시행착오를 거쳐야 휴식의 주인이 될 수 있다. 가령, 한 번도 텐트를 쳐 보지 않은 사람이 야영의 참맛을 알 리가 없다. 휴가는 조용한 곳에서 혼자 보내는 것이 최고라는 말은 누구나 알고 있지만, 실제로 혼자 지내는 방법을 알고 있는 '전문가'는 흔치 않다.

휴가는 일회적이 아니다. 일회적이어서도 안 된다. 일이 일상이듯이 휴가, 휴식도 일상이어야 한다. 낮과 밤이 있듯이 일과 휴식이 균형을 이루어야 한다. 휴식에 대한 배려와 투자에 무심하다가는 어느 날 고꾸라지고 만다. 사십대 사망률이 세계 최고라는 통계가 어디에서 나왔는가. 쉬지 않고 일만 하기 때문이다.

휴식은 공간의 개념이 아니다. 쉬기 위해 바닷가나 계곡을 찾는 것도 좋지만, 그것이 전부라고 생각하다가는 도시를 떠나기가 어려워진다. 계획만 세우다가 미루기 십상이다. 내가 있는 지금, 내가 있는 여기를 자기화하는 지혜와 의지가 필요하다. 스튜어트 브랜드는 『느림의 지혜』에서, (생태론적인 아이디어지만) 내가 있는 이곳을 넓게, 내가 있는 지금을 길게(Long Now Big Here) 하라고 권유한다. 한마디로 '여기를 길게'(Long Here) 하라는 것이다.

최근 나는 지금, 여기를 길고 넓게 하는 방법을 하나 터득했다. 다름 아닌 휴대전화 전원을 끄는 것이다. 나의 시간과 공간에 무시로 개입하는 휴대전화를 이겨 내는 방법은 전원을 '오프'하는 수밖에 없다. 나는 전원을 끄는 순간, 세상과 단절된다. 서울 한복판이 망명지로 변한다. 지금, 여기에서 나는 자발적 망명자가 되는 것이다. 그리고 찬찬히 안팎을 둘러본다. 점심시간이나 출퇴근길 다 합해야 한 시간이 넘지 않지만, 나는 휴대전화를 '무시'하며, 지금, 여기가 커지고 길어지는 것을 온몸으로 느낀다.

– 이문재, 『바쁜 것이 게으른 것이다』, 호미, 2009.

---

1. 행복을 위해 어떻게 휴식하는 것이 좋을지, 효과적인 방법이나 자신의 노하우에 대해 소개하는 글을 써 보자.

【작성 방법】 장, 절, 항의 제목들 없이 4개의 문단으로 작성할 것 도입부 1문단 + 논의 2문단 + 마무리 1문단의 순서로 작성할 것 각 문단마다 가급적 핵심 문장부터 쓰고 뒷받침 문장들을 이어나갈 것 각 문단은 3줄 이상의 분량으로 작성할 것 경어체로 쓰지 말고 평서문으로 작성할 것
【작성】

6

퇴고와 편집

주제와 제목과 주제문을 정하고, 관련 자료를 찾아 검토하며, 개요를 작성하는 등 글쓰기의 사전 준비 절차에 대해 알아보았다. 또한 실제 글을 쓰는 과정에서 필요한 단어와 문장, 문단 작성법도 알아보았다. 문단들을 정성 들여 마련하다 보면 어느새 그것들이 모여 한 편의 글을 이루게 된다. 그러나 그 글은 아직 초고에 불과하다. 글을 다 쓴 후에는 반드시 수정하는 과정을 거쳐야 한다.

1) 퇴고의 의미와 중요성

궁극적으로 좋은 글은 퇴고로 완성된다. 퇴고(推敲)는 '미는 것'〔推〕과 '두드리는 것'〔敲〕으로 이뤄진 용어이다. 시어를 '퇴(推)'로 하느냐 '고(敲)'로 하느냐를 놓고 고심했던 당나라의 시인 가도(賈島)와 한유(韓愈)의 일화에서 유래한 용어로, 글을 쓸 때 여러 번 생각하여 잘 어울리도록 다듬고 고치는 일을 뜻한다.

방금 자신이 쓴 글을 객관적인 시각에서 제대로 고치기란 쉽지 않다. 일본의 근대 작가 다자이 오사무는 퇴고와 관련하여 이런 말을 남겼다. "문장 가운데서, 이 부분은 잘라 내는 것이 좋을지, 아니면 이대로가 좋을지, 어찌할 바를 모르는 경우에는, 반드시 그 부분을 잘라 내지 않으면 안 된다." 자신이 힘겹게 쓴 한 문장을 도려내는 일은 자신의 일부를 도려내는 것 같은 아픔을 준다. 그 아픔을 감내하지 않으면 제대로 된 퇴고를 하기 어렵다. 자신의 글을 조금 더 객관적으로 보기 위해서는 시간이 필요하다. 즉 초고를 완성한 후에 최소 일주일 이상의 기간을 두고 나서 다시 자신의 글을 보아야 조금 더 객관적으로 볼 수 있게 된다. 무라카미 하루키의 다음 글을 읽어 보자.

> 한 가지 재미있는 이야기가 있습니다. 1980년대 말, 내가 『댄스 댄스 댄스』라는 장편소설을 썼을 때의 일입니다. 나는 이 소설을 처음에 워드프로세서(후지쯔의 포터블)로 썼습니다. 대부분 로마의 아파트에서 썼지만 마지막 부분은 런던으로 옮겨 간 다음에 썼습니다. 다 쓴 원고를 플로피디스크에 넣어 그것을 들고 런던으로 이동한 것인데 런던에 자리를 잡고 열어 보니 장(章) 하나가 통째로 사라지고 없었습니다. 그 당시에는 아직 워드프로세서를 쓰는 게 익숙하지 않아 조작을 잘못했던 것이겠지요. 뭐, 흔한 일입니다. 물론 기운이 쭉 빠졌습니다. 상당한 쇼크였어요. 분량이 꽤 많은 장이었고, '이건 내가 썼지만 아주 잘 썼다'고 자부했기 때문입니다. '에이, 흔한 일이지, 뭐'라고 간단히 포기할 수 없었습니다.
>
> 하지만 언제까지고 한숨을 내쉬며 고개를 내젓고 있을 수도 없지요. 마음을 추스르고 몇 주일 전에 고심참담하며 썼던 문장을 '으음, 이런 거였나……' 라고 떠올려 가며 재현 작업을 했습니다. 그렇게 해서 그 장을 어찌어찌 부활시켰습니다. 그런데 그 소설이 책으로 간행된 뒤에 행방불명되었던 오리지널이 불쑥 튀어나왔습니다. 전혀 예상도 못했던 폴더에 섞여 있었습니다. 그 또한 흔한 일이지요. 그래서 '아, 난감하네. 이쪽이 더 잘 썼으면 어쩌지?' 라고 내심 걱정하면서 읽어봤는데, 결론부터 말하자면 나중에 다시 쓴 버전이 명백히 뛰어났습니다.
>
> 여기서 내가 말하고 싶은 것은 어떤 문장이든 반드시 개량의 여지가 있다는 것입니다. 본인이 아무리 '잘 썼다', '완벽하다'고 생각해도 거기에는 좀 더 좋아질 가능성이 있습니다. 그래서 나는 퇴고 단계에서는 자존심이나 자부심 따위는 최대한 내던져 버리고 달아오른

머리를 적정하게 식히려고 노력합니다. 단지 그 달아오른 머리를 지나치게 식혀 버리면 퇴고 자체를 못 하니까 그런 쪽으로는 약간 조심해야 합니다만. 그러고는 외부의 비판에 견뎌낼 태세를 정비합니다. 뭔가 재미없는 소리를 듣더라도 가능한 한 꾹 참고 꿀꺽 삼킨다, 작품이 출간된 뒤에 들어오는 비평은 마이페이스로 적당히 흘려 넘긴다, 그런 것에 일일이 신경을 쓰다가는 몸이 당해 내지를 못합니다(진짜로). 하지만 작품을 쓰는 동안에는 주위에서 들어오는 비평·조언은 가능한 한 허심탄회하게, 겸허하게 반영하지 않으면 안 된다, 그것이 옛날부터의 나의 지론입니다.

우리는 흔히 초고를 잘 쓰고 한두 번의 퇴고를 거치면 글이 완성된다고 생각한다. 이러한 생각 때문에 보고서 제출 마감 기한까지 초고를 붙들고 계속 무엇을 써 나간다. 대부분의 사람들은 초고에 9할 이상의 에너지를 쏟고 퇴고에 기껏해야 1할가량의 에너지를 쏟는다. 그러나 체계적인 글, 문장이 좋은 글을 완성하기 위해서는 초고를 쓰는 노력만큼 퇴고하는 노력을 들여야 한다. 초고에 5할의 에너지를 들이고 퇴고에도 그만큼의 힘을 쏟아야 하는 것이다.

2) 퇴고의 방법

글을 다 쓴 후에는 자신의 글을 다시 읽으면서 내용과 형식 두 차원으로 나누어 고칠 곳들을 찾을 필요가 있다.

먼저 글의 '내용'과 관련해서는, 큰 범위에서 개요가 잘 구현됐는지부터 살피고 점차 작은 범위의 방향으로 검토해 나가는 것이 좋다. 글의 전반적인 흐름에 무리가 없는지, 세부적인 내용들이 타당한지를 보면서 고치거나 추가하거나 삭제할 곳들을 찾아야 한다. 또한 중간 단위인 문단들의 배치와 관계, 각 문단의 내용과 논리에 대해서도 따져 봐야 한다. 끝으로 문장 단위에서 비문을 찾아 고치고, 어휘의 선택이 올바른지 확인해야 한다.

글의 '형식'에도 신경 써야 한다. 글 전체의 분량이 적절한지 보고, 장, 절, 항 및 문단들의 분량 안배에도 균형이 있는지 살펴야 한다. 그뿐만 아니라 글자 크기, 글자체, 각종 부호, 들여쓰기, 양쪽 정렬, 오탈자 등도 점검해야 한다.

【퇴고 사항】

글의 내용	〈글 전반의 구성과 의도〉 구체적인 주제를 마련했는가? 주제와 주제문을 잘 반영하고 있는 글인가? 개요를 잘 반영하고 있는 글인가? 장, 절, 항의 구성이 체계적이고 합리적인가? 읽었을 때 글의 전반적인 흐름이 파악되는가? 자신만의 논점과 문제의식이 있는가? 〈세부 내용과 논리〉 남들도 할 법한 뻔하고 진부한 설명이나 주장을 한 곳이 있는가? 무리한 주장을 한 곳이 있는가? (논리의 비약 등) 한 말을 또 하고 있지는 않은가? (불필요한 반복, 순환 논리 등) 주장에 근거를 제시하고 있는가? (논리, 사례, 통계, 도표 등) 기존 자료를 요약할 때 정확하게 하고 있는가? 기존 자료를 적절히 인용하고 있는가? 〈문단의 내용〉 문단들 간의 연결과 흐름이 자연스러운가? 문단 내 내용의 흐름이 자연스러운가? 문장의 순서를 바꾸거나, 내용을 고치거나 삭제하거나 추가할 것은 없는가? 문단의 통일성과 긴밀성을 살리고 있는가? 〈문장과 단어〉 문장을 올바르게 썼는가? (주어와 술어, 수식어와 피수식어의 관계 등) 많은 내용을 지나치게 긴 문장에 담고 있지는 않은가? 애매모호한 표현은 없는가? 뜻이 구체적이고 명확하게 표현되었는가? 상황과 문맥에 맞는 어휘를 구사하고 있는가? 외국어를 남발하고 있지는 않은가?
	〈글의 분량〉 글의 전체 분량이 과하거나 모자라지 않은가?

글의 형식	각 장들의 분량이 균형 있게 안배되어 있는가? 각 절과 항들의 분량이 균형 있게 안배되어 있는가? 〈기본 형식〉 소속과 성명, 제목, 도입부, 본론, 마무리, 참고문헌 등 글의 기본 형식을 지키고 있는가? 글의 유형과 특성에 부합하는 형식인가? 〈장, 절, 항〉 한두 줄씩 띄우고 장과 절을 시작하고 있는가? 장, 절, 항을 표시하는 번호 체계가 있는가? 〈문단의 모양〉 문단들의 분량이 균형 있게 안배되어 있는가? 지나치게 길거나 짧은 문단은 없는가? 글 전체를 하나의 문단(통문단)으로 쓰지는 않았는가?
기타	글자 크기가 적절한가? 글자체가 적절한가? 특히 본문의 글자체들이 통일되어 있는가? 소제목들의 글자 크기나 글자체를 본문과 달리 하여 눈에 띄게 했는가? 본문과 소제목들에 들여쓰기를 했는가? 글의 형태가 양쪽 정렬로 반듯하게 되어 있는가? 가운데 정렬로 되어 있거나 오른쪽이 삐뚤빼뚤하지는 않은가? 각 페이지의 하단에 쪽수를 표기했는가? 평서체와 경어체가 섞여 있지는 않은가? 맞춤법과 띄어쓰기를 지키고 있는가? 부호들을 바르고 일관되게 사용하고 있는가?

3) 글의 양식과 편집

글의 내용과 형식에 걸쳐 퇴고하는 방법을 살펴봤지만, 형식 차원에서 한 가지 더 고려해야 할 점이 있다. 바로 글의 양식과 편집이다. 아무리 좋은 내용의 글이더라도 양식과 편집이 깔끔하게 제대로 되어 있지 않으면 무성의한 글로 보이기 십상이다. 친구에게 생일 선물을 준다고 가정해 보자. 좋은 선물(내용)을 전해 준다 하더라도 비닐 봉투에 대충 담아서 주느냐, 정성껏 포장해서 주느냐의 차이를 생각해 보면 될 것이다. 그런 점에서 글의 양식과 편집에 신경 쓰는 것도 독자와의 소통을 위해 필요한 일이 아닐 수 없다. 지켜야 할 글의 기본 양식을 제시하면 다음과 같다.

【기본 양식】(예시)

제목①

〉

〉

소속 학과와 성명②

〉

∨∨1. 도입부 제목③

∨∨본문 내용④

〉⑤

∨∨2. 본론 장 제목⑥

∨∨1) 절 제목⑦

∨∨본문 내용

〉⑧

∨∨2) 절 제목

∨∨본문 내용

〉

∨∨3. 본론 장 제목

∨∨1) 절 제목

∨∨(1) 항 제목⑨

∨∨본문 내용

〉⑩

∨∨(2) 항 제목

∨∨본문 내용

〉

∨∨4. 마무리 제목⑪

∨∨본문 내용

〉

※ 참고문헌⑫

(참고한 자료들 한 줄씩 나열)

글의 기본 양식에서 준수해야 할 점들은 다음과 같다.

① 대제목은 글자를 크게 한다. 글자체는 소제목이나 본문과 같아도 무방하나 달리하는 것이 좋다. 위치는 가운데에 오도록 한다.
② 소속 학과와 성명은 오른쪽에 쓴다.
③ 도입부 제목은 '서론', '머리말', '들어가며', '문제제기' 등으로 쓰거나 별도의 구문을 마련한다.
④ 본문은 들여쓰기를 하여 내용을 작성한다. 문단이 바뀌어도 들여쓰기를 해야 한다.
⑤ 새로운 장이 시작될 경우 한두 줄 띄우고 장 제목을 단다.
⑥ 장 제목들은 별도의 구문으로 작성한다. 참고로, 절 제목을 쓰기 전에 서설 격의 논의가 필요하다면 장 제목 다음 줄에 문단(들)으로 작성할 수 있다.
⑦ 절 제목들은 별도의 구문으로 작성한다.
⑧ 새로운 절이 시작될 경우 한 줄 띄우고 절 제목을 쓴다.

⑨ 항 제목들은 별도의 구문으로 작성한다. 번호는 (1), ①, 가), (가), ㉮, a), (a), ⓐ 등으로 달되, 어떤 부호를 쓰든 이후의 항 제목들에도 일관되게 적용한다.

⑩ 새로운 항이 시작될 경우 한 줄 띄우고 항 제목을 단다.

⑪ 마무리 제목은 '결론', '맺음말', '나가며', '마무리' 등으로 쓰거나 별도의 구문을 마련한다.

⑫ 참고문헌은 결론이 끝나는 지점에서 한두 줄을 띄우고 '※ 참고문헌', '참고문헌' 등으로 제목을 단 후 한두 줄 띄우고 작성한다. 본문과 달리 들여쓰기 없이 내어쓰기로 작성한다. 글을 쓰면서 실제로 인용한 자료들의 서지 사항을 한 줄에 하나씩 쓴다.

참고로, 들여쓰기는 아래의 예에서 보듯 장, 절, 항의 제목들과 본문 내용이 시작되는 모든 지점에서 스페이스 바 두 번씩을 띄우는 것이 원칙이다. 특히 주의해야 할 것은 한 줄 띄우기이다. 본문 내용을 끝내고 새로운 장이나 절, 항을 시작할 때에는 반드시 한 줄을 띄어야 한다.

【옳은 예】	【그른 예】
VV2. 장 제목	VV2. 장 제목
VV1) 절 제목	VV1) 절 제목
VV본문 내용	VV본문 내용
〉	VV2) 절 제목
VV2) 절 제목	VV(1) 항 제목
VV(1) 항 제목	VV본문 내용
VV본문 내용	
	VV(2) 항 제목
〉	VV본문 내용
VV(2) 항 제목	

이외에도 글 전체에 걸쳐 신경 써야 할 것들이 있다. 글자 크기와 글자체이다. 글자 크기의 경우 본문 내용은 별도 지침이 없으면 10~11포인트, 명조체 계열의 서체로 작성하는 것이 바람직하며, 장, 절, 항의 제목들은 그보다 약간 크게 하여 눈에 띄게 할 필요가 있다(본문 내용≦항 제목≦절 제목〈장 제목). 글자체의 경우 장, 절, 항 제목들의 글자체를 본문과 같게 해도 무방하나, 위의 예처럼 본문과 다른 글자체를 사용하거나 진하게 표시하여 시각적으로 부각하는 것이 좋다.

【틀리기 쉬운 표현】 중복 표현

말이든 글이든 같은 표현을 반복하는 것은 좋지 않다. 우리가 무심코 쓰는 중복 표현에 대해 알아보자.

소위 말하는 / 최신 근황 / 빠른 쾌유 / 왜 하필 / 핵심 포인트 / 과반수를 넘다

연습

※ 다음 글을 읽고 퇴고란 무엇인지 생각해 보자.

다듬는다는 것

오늘은 시를 다듬는다는 것에 대하여 씁니다.

퇴고(推敲)라는 말을 새겨 보면 글을 다듬는 것의 깊은 뜻을 헤아릴 수 있죠. 퇴(推)는 밀다라는 뜻이고, 고(敲)는 두드린다는 뜻의 한자지요. 퇴고란 시문(詩文)을 지을 때 자구(字句)를 여러 번 생각하여 고치는 것을 이르는 말입니다.

당나라 때의 시인 가도〔賈島 : 자는 낭선(浪仙), 777~841〕가 어느 날, 말을 타고 가면서 〈이응의 유거에 부침(題李凝幽居)〉이라는 시를 짓기 시작했습니다.

이웃이 적어 한가로이 살고	閑居少隣竝
풀숲 오솔길은 황원으로 드네	草徑入荒園
새는 연못가 나무에 잠자리를 잡고	鳥宿池邊樹
스님은 달빛 아래 문을 두드리네	僧敲月下門
… (하략) …	

그런데 마지막 구절의 '스님은 달빛 아래 문을……'에서 '민다〔推〕'라고

하는 것이 좋을지, '두드린다[敲]'라고 해야 좋을지, 여기서 그만 딱 멈추어 버렸습니다. '퇴'와 '고', 두 글자만 정신없이 되뇌며 가던 그는 그만 말을 탄 채로 고관의 행차와 부딪치고 말았죠.

"무례한 놈, 무엇 하는 놈이냐?"

"당장 말에서 내려오지 못할까!"

"이 행차가 뉘 행찬 줄 알기나 하느냐?"

네댓 명의 병졸들이 저마다 한마디씩 내뱉으며 가도를 말에서 끌어내려 행차의 주인공인 고관 앞으로 끌고 갔죠. 그 고관은 당대(唐代)의 대문장가인 한유(韓愈)로, 당시 그의 벼슬은 경조윤(京兆尹, 도읍을 다스리는 으뜸 벼슬)이었죠.

한유 앞에 끌려온 가도는 먼저 길을 비키지 못한 까닭을 솔직히 말하고 사죄했죠. 한유는 노여워하는 기색도 없이 잠시 생각하더니 이렇게 말했지요.

"내 생각엔 '퇴'보다는 '고'가 좋겠네."

이 사건을 계기로 가도와 한유는 둘도 없는 시우(詩友)가 되었고, 스님이었던 가도는 환속(還俗)까지 하게 되었다고 합니다.

퇴고란 좁게는 맞춤법에 맞게 어휘와 어구를 고치고 적절하게 문장을 가다듬는 것이지만, 크게는 작가의 의도를 정확하게 표현하고 독자에게 바르게 전달하려는 것이지요. 즉 시원한 소통을 지나 출렁이는 감흥까지 한통속이 되게 해주는 겁니다.

시의 퇴고 과정에서 중요한 것은 시어 한두 개를 바꿔도 시 전체의 미적 감흥이 확연히 달라진다는 거예요. 좋은 시는 단번에 독자의 미적 감흥을 자극하는 스위치를 갖고 있지요. 시를 퇴고할 때 중요한 것은 이 스위치를 알맞은 장소에 적정한 높이로 장치하는 일이지요. 시의 방 안이 환해지는 것은 방 어딘가에 스위치와 전구가 있기 때문입니다. 벽지만 아름다워도 시 전체가 화사해지겠지만, 순간적으로 독자의 내면을 확 뒤집어 놓는 미적 충격을 주지는 못하니까요. 이것을 나는 '스위치론'이라고 말합니다. 어둡고 어수선한 초고(草稿)의 방 내부에 스위치를 달고 전구를 갈아 끼우는 일이 넓은 의미의 퇴고인 것이지요.

그러면 당대 최고의 문장가 한유는, 왜 '퇴'보다 '고'로 바꾸는 것이 낫겠다고 했을까요?

'민다'라고 쓸 때는 바랑을 멘 스님이 날이 저물자 자신의 암자로 돌아온 것이지요. 그러니 그저 밀고 들어가면 될 뿐입니다. 문 여는 소리야 나겠지만 조용히 자신의 방에 들어가 짧은 독경을 마치고 잠자리에 들면서 시의 문이 닫히고 말지요. 탁발과 고행이 끝난 거죠. 시 속에 그려지는 풍경의 역동성이 당연 작아집니다.

하지만 '두드린다'로 바꾸면 늦은 밤 스님은 외딴 집이나 낯모르는 암자를 찾은 게 되죠. 고행의 복판에 스님이 있는 겁니다. 기약할 수 없는 내일의 낯선 길이 있죠. 문을 두드리는 소리와 신발을 끌고 나오는 동자승의 목소리로, 설핏 잠에 들었던 연못가의 새들도 잠자리를 고쳐 앉을 것이고요. 또한 산짐승들도 몇 번의 울음소리를 내며 자신의 영역을 확인하려 하겠죠. 의심이 많은 새들은 자리를 차고 올라 달빛을 가르며 날아갈지도 모르고요. 문을 열어 주려고 동자승이 눈을 비비며 나올 게고, 합장하는 작은 손에도 달빛이 어리겠죠. 탑을 돌아 계단을 올라가는 스님과 동자승의 발등도 보일 터이죠. 큰스님에게 조용히 여쭙는 동자승의 목소리가 있을 게고, 그다음엔 찻물을 따르는 그림자가 암자의 단조로운 문살에 비칠 테죠.

글자 하나가 바뀌면서 시 속의 그림이 영화필름 돌아가듯 바뀌고 암자를 둘러싼 공간 전체가 입체적인 소리 통으로 바뀌는 게 떠오르죠? 그리고 스님에게는 탁발의 고행 길을 선물하게 되었네요.

퇴고는 이런 것이어야 합니다. 시의 혈관을 풀어 주고 독자의 자유로운 상상을 자극하는 퇴고가 되어야 하죠. 독자의 상상력에 건전지를 끼워 주고 태엽을 감아 주는 퇴고가 되어야만 하죠. 그래야만 시정신이며 시인의 통찰력이 독자에게로 건너갈 수 있으며, 새로운 연대의 힘이나 감동의 파장까지 불러일으킬 수 있을 테니까 말이에요.

시의 방에 벽지를 바르고 원앙금침을 깔아 놓고 문 가까운 곳에 스위치를 달고 밝은 알전구를 끼워 놓아요. 그러면 독자들도 방에 들어와 동침하겠지요.

문은 잠그지 말아요. 지그시 봄바람도 들어오게요.

– 이정록, 『시인의 서랍』, 한겨레출판, 2020.

---

1. 글쓴이가 제시한 퇴고의 의미와 가치를 한 문단으로 요약해 보자. (원문의 문장을 그대로 가져오지 말고 자신의 말로 요약할 것)

제 4 부

글쓰기의 유형과 실제

1

보고서

보고서는 어떤 특정한 주제를 정하여 연구하거나 조사하거나 실험한 결과에 대해 일정한 체계와 형식을 갖추어 전문성과 객관성, 논리적 구체성이 드러나도록 작성한 글을 말한다. 대학에서 학업을 위해 많이 쓰게 되며 해당 과목의 담당 교수에게 제출한다.

대학의 학업에서 중고등학교 때와 달라지는 큰 차이는 지필 시험 대신 보고서로 평가받는 경우가 많다는 점이다. 전공과 수업의 성격에 따라 감상문이나 비평적 리뷰 또는 기획서, 제안서 등을 제출하는 경우도 있으나, 그것들의 작성법은 별도의 장(章)에서 설명하기로 한다. 여기서는 전형적이고 일반적인 의미에서의 보고서 작성법에 대해 소개하고자 한다.

일반적으로 보고서는 소논문의 성격을 띤다. 이는 대학의 설립 및 존재 목적과 관련이 있다. 대학은 교육기관인 동시에 새로운 지식을 생산하는 연구 기관이기도 하다. 지식의 생산으로 사회 발전에 기여하는 것이 지식 소비에 그치는 중고등학교와 다른 대학의 역할이라 할 수 있다. 대학에서 지식의 생산은 주로 학술논문을 통해 이뤄지며 대학원에서 본격화되곤 한다.

그렇다면 학부생에게 보고서를 쓰게 하는 이유는 무엇일까. 보고서가 본격적인 학술논문은 아니다. 하지만 보고서는 학술논문의 전 단계에 해당하는 소프트한 형태의 논문, 즉 소논문으로 볼 수 있다. 학부생에게 보고서를 쓰게 하는 이유는 바로 학술논문을 전 단계의 수준에서 배우면서, 지식을 생산해 내는 기초적인 경험과 훈련을 쌓게 하기 위함이다. 여러분은 이제 중고등학생이 아니라 대학생이 되었다. 외우고 문제를 잘 풀어서 지식을 소비하는 데 그치는 것이 아니라, 소박하더라도 자신의 힘으로 지식을 만들어 낼 줄 알아야 하는 사회인이 된 것이다.

그런 의미에서 보고서 작성법을 잘 익히는 것이 중요하다. 보고서는 일종의 소논문처럼 쓰느니만큼 학술논문의 체계에 준하여 작성해야 한다. 도입부의 서론, 본격적인 논의의 본론, 마무리의 결론, 참고문헌 등이 그것이다. 여기서는 도입, 논의, 마무리의 순으로 보고서 작성법을 소개하기로 한다.

1) 도입

도입부는 글을 통해 마주하는 첫인상과도 같다. 첫인상으로 사람을 가늠하는 경우가 많듯, 좋은 도입부야말로 글의 호감도를 좌우하는 데 중요한 요소가 된다. 노벨문학상을 수상한 미국의 작가 윌리엄 포크너는 "독자들이 반드시 두 번째 문장을 읽도록 첫 번째 문장을 써라. 그런 뒤에 계속 그렇게 쓰면 된다"라고 하여 글의 참신한 시작을 강조한 바 있다. 역설적으로 그의 말은 문학작품에 있어 매력적인 첫 문장 쓰기가 그만큼 어려우며 많은 숙고와 훈련을 거쳐야 하는 것임을 시사한다.

문학작품은 아니지만 학업을 위한 보고서의 경우에도 호감과 주의력을 끄는 도입부가 필요하며, 이를 위한 효과적인 방법들을 익혀야 한다. 특히 보고서의 독자가 담당 과목의 교수임을 기억할 필요가 있다. 긴 시간을 들여 수십 명의 보고서를 읽어야 하는 담당 교수의 입장을 생각해 보자. 다른 학생들과 차이 없는 평범하고 진부한 서론은 식상함과 지루함을 줄 뿐이다. 그렇게 형성된 부정적인 첫인상 때문에 본론과 결론을 잘 썼더라도 좋은 평가를 받지 못하는 사례가 종종 발생한다. 서론을 대충 모양만 갖추어 쓰면 되는 것 정도로 가볍게 여기는 경우가 있는데, 서론은 그럭저럭 쓰면 되는 것이 아니라 잘 써야 하는 것이다.

글의 첫머리를 잘 쓰는 것이 쉬운 일만은 아니다. 본론에서는 어떻게든 할 말이 있어 꾸역꾸역 채워 나가지만, 정작 첫 시작을 어떻게 풀어 나가야 할지 몰라 난감해 하는 학생들이 많다. 그렇다고 막막해할 필요는 없다. 보고서에는 객관성과 체계성을 갖춘 도입부가 필요하며 이를 위한 일정한 규칙과 패턴들이 존재하기 때문이다. 이를 잘 익히고 활용하면 어렵지 않게 좋은 서론을 쓸 수 있을 것이다.

(1) 도입부 분량

도입부는 너무 짧거나 길어서는 곤란하며 전체 분량의 15% 내외로 잡고 쓰는 것이 좋다. A4 5매로 쓸 경우 첫 페이지의 $\frac{2}{3}$가량을 할애하면 된다. 우선은 분량부터 눈대중으로 잡아 놓아야 한다. 그래야 그 안에서 어떻게 효과적이고 짜임새 있는 도입부를 쓸지 고민하게 되기 때문이다.

(2) 도입부 제목

감상문, 리뷰, 에세이 등 비교적 창의성이 요구되는 글들의 경우 개성과 멋을 살려 자유롭게 제목을 달 수 있으나 보고서의 도입부는 "1. 서론", "1. 머리말", "1. 들어가며" 등의 제목을 쓴다. 별도의 제목을 만들 수도 있으나 명사형 구문이 바람직하며 본론의 장 제목들과 체계적 연관성이 드러나도록 마련해야 한다.

(3) 도입부의 기능과 기본 구성

보고서의 첫머리에는 글 전체를 통해 무엇을, 왜 다루며, 어떻게 다룰지에 대해 안내하는 기능이 있다. 이 삼박자가 잘 드러나야 좋은 서론이 된다. 우선 도입부의 전반부에는 글의 주제가 무엇인지 밝히면서(what) 그 주제로 쓰는 게 왜 필요하고 중요한지의 이유를 제시하여(why) 자신이 쓰려는 보고서의 가치를 납득시키는 과정이 필요하다. 또한 글의 주제에 질문을 던짐으로써 자신만의 문제제기를 드러내는 작업이 보태져야 한다. 이처럼 주제의 제시와 주제 선정 이유, 주제에 대한 문제제기로 이어 나가면 보고서의 집필 목적 또한 자연스럽게 드러나는 효과가 있다.

그다음에는 본론에서 논의하고자 하는 주제와 관련이 있는 선행 연구를 검토, 제시하는 것이 좋다. 이 과정에서 선행 연구의 문제점을 지적하며 자신의 문제 제기의 타당성을 강화할 수도 있다. 도입부의 끝부분에는 본론에서 전반적으로 무슨 내용을 다룰지 장(章)이나 절(節) 단위의 제목들을 적절히 가져와 소개하는 것이 좋다. 서론에는 본론의 내용 범위와 흐름을 알려 주는 서비스 기능도 있기 때문이다. 또는 본론을 어떻게(how) 효과적으로 풀어나갈지 서술 방법(구분, 분류, 분석, 비교 등)에 대해 거론하는 것으로 마무리할 수도 있다.

> 아득히 오래전부터 인간의 삶은 여행으로 점철되어 왔다. 새로운 곳에서의 경험을 위해서, 믿음을 위하여, 경제적인 이득을 위하여, 혹은 살기 위하여 역사 속 수많은 여행자들이 줄곧 낯선 곳으로 떠났다. 여행자들이 가지고 돌아온 이야깃거리와 새로운 재화들은 세계에 대한 인식과 공동체의 운명을 바꿀 정도로 엄청난 영향력을 가졌다. 사실 오늘날의 인류에게 여행은 생활의 일부가 되었지만, 먼 옛날의 인류에게는 삶 자체가 여행이었다. 실제로 인류 대부분의 역사는 끊임없이 새로운 땅을 찾아 떠나는 이동의 역사였다. 그러한 이동성을 우리는 뼛속 깊이 물려받았다. 우리에게 여행은 본능인 것이다. 그렇기에 우리는 '생각하는 인간'(Homo Sapiens), '언어를 사용하는 인간'(Homo Loquens), '도구를 사용하는 인간'(Homo Faber)이라는 표현처럼 '여행하는 인간'(Homo Viator)이라는 고유의 특성을 지녔다고도 볼 수 있다. 과연 그 특성은 과거와 달라진 현재의 21세기를 살아가는 데 있어 어떻게 바뀌고 발휘되어야 하는 것일까?
>
> 이 같은 문제의식에서 필자는 오늘날 필요한 여행의 특성을 '새로움, 휴식, 자유, 취향, 치유, 도전, 연결, 행복, 유연함, 각성, 노스탤지어, 전환'이라는 열두 개의 주제로 나누어 깊이 들여다보고자 한다. 이를 통해 인간은 왜 여행을 갈망하고 여행은 우리에게 무엇을 주는지 살펴본 후, 이 시대에 '여행하는 인간'으로 살아간다는 것의 의미가 무엇인지 제시하고자 한다.

위의 예문에서 보듯 서론에는 내가 이 글을 통해 구체적으로 무엇을 다루려 하고, 그것을 왜 다룰 필요가 있는지의 이유와 목적, 자신만의 문제제기가 드러나야 한다. 이것만 전달되면 된다는 마음가짐으로 서론을 써도 실패하지 않을 것이다.

(4) 추가적인 방법들

무엇을(what), 왜(why), 어떻게(how) 쓰려는지 밝히는 것이 도입부의 기본 구조라면, 이를 유지하면서 호기심과 주의력을 끄는 매력적인 도입부를 위해 다음의 방법들을 추가적으로 고려할 수 있다.

① 질문 던지기

강조하고 싶은 부분에 질문을 던지면 독자의 관심과 주의를 끌어 능동적으로 글을 읽게 만드는 효과가 있다.

> 약자가 강자로부터 억압이나 폭력을 당하는 현장을 목격할 때 우리는 자연스러운 분노를 느끼며 약자의 편에서 그를 돕고자 하는 마음을 갖게 되기 마련이다. 모든 사회의 도덕과 종교는 약자를 보호하는 것을 당연한 인간의 도리로 삼고 있으며, 약자를 억압하는 자를 악의 상징으로 간주하였다. 그러나 우리는 이론적으로 이를 인지하면서도 현실적으로는 강자의 편에 서는 이중성을 갖고 있지는 않은가? 인간이 자연의 한 부분임을 인정한다면 항상 약자의 편에 서고자 하는 것은 어쩌면 이상에 불과한 것이 아닐까? 권력에 종속되어 약자를 괴롭히는 예는 역사 속, 현실 속에서 수없이 목격된다. 심지어 강자들은 패를 지어 약자를 공격하고 있지 않은가? 이 같은 문제의식으로 이 글에서는 강자의 편에 서고자 하는 인간의 욕망과 약자의 편에 서고자 하는 인간의 의지 사이의 갈등 구조에 대해 살펴보고자 한다.

② 명언, 경구, 속담 활용하기

명언, 경구, 속담 등을 인용하여 교양을 드러내면 지적이고 유익한 글이라는 인상을 줄 수 있다.

> "한 사람을 죽이면 살인자지만 백만 명을 죽이면 영웅이 되고 모두를 죽이면 신이다."라고 장 로스탕(Jean Rostand)은 말한 바 있다. 이상이나 이념을 위해 수많은 사람들을 희생자로 몰고 간 전쟁 영웅들을 생각해 보자. 역사소설에 등장하는 전쟁 영웅들의 모습은 용감하고 지혜로운 자, 충성심이 강하고 나라와 가족, 동료에 대한 신의가 강한 자로 미화되게 마련이며, 그가 얼마나 잔인하게 적군을 살해했는지에 대한 설명은 대부분 생략되어 있다. 호메로스(Homeros)는 전쟁 그 자체가 자연 상태의 일부이며 단지 불운일 뿐이라고 『일리아드』에서 말한다. 과연 전쟁은 불운인가 부정의인가? 아무리 이유가 정당하다 해도 정의로운 전쟁이 가능한가? 그것이 가능하다면 도대체 전쟁을 할 수밖에 없는 정의로운 명분과 정의로운 수단이란 무엇인가?

③ 사건, 통계, 수치 제시하기

글의 주제와 관련한 사건을 제시하여 흥미와 호기심을 끌거나 통계, 수치, 여론조사 등을 제시하여 글에 신뢰감을 줄 수 있다.

> 2017년 외교부 기준, 지난해의 해외 여행자는 2600만 명에 육박하고 이어 올해에도 많은 여행자들이 해외로 떠나고 있다. Visa GTI(Global Travel Intentions) 보고서에 따르면 한국의 여행자가 지난 2년간 가장 많이 찾은 여행지로는 일본(57%), 홍콩(25%), 중국(21%)이 상위권을 차지했으며, 태국(17%), 미국(13%), 호주(13%) 등이 그 뒤를 이었다. 휴가가 짧은 한국 직장인의 특성상 가까운 아시아권 국가를 선호하는 것으로 밝혀졌다. 한국인은 또한, 여행사의 단체 패키지 여행(29%)보다 부분 패키지 또는 자유여행(71%)을 더 많이 갔으며, 홀로 여행하기(16%) 보다는 가족 또는 친구와 함께 여행하기(84%) 를 선호했다. 여행객들의 해외여행 여정을 보면, 명승지를 찾는 것(56% 이하, 복수 응답)보다는 맛집을 탐방하거나(84%) 쇼핑하기(73%)를 더 좋아하는 것으로 나타났다고 한다. 이처럼 해외여행의 보편화에 따라 여행 시장은 점차 다양하면서 복잡해지고 있지만, 해외 여행객의 숫자가 늘었다고 하여 여행의 만족도와 수준이 높아졌다고 말할 순 없다. 심신의 안정을 찾고 새로운 자극을 위해 떠난 여행인데 어째서 만족스럽지 못한 것일까?

(5) 체크리스트

도입부는 마무리 쓰기에 비해 비교적 제약이 많지 않으나 실제 쓰면서 체크해야 할 점들은 다음과 같다.

분량이 글 전체의 15% 내외로 적절한가?
글감과 주제가 무엇인지 드러냈는가?
왜 이 글감과 주제로 쓰는 것이 필요하고 중요한지 밝히고 있는가?
선행 연구를 충실히 검토하고 있는가?
주제에 대한 나만의 질문과 문제제기가 있는가?
본론의 내용 범위들이나 서술 방법을 간략히 소개하고 있는가?
흥미, 호기심, 주의력을 끄는 장치들을 적절히 사용하고 있는가?
진부함과 식상함을 피하고 있는가?
거창함과 장황함을 피하고 있는가?

2) 논의

도입부에 이어 본격적인 논의를 펼쳐야 하는데 이를 본론이라고 한다. 본론은 보고서의 70% 내외로 가장 많은 분량을 차지한다. 〈형식적〉 차원에서 볼 때 본론은 몇 개의 장(章)으로 구성되며, 각 장의 하위 항목으로 절(節)들을 두고, 더 필요한 경우 절(節)의 하위 항목으로 항(項)들을 마련하여 쓴다. 〈내용적〉 차원에서 볼 때 본론은 도입부에서 제시한 글감과 문제의식을 이어받아 효과적인 서술 방법과 논리를 활용하여 대상을 깊이 있게 논하고 문제를 해결하는 부분으로 볼 수 있다. 비유하자면 논의의 씨앗을 심는 게 도입부이고, 씨앗을 잘 자라나도록 경작하는 게 본론이다. 결론은 본론을 통해 경작한 작물을 추스르고 수확하는 부분으로 볼 수 있다.

(1) 본론의 형식

본론의 경우 써야 할 분량이 많은 만큼 미리 개요로 구성과 체계를 잡아 놓아야 한다. 그렇지 않고 그때그때 머릿속에 떠오르는 대로 쓰면 처음의 의도와 다르게 논지의 흐름이 엉뚱한 방향으로 빠지거나, 중요하고 중요하지 않은 곳의 분량 배분에 실패하거나, 비체계적인 글이 되기 쉬우므로 주의해야 한다.

이를 방지하고 체계적인 구성을 만들기 위해 장(章), 절(節), 항(項)의 '관계'를 잘 설정할 필요가 있다. 상위 항목과 하위 항목에 무엇을 놓을지 생각하고 그에 맞추어 장, 절, 항을 배치한 후 각각 얼마만큼 작성해야 좋을지 분량들도 균형 있게 안배해 둘 필요가 있다. 장, 절, 항이 상호 간 유기적이고 논리적인 관계가 되도록 해야 하며, 각각의 제목들에 붙는 번호 체계에도 신경 써야 한다.

또 하나 유의할 것은 장(章), 절(節), 항(項)의 '개수'이다. 간혹 본론을 하나의 장으로만 쓰는 학생들이 있는데, 아무리 짧은 보고서라도 최소한 두 개 이상의 장으로 나누어 써야 한다. 이와 반대로 장, 절, 항을 지나치게 많이 마련하는 학생들도 있다. 그렇게 되면 각 항목들마다 짧게 쓸 수밖에 없으므로 피상적인 수준의 보고서라는 인상을 줄 수 있다. 따라서 개요는 항 단위까지 자세하게 마련하되, 실제 보고서를 쓸 때는 그 항들에 제목을 붙여 별도로 작성할지, 아니면 제목을 없애고 절 단위의 서술에 자연스럽게 녹여서 쓸지 생각해 보아야 한다. 개요에서 마련한 장, 절, 항의 모든 제목들이 실제 보고서에 다 들어와야 하는지 아닌지에 대해 전략적으로 판단해야 한다.

(2) 본론의 내용

보고서의 서론과 결론에는 일정한 패턴이 있지만, 본론 쓰기의 경우 딱히 이렇다 할 전형(典型)은 없으며 다양하게 쓸 수 있다는 점에서 자유로운 편이다. 다만 어떠한 내용으로 쓰든 간에 유념해야 할 것은 논리적인 구성과 흐름을 지녀야 한다는 점이다. 본론은 도입부에서 제기한 문제의식을 본격적으로 탐구하는 부분이다. 이 탐구의 과정에서 요약과 설명, 주장과 인용, 근거 제시 등으로 자신의 논지를 심화하게 되는데, 논리적인 체계성과 구체성, 일관성을 갖추어 명료하고 설득력 있게 써야 한다. 이를 위해 다음의 사항들을 고려할 필요가 있다.

① 하나의 대상이나 현상을 다룰 경우

> 개념을 〈정의〉할 때 객관적으로 명확하게 하고 있는가?
> 대상의 내부 구조와 요소 또는 속성과 특징 등을 깊이 있게 〈분석〉하고 있는가?
> 시간적 순서나 단계적 순서 또는 인과 관계 등을 활용하여 체계적인 〈분석〉을 시도하고 있는가?

② 복수의 대상이나 현상을 다룰 경우

> 일관된 기준으로 잘 나누고 〈구분〉하여 살피고 있는가?
> 비슷한 것들끼리 잘 묶고 〈분류〉하여 살피고 있는가?
> 기준을 들이대어 공통점이나 차이점을 체계적으로 〈비교〉하고 있는가?
> 〈대상별 비교〉와 〈기준별 비교〉 중 어느 쪽이 효과적인가? (다음 페이지의 예)

③ 설명을 시도할 경우

> 〈초점〉이 드러나도록 설명하고 있는가?
> 〈요약〉을 할 경우 군더더기 없이 깔끔하고 간명하게 하고 있는가?
> 수치, 통계, 도표, 실험 결과, 사례 등 〈관련 자료〉를 가져와 설명하고 있는가?
> 〈분량〉이 적절한가? 너무 소략하거나 길게 설명하고 있지는 않은가?
> 누구나 알 법한 내용으로 진부하게 설명하고 있지는 않은가?
> 논지의 흐름에서 동떨어지거나 불필요한 설명을 하고 있지는 않은가?

④ 주장을 시도할 경우

> 기존의 설명이나 주장을 〈인용〉하여 자신의 주장을 뒷받침하고 있는가?

수치, 통계, 도표, 실험 결과 등 〈관련 자료〉를 제시하여 자신의 주장을 뒷받침하고 있는가?
적절한 〈사례〉를 들어 자신의 주장을 뒷받침하고 있는가?
주장에 〈논리적인 근거〉를 제시하고 있는가?
주장에 〈논리적인 일관성〉이 있는가?
〈원인과 결과〉를 서술하는 경우 그 둘의 관계가 타당한가?
주장에 〈논리적인 비약〉이 있지는 않은가?
〈일반화의 오류〉를 범하고 있지는 않은가?
앞의 내용을 쓸데없이 〈동어반복〉하고 있지는 않은가?
논리가 제자리를 맴돌고 있지는 않은가? (순환 논리의 오류)
애매모호하거나 알쏭달쏭한 표현을 쓰고 있지는 않은가?
흐지부지한 주장으로 끝맺고 있지는 않은가?
전반적으로 자신의 관점과 견해, 입장 등이 드러나고 있는가?

3) 마무리

한 편의 글이 끝나는 부분을 마무리라고 한다. 모든 글에 마무리가 있지만 에세이, 감상문, 비평문 등과 달리 통상적으로 보고서의 마무리는 '결론'이라는 명칭으로 부른다. 보고서는 학술적 형태의 소논문이므로 그 결론 또한 과제에 대해 충실히 공부하거나 조사, 실험한 결과를 전문성과 객관성, 명증성이 드러나도록 써야 한다. 이를 위한 일정한 규칙과 체계를 익혀야 한다.

결론의 중요성을 알고 있음에도 대충 쓰는 학생들이 많다. 힘에 부치거나 시간이 촉박했는지 얼렁뚱땅 마무리하여 용두사미의 글이 되는 경우가 허다하다. 하지만 결론은 그럭저럭 끝맺는 인상을 주면 안 된다. 글의 처음과 끝부터 먼저 살피고 본론에서 관심 가는 부분을 찾아 읽는 독자들이 있기 때문이다. 보고서의 경우에도 결론부터 읽는 담당 교수가 많다는 점에 주의하자. 서론과 본론을 잘 썼더라도 결론이 빈약하면 무성의한 보고서로 보이기 마련이다. 끝까지 집중력을 발휘하면서 차분히 생각을 정리하여 좋은 결론을 쓰도록 해야 한다.

(1) 마무리 분량

도입부와 마찬가지로 보고서 전체의 15% 내외를 먼저 눈대중으로 잡는 것이 좋다. 그런 후 그 범위 안에서 어떻게 결론을 써 나갈지 짜임새를 계획하도록 한다. 결론을 쓸 때쯤이면 제출 마감 시간에 쫓기거나 체력적으로 지쳐서 몇 줄 쓰고 마는 경우가 있는데 조심해야 한다. 적어도 제출 마감 며칠 전에 결론을 쓰는 태도가 필요하다. 급하게 쓴 결론에는 분량과 내용의 밀도에 문제가 생기게 마련이다.

(2) 마무리 제목

감상문, 비평문, 에세이 등 비교적 자유롭게 제목을 달 수 있는 글들과 달리 보고서의 경우 마무리는 "5. 결론", "5. 맺음말", "5. 마무리", "5. 나가며" 등의 제목을 쓴다. 별도의 제목을 달 수도 있으나 명사형 구문이어야 하며 본론의 장 제목들과 체계적 연관성이 드러나도록 한다.

(3) 쓰기 전의 고려 사항

본론을 쓰고 곧바로 결론에 들어가기보다는 잠시 시간을 내어 다음의 세 가지를 생각해 보아야 한다. 첫째는, 담당 교수가 애초에 보고서를 내 줄 때의 의도와 기대사항이 무엇이었는지 되짚어 보는 것이다. 깔끔한 요약을 원하는지, 사안의 장단점이나 의의, 한계를 짚기를 원하는지, 해결 방안에 대해 자신의 의견을 적극 드러내기를 원하는지 등이 그것이다.

둘째, 다른 학우들이라면 보통 어떻게 끝맺을지 예상해 보는 것이다. 이는 진부하거나 식상한 결론을 피하기 위해서이다. 많은 학우들이 쓸 법한 일반적인 결론을 예상해 보면서 그와 다른 독창적인 결론을 고민해야 한다. 그것이 어렵다면 적어도 상식적인 결론 위에서 스스로 더 무엇을 보탤 수 있을지 생각해야 한다.

셋째, 구체적으로 쓰겠다는 마음가짐을 가져야 한다. 이는 모호하거나 두루뭉술한 결론을 피하기 위해서이다. '겨우 이 정도 결론을 내기 위해 서론과 본론의 긴 과정을 거쳤단 말인가'라는 의문이 드는 글은 아무것도 쓰지 않은 글과 같다. 구체적으로 쓰면 앞서 말한 진부함과 식상함을 피하는 결론, 즉 독창적인 결론을 쓰는 데도 도움이 된다. 구체적으로 쓰자. 어떻게? 구체적인 낱말과 문장들로 채워 나가자. 그러면 지문(指紋)이 다 다르듯 남과 다른 나만의 결론이 나오게 될 것이다.

(4) 마무리의 유형과 실제

이상의 사전 준비가 이뤄졌다면, 실제 보고서의 결론을 쓸 때는 다음의 유형들을 고려할 필요가 있다. 학업을 위한 보고서에서 많이 쓰는 유형들이다.

① 핵심 주제의 환기와 내용 요약

책의 이론과 내용, 관찰과 실험 결과 등을 체계적이고 깔끔하게 정리해야 하는 유형의 마무리가 있다. 설명형 내지 정보 제시형 마무리에 해당하며, 자신의 주관적 견해를 펼 수 있는 여지가 가장 좁은 편에 속한다.

이런 경우 글 전체의 주제가 무엇이었는지 첫 부분에서 간략히 환기한 후 본론의 내용을 요약해 나간다. 주의할 점은 본론을 너무 길거나 자세하거나 구구절절하거나 중구난방으로 요약해서는 안 된다는 것이다. 분량부터 눈대중으로 잡고 쓰면 방만한 요약을 방지하는 데 도움이 된다. 본론의 내용을 주된 흐름과 골자 위주로 요약해야 하며, 본론에서 구조적 골격(구분, 분류, 분석, 비교, 인과 등)이 구사됐을 경우 그 골격이 드러나도록 요약해야 한다. 요약을 마치면 그에 대한 자신의 논평을 간략히 덧붙여도 좋다.

지금까지의 논의를 요약하자면 평균적으로 동양인과 서양인 사이에는 매우 큰 사회심리적 차이가 존재한다.**(핵심 주제 환기)** 동양인은 상호의존적인 사회에서 살기 때문에 자기(self)를 전체의 일부분으로 여기지만, 서양인은 독립적인 사회에서 살기 때문에 자기를 전체로부터 독립된 존재로 여긴다. 동양인에게 있어서 성공과 성취란 자신이 속한 집단의 영광을 의미하나, 서양인에게 있어서 그것은 개인의 업적을 의미한다. 동양인은 인간관계 속에 조화롭게 '적응'하기 위해 끊임없이 자기비판을 하지만, 서양인은 개성을 중시하기 때문에 자신을 긍정적으로 보려고 노력한다. 동양인은 타인의 감정에 민감하게 반응하며 인간관계의 조화를 추구하지만, 서양인은 자기 자신에게 충실하고 인간관계를 희생해서라도 정의를 추구한다. 동양인은 위계질서의 필요성을 인정하고 집단의 통제를 수용하지만, 서양인은 형평성을 존중하고 개인의 자유를 선호한다. 동양인들은 모순과 논쟁을 회피하지만 서양인들은 법률, 정치, 과학의 영역에 이르기까지 적극적으로 논쟁을 끌어들인다.**(본론 요약)**

앞서 언급했지만, 동양과 서양 사이의 이러한 차이가 동양 사람과 서양 사람 모두에게 그대로 적용되는 것은 아니다. 서양 사회에도 동양인과 비슷한 사람이 있고, 동양 사회에도 생각하고 행동하는 것이 서양인에 더 가까운 사람이 있다. 또한 나이가 들면서 한 개인의 특성이 변하기도 한다. 그러나 이러한 문화 내의 차이에도 불구하고, 평균적으로 보았을 때 동양인과 서양인 사이에 큰 차이가 존재하는 것은 엄연한 사실이다.**(논평)**

② 장단점 및 의의와 한계 제시

어떤 이론이나 쟁점, 문제적 사안 등을 살피고 그것의 장단점 및 의의와 한계를 제시해야 하는 유형의 마무리가 있다. 가치 평가형 마무리에 해당하며, 자신의 주관적 견해를 펼 수 있는 여지가 비교적 넓은 편에 속한다.

이 경우도 우선 본론의 내용부터 짧게 요약한다. 그다음 장점과 단점(또는 의의와 한계)에 대해 서술해 나가되 둘 중 어느 쪽을 더 강조하고 싶은지 생각하여 강조점을 뒤에 놓는 것이 좋다. 독서의 인지구조상 뒤에 있는 것을 필자의 입장으로 보는 경향이 있기 때문이다. 만약 스포츠의 비디오 판독 시스템 도입을 비판하고 싶다면 장점부터 먼저 쓰되, 그럼에도 불구하고 이런저런 한계들이 많다고 분량을 더 할당해 비중 있게 서술하면 된다. 그런 후 그에 대한 자신의 견해를 덧붙이는 방식으로 마무리할 수 있다.

> 지금까지 살펴보았듯, 그리스 신화의 오이디푸스는 아버지를 '모르고' 죽임으로써 아버지의 자리인 왕위에 올랐고, 또 '모르고' 자신의 어머니와 결혼하여 살아간 인물이다. 그러다가 무슨 일을 저질렀는지 깨닫게 된 순간 충격으로 자신의 눈을 찌르고 죄책감으로 평생을 살아가게 된다. 프로이트는 사람들이 이 작품을 감상하면서 전율을 느끼는 이유가, 자신들의 무의식적 욕망이 마치 현실처럼 생생하게 재연되고 있기 때문이라고 보았다.**(본론 요약)**
>
> 무의식, 꿈, 억압, 오이디푸스 콤플렉스 등 프로이트의 정신분석학이 지닌 의의는 우리 정신의 은폐된 부분을 밝혀 주었다는 데 있다. 오늘날 포스트모던의 시대에서도 우리들 현대인은 이성의 능력을 지나치게 과신하고 있으며, 그 이면에 억압된 엄청난 부분의 정신활동에 대해 여전히 무시하고 있다. 수면 위에 떠오른 빙산의 일각처럼, 정신의 극히 일부분인 이성적 의식만으로 삶의 문제들을 해결하려 든다면 난관에 봉착할 수밖에 없다. 결국 이성에 대한 과신은 환상의 산출물만 만들어 내는 악순환으로 이어지게 될 것이다.**(의의)**
>
> 다만 프로이트의 결정적인 오류는 오이디푸스 콤플렉스를 마치 만능열쇠처럼 생각한 데 있었다. 그 또한 보편적 법칙을 제시하려 한 점에서 이성 만능주의에 빠지긴 마찬가지였던 것이다.**(한계)** 만약 정신분석학이 오이디푸스 콤플렉스의 보편성을 전제하지 않고, 좀 더 다양한 형태의 사회와 문화를 연구하여 각각의 특수한 콤플렉스들을 확인해 나간다면, 생물학과 심리학, 사회학이 상호 교차하는 다차원적이고 입체적인 경험과학적 연구로 발전하게 될 것이다. 이를 토대로 하여 인간을 억압하지 않는 사회와 문화가 무엇인가를 총체적으로 사유하는 철학과 형이상학으로 발전할 수 있게 될 것이다.**(해결 방향)**

③ 해결 방안 제시와 기대효과

보고서에서 가장 많이 쓰게 되는 마무리이다. 특정한 문제점을 살피고 이의 해결이나 극복 방안을 제시하는 유형의 마무리로 볼 수 있다. 문제해결형 마무리에 해당하며, 자신의 주관적 견해를 펼 수 있는 여지가 비교적 넓은 편에 속한다.

이 경우 단점이나 한계점, 부족한 점 등 사안의 문제점을 부각하는 쪽으로 요약을 먼저 한다. 이어서 문제점의 해결과 극복을 위해 취해야 할 방향성이나 제도적 보완, 실천적 행동 등의 해법을 제시하되 최대한 구체적으로 작성해야 한다. 그다음 자신이 제시한 해법으로 인해 개선되거나 기대되는 효과를 단기적 차원에서 서술하고, 끝으로 그로 인해 좋아질 미래의 모습을 중장기적 차원에서 전망한다. 이때 기대효과는 현실적이자 구체적으로, 미래의 전망은 다소 이상적이자 추상적으로 쓰는 것이 좋다.

> 앞서 보았듯 젠트리피케이션을 방치하면 소위 '뜨는 동네'에는 대형 프랜차이즈들이 들어오고, 땀 흘려 핫 플레이스를 일궈 온 소상공인 및 원주민들이 떠나면서 그 장소만의 고유한 분위기가 사라지는 '문화 백화 현상'이 일어나게 된다. 이는 해당 지역의 개성 있는 얼굴을 지우고 활력을 소멸시킨다. 세입자와 임차인의 생존에도 큰 위협을 가져다준다.**(본론 요약)**
>
> 결과적으로 젠트리피케이션으로 인한 문화 백화 현상을 방지하기 위한 제도적 개선이 시급한 실정이다. 임대차계약 갱신청구권을 5년에서 10년으로 늘리는 내용이 담긴 '상가건물임대차계약법'을 하루빨리 제도화해야 한다. 나아가 지방정부는 물론 중앙정부도 지역 상생의 생태계 조성을 위한 다각적인 노력을 기울여야 한다. 물론 법이 모든 것을 해결해 줄 수는 없다. 상생과 협력이라는 공동체 정신의 부활 또한 젠트리피케이션 문제의 해법이자 예방책으로 함께 추진되어야 한다.**(해법 제시)** 그럼으로써 소상공인과 시민들이 다시 찾는 '감천문화마을'과 '김광석 거리'가 복원되길 기대해 본다.**(기대효과)** 특색 있고 자생력을 갖춘 골목 문화가 더 많아질 때 관광 한류의 미래도 밝아지게 될 것이다.**(전망)**

④ 자유로운 감상과 소감

위의 ①부터 ③은 주로 학술적 소논문 형태의 보고서에서 많이 쓰이는 마무리라 할 수 있다. 이와 달리 비교적 자유로운 방식으로 에세이적 감상문이나 책, 영화, 음악, 미술, 시사(時事), 기술 제품 등을 대상으로 한 비평문(리뷰)를 쓰게 될 때가 있다. 이 같은 감상문과 비평문의 마무리 쓰기는 자신의 주관적 견해를 펼 수 있는 여지가 가장 넓은 편에 속한다. 다만 일정한 패턴이나 형식이 주어져 있지 않으므로 언뜻 보기에 쉬워 보이지만, 어찌 보면 가장 쓰기 어려운 마무리이기도 하다. 특히 이러한 글들의 마무리는 무엇보다도 뻔하거나 진부하거나 식상해선 곤란하다. 평소에 자주 써 보면서 개성적인 관점과 호흡, 문체와 필치 등 자신만의 스타일을 만들어 갈 필요가 있다.

(5) 체크리스트

보고서의 마무리는 도입부 쓰기에 비해 제약이 많은 편이다. 실제 쓰면서 체크해야 할 점들은 다음과 같다.

분량이 글 전체의 15% 내외로 적절한가?
본론의 요약을 깔끔하고 간명하게 하고 있는가?
본론의 구조적 골격이 드러나도록 요약하고 있는가?
전반적인 논조와 어휘, 문장이 구체적인가?
새로운 글감과 새로운 내용으로 다시 시작하고 있지 않은가?
자신의 견해, 주장, 입장 등을 분명하게 전달하고 있는가?
누구나 쓸 법한 뻔하고 진부한 마무리를 피하고 있는가?
모호하고 알쏭달쏭한 마무리를 피하고 있는가?
흐지부지한 마무리를 피하고 있는가?
거창하고 장황한 마무리를 피하고 있는가?
성급하고 비약적인 마무리를 피하고 있는가?
감정적이고 선동적인 마무리를 피하고 있는가?

연습

※ 다음 글을 읽고 20대가 겪고 있는 문제에 대해 생각해 보자.

조금은 블루지한 청춘

- 2030세대의 현실적 문제와 생활 양식 -

○○○(×××학과)

1. 서론

"잘해 보고 싶었는데 앞이 안 보여……." 드라마 〈으라차차 와이키키 2〉에 나오는 한 대사이다. 이 같은 청춘의 고민이 영화, 드라마, 뉴스 등 여러 매체에서 다뤄진 게 어제오늘 일은 아니지만, 청년세대의 고민들 중에서도 가장 큰 것은 아무래도 취업 걱정이 아닐 수 없다. 청년 실업률이 사상 최고라는 뉴스가 매년 들릴 정도로 청년실업은 현재 우리나라에서 가장 심각한 사회문제 중 하나가 되었다. 실제로 통계청의 2020년 6월 고용동향 조사에 따르면 청년 실업률은 10.7%로, 통계 작성이 시작된 1999년 이후 역대 최고치를 기록하였다. 이 때문에 연애, 결혼, 출산, 내 집 마련을 포기한 'n포세대'라는 신조어 또한 낯설지 않은 단어가 되었다. 결혼을 기피하거나, 결혼해도 출산을 포기하거나, 한 명만 낳는 세태가 가속화되고 있는 것이다. 그뿐만이 아니다. 청년실업은 2030세대의 문화와 생활양식, 소비 패턴에도 암암리에 많은 영향을 끼치고 있다.

그렇다면 청년세대가 겪고 있는 이 같은 애환은 부모나 조부모 세대에도 여전했던 '어쩔 수 없는' 문제일까? '앞이 안 보인다'는 드라마 주인공의 고민을 철없는 청춘의 푸념으로 치부해도 좋은 것일까? 지금의 청년실업 문제에는 불안정한 노동구조, 완고한 학벌주의, 취업자의 눈높이 등 여러 복잡한 사안들이 얽혀 있다. 이를 외면하고 각자의 '노오력'을 강조하는 것으로 문제가 해결될 수 있는 것일까? 청년실업을 계속 방치한다면 사태는 걷잡을 수 없이 악화될 뿐만 아니라 저출산 등 또 다른 사회문제로 확대되기 마련이다. 다만, 전화위복의 계기로 삼자면, 청년실업을 해소함으로써 저출산, 고령화의 문제도 해결되는 발판이 마련될 수 있을 것이다. 그런 의미에서 2030세대에게 관심을 기울여야 할 필요가 있다. 특히 이들이 처한 현실 중에서도 청년 실업 문제에 비중을 두어 근본적인 원인부터 살펴야 할 필요가 있다.

이 같은 문제의식에서 필자는 현재 청년세대가 처한 현실적 어려움에 대해 다루어 보고자 한다. 이를 위해 2장에서는 취업 문제에 초점을 두어 청년 실업의 심각성과 원인에 대해 분석할 것이며, 3장에서는 취업 문제로 인한 결혼 기피와 그 세태에 대해 서술할 예정이다. 그에 더하여 취업과 결혼 문제가 2030세대의 문화와 생활 양식, 소비 패턴에 어떠한 변화를 가져왔는지도 살펴보고자 한다.

2. 2030세대가 겪고 있는 문제들

… (중략) …

3. 2030세대의 생활양식과 소비 패턴

1) 1인 가구의 증가

늦게 결혼하거나 비혼을 선택하는 2030세대가 등장하면서 자연스럽게 1

인 가구의 수도 증가하고 있다. 실제로 2019년도 우리나라의 주된 가구 유형은 1인 가구였는데(30.2%), 그중 2030세대의 1인 가구가 35%일 정도로 상당한 비중을 차지하고 있었다. 이 때문인지 혼밥, 혼술 등 혼자만의 생활을 즐기고 자신만의 삶을 추구하는 형태로 라이프 스타일이 변화하고 있다. 이 같은 흐름에 발맞추어 가구, 음식, 가전제품 등 다양한 분야에서 1인 가구를 겨냥한 제품들이 출시되고 있다. 1인 가구를 위한 여행과 건강, 반려동물 시장 또한 급격하게 성장하고 있는 중이다. 자신의 생활에 간섭과 통제가 없고, 생활비 절약에 장점이 있으며, 독신을 위한 생활 인프라도 늘어나고 있기 때문에 1인 가구의 수는 앞으로도 계속 증가할 전망이다.

그런 점에서 보면 1인 가구의 삶이 자유롭고 편해 보이지만, 그 이면에는 어두운 면도 존재한다. 2인 이상 가구와 1인 가구의 삶의 만족감을 비교한 조사에 의하면, 혼자 사는 가구에서 삶의 만족감이 유독 낮게 나타나는 특징을 보였다. 이는 삶에 부정적인 요소와 조건들을 1인 가구가 상대적으로 많이 가지고 있기 때문으로 보인다. 1인 가구는 혼자 사는 특성상 고립되는 경우가 많다. 그로 인해 밤길 위험 등에서 느끼는 심리적인 불안감이 크고 노후 대비의 걱정도 큰 편이다.

2) 합리적이고 실용적인 소비

특히 1인 가구에 가장 큰 부담이 되는 지출은 주거비였다. 혼자 힘으로 집을 구매하거나 전 · 월세비를 내야 하기 때문에 주거비에 대한 부담이 높을 수밖에 없다. 매달 월세를 내고 나면 쓸 수 있는 돈이 크게 줄어들어 다른 쪽에서 보수적으로 소비할 수밖에 없는 실정이다. 설령 1인 가구가 아니며, 부모님과 함께 살지라도, 사회에 진출한 지 얼마 되지 않기에 2030세대의 지갑 사정은 넉넉한 편이 못 된다.

흥미로운 것은 이처럼 녹록지 않은 경제 사정과는 정반대로, 자신만의 취미를 즐기거나 다양한 활동을 하려는 욕구가 커지고 있다는 점이다. 가격 대비 심리적 만족이라는 뜻의 '가심비'라는 신조어도 생겨났는데, 성능을 기준으로 하는 가성비라는 단어와 달리 가심비는 심리적인 만족이 기준이라는 점에서 차이가 있다. 최근의 2030세대에게 일명 가심비 높은 상품으로 인기 높은 것은 소형 가전과 굿즈(Goods)이다. … (중략) …

이처럼 기분 전환을 위한 소비가 늘고 있지만, 넉넉지 않은 주머니 사정 때문에 청년 세대는 경제적 부담감을 여전히 느끼고 있었다. 그래서 단순히 값싼 것이 아니라 원하는 것을 합리적으로 구매하고자 하며, 충동적인 소비를 하더라도 부담이 되지 않는 선까지만 소비하려는 경향이 커지고 있다. 이를 위해 중고 거래를 이용하거나 음식과 커피 등 꾸준히 소비해야 하는 품목들에 대해선 꼼꼼하게 가성비를 따지며 절약하는 모습도 나타났다. … (중략) …

4. 결론

지금까지 오늘의 청년세대가 직면한 취업과 결혼의 문제 및 그로 인해 변화한 가구 유형과 소비 패턴에 대해 알아보았다. 2030세대에게 취업과 결혼은 이들의 생활양식까지 바꿔놓을 정도로 매우 큰 부분을 차지하고 있었다. 사회에 진출하고, 다양한 관계를 맺으며 새로운 가정을 꾸리는 시기이니만큼 그럴 수밖에 없었을 것이다. 현재 대한민국의 2030세대에겐 그 무엇도 쉽지 않다. 사회에 나가 기반을 다져야 하는 시기에 일자리조차 구하기가 쉽지 않으며, 그로 인해 연애와 결혼은 뒤로 밀려나면서 우울함과 고립감까지 느끼는 경우가 다반사였다.

서두에서 말했듯이, 현재의 청년들이 겪고 있는 문제들은 우리 사회가 함께 나서서 해결해야 한다. 개개인의 노력만으로는 해결이 어려울뿐더러 이 문제들의 장기화가 우리 사회 전반에도 여러 부정적인 영향을 줄 것이기 때문이다. 해결 방안으로는 궁극적으로 노동시장의 구조가 재편되어야 함을 알 수 있었다. 단순히 많은 일자리를 만드는 것이 아니라 장기적인 관점으로 접근하여 안정적인 양질의 일자리가 창출되도록 해야 한다. 비정규직 제도로 고용의 유연성을 확보할 순 있지만, 고용 안정성을 이루기에는 역부족이다. 그러므로 실직자를 위한 복지 및 재취업을 돕는 정책들을 다각도로 마련하여 고용 상태가 지속되도록 노력해야 한다. 2030세대 또한 힘들더라도 포기하지 말고, 여러 방면으로 취업의 길을 찾아보면서 남들이 가지 못한 길에 도전하려는 자세가 필요하다.

"이 많고 많은 회사 중에 왜 내 책상 하나가 없을까. 이 수많은 사람 중에 왜 내 짝이 없을까. 이 많은 아파트 중에 왜 내 집이 없을까……." 취업난과 관련된 기사를 찾다가 읽은 댓글이다. 막막하고 불안한 청춘의 마음이 그대로 표현된 것 같아서 인상 깊었다. 지금 당장 모든 문제들을 해결할 순 없겠지만, 다 함께 머리를 맞대고 노력해야 저 댓글을 쓴 사람도, 지금 어려움을 겪고 있는 우리 세대도, 더 나아가 우리 사회도 지금보다 행복해질 수 있지 않을까.

– 학생 글

---

1. 위 보고서의 도입부와 마무리에 어떠한 특징이 있는지 감상해 보자. (구성과 서술 방법 등)

2. 보고서를 쓰기 위한 주제와 제목, 주제문을 마련해 보자.

분야 (글감)	
주제	
제목	
주제문	

3. 보고서의 도입부를 작성해 보자.

2

감상문과 비평문

책을 읽고 나서 독후감을 쓸 수도 있고 서평을 쓸 수도 있다. 영화를 보고 나서도 영화 감상문을 쓸 수도, 영화 리뷰를 쓸 수도 있다. 책이나 영화뿐만 아니라 공연이나 전시에 대해서도 감상문이나 비평문을 쓸 수 있다. 감상문과 비평문은 글의 초점이 어디에 있는가에 따라 구분된다. 책이나 영화 등 어떤 대상에 대한 개인의 주관적 인상에 초점이 맞추어져 있는 것이 감상문이고, 대상의 특징을 객관적 시각으로 소개하는 글이 비평문이다. 전적으로 감상만 있는 글, 비평만 있는 글은 드물기 때문에 대체로 감상문이든 비평문이든 감상과 비평의 요소를 모두 가지고 있는 경우가 많다.

1) 감상문

감상문은 책이나 영화 등에 대해 개인의 주관적 인상을 자유롭게 서술하는 글이다. 감상문은 정해진 양식이 있는 것이 아니기 때문에 형식에 구애받지 않고 자유롭게 쓴다. 일례로 제목의 경우가 그렇다. 감상문에도 글의 맨 앞에 오는 큰 제목은 있어야 하나, 소논문 형태의 보고서와 달리 문학적 표현으로 개성이 느껴지는 제목을 달 수 있다. 특히 보고서와 달리 장, 절, 항을 구분하여 각각에 소제목을 달거나 번호를 붙이지 않아도 무방하다.

그렇다고 감상문에 양식이 전혀 없는 것은 아니다. 일반적으로 많이 쓰는 양식은 다음과 같다. 첫째, 감상한 대상의 내용(줄거리)을 전체적으로 개괄한 후 개인의 감상을 적는 방식이다. 둘째, 대상의 내용(줄거리)을 서술하면서 중간중간 개인의 감상을 적는 방식이다. 셋째, 대상의 내용(줄거리)에 대한 서술 없이 곧바로 개인의 감상을 적는 방식이다. 독후감(독서 감상문)은 대체로 첫 번째 방식으로 쓴다. 세 번째와 같이 곧바로 개인의 감상만을 써도 되는 데서 알 수 있듯이 감상문에서 핵심이 되는 것은 바로 개인의 감상이다.

고등학생 때까지는 학교에서 부과된 독후감 과제를 수행하기 위해 감상문을 쓰기도 한다. 그러나 대학생이 된 이후로는 외부의 요청에 의해 감상문을 쓸 기회가 거의 없다. 그럼에도 왜 감상문을 쓰는가. 개인적 일상의 소중한 경험, 그 경험을 통한 자신의 생각이나 느낌을 남기기 위해서다. 시간이 지나면 자신이 본 책이나 영화 등에 대한 기억이 희미해지는 경험을 많이 했을 것이다. 순간순간 소중한 개인의 감정을 기록한다는 것은 무엇보다 자기 자신에게 의미 있는 일이다.

필름 시대가 저물어 갈 즈음, 잡지사 LIFE에서 사진 인화를 맡고 있는 40대의 월터 미티. 그는 특별한 일을 겪어 본 일도, 딱히 어딜 여행한 적도 없으며, 같은 잡지사에 근무하는 마음에 둔 여성 셰릴에게 직접 대시를 할 만한 배짱도 없어 굳이 데이트 앱을 통해 셰릴에게 하트나 날리려 하는 소심한 인물이다. 그런데 잡지사가 온라인화되면서 구조조정이 일어나고, LIFE지 인쇄판은 마지막 호 간행만 남겨 두고 있다.

세계적인 사진작가 숀 오코넬은 LIFE지에 사진을 게재할 때 꼭 월터에게만 인화를 맡긴다. 그들은 한 번도 직접 만난 적이 없었지만, 월터는 숀의 촬영 의도에 가장 근접하게 인화를 해주던, 숀의 최고의 파트너였던 것. 숀은 자신이 보낸 필름의 25번 사진을 LIFE지 마지막 호 표지 사진으로 써 주길 부탁한다. 그러나, 필름에는 25번 컷만 빠져 있고, 월터는 그것을 찾기 위해 숀을 찾아 모험을 시작한다.

월터는 처음에 그린란드에 갔다가 바다에 빠지기도 하며, 우여곡절 끝에 배를 타고 아이슬란드에 도착한다. 숀의 뒤를 바짝 쫓지만 결국 아이슬란드에서도 숀을 만나지 못하고 회사에 돌아온 월터는 해고당한다. 월터는 어머니의 힌트로 찾아간 아프가니스탄의 히말라야에서 드디어 숀을 만나고, 그 25번 사진은 숀이 월터에게 그동안의 감사의 뜻으로 선물한, 그러나 월터가 이미 버린 지갑 속에 있다는 것을 알게 된다. 집 쓰레기통에 버린, 숀이 선물한 지갑을 월터의 어머니가 버리지 않고 챙겨 두었다가 월터에게 건네주고, 월터는 그 필름을 LIFE지에 넘겨준다. 결국 LIFE지 마지막 호가 발간되고, 월터는 짝사랑하던 셰릴과 손을 잡으면서 영화는 끝이 난다.

참 재미있게 본 영화다. 영화의 원제목은 〈The Secret Life of Walter Mitty〉, 월터 미티의 비밀 생활이다. 그런데 어째서 우리나라에서는 제목이 '월터의 상상은 현실이 된다'로 소개되었을까? 제목과 포스터만 보면 판타지 영화가 아닐까 생각하게 된다. 물론 환상적인 면모가 없는 것은 아니지만 그렇다고 판타지 영화라고 단정 짓기도 어렵다.

안온한 생활을 해 온 월터에게는 특이한 습관이 있었으니, 바로 멍하니 있으면서 갖은 상상을 하는 것이다. 그런 그에게 좋아하는 사람, 셰릴이 생기면서 셰릴과 관련된 상상을 시작한다. 셰릴의 호감을 사고 그녀와 잘 지내게 되는 상상. 현실에서는 직접 데이트 신청을 하지도 못해 데이트 앱을 통해 셰릴에게 하트를 보내려다 그마저도 실패하는 인물이지만, 결국 영화가 끝나갈 즈음엔 셰릴과의 사랑이 이루어진다. 그러니 '월터의 상상은 현실이 된다'란 제목은, 월터가 상상하는 무엇이든 다 현실로 이룬다는 의미라기보다는 사랑이 이루어지는 상상이 실현된다는 의미가 아닐까.

영상미도 좋았고 배경음악도 훌륭했으며 시나리오도 흠잡을 데 없었다. 나의 베스트 장면은 다음과 같다. 월터가 드디어 아프가니스탄의 히말라야에 올라 그렇게 찾아 헤매던 숀을 만나게 되는 장면.

마침 숀은 눈표범을 촬영하고 있었다. 그런데 뷰파인더 안의 표범을 들여다보며 감탄하기만 할 뿐 숀은 좀체 셔터를 누르지 않는다. 이를 이상히 여긴 월터가 묻는다.

"사진은 언제 찍으실 건가요?"

숀이 이렇게 답한다.

"때로 난 사진을 찍지 않아. 아름다운 대상을 만나면 카메라로 방해하고 싶지 않을 때가 있지. 그저 그 순간에 머무는 거지. 거기 그대로, 여기 이대로."

무슨 말인지 알 것 같았다. 세상에 전하는 수많은 아름다운 사진 너머에, 또 사진으로 담지 않은 얼마나 많은 아름다운 것들이 있었을까. 때로는 사진으로 방해하고 싶지 않은 순간도 있는 법. 보이는 것이 전부가 아닌 것이다. 또 이런 대사도 기억에 남는다.

"아름다운 것들은 관심을 바라지 않아."

가장 뭉클했던 장면은 역시 마지막 장면. LIFE지의 마지막 호가 발간되고, 월터는 그렇게 바라던 셰릴과 가까워지고, 마침 함께 길을 걷다가 가판대에 꽂혀 있는 LIFE 지의 마지막 호를 발견한다.

그 표지 사진은, 숀이 월터에게 보낸, 그러니까 월터가 그렇게 찾아 헤맨 사진이었다. 숀은 LIFE사의 건물 앞에서 필름을 들여다보는 (실제로 한 번도 본 적 없는) 월터를 필름의 25번 컷에 담은 것이었다. 정밀하게 교직된 플롯을 떠올려보면, 미처 언급하지 못한 흥미로운 요소들이 적지 않다. 간만에 완성도 높은 영화를 보았다.

윗글은 영화를 보고 그 감상을 적은 것이다. 영화 줄거리를 정리하고 영화에 대한 개인적인 인상도 포함하고 있지만, 영화의 의미에 대한 언급 등 비평적 요소도 적잖이 갖추고 있다. 감상문은 애초에 자유롭게 쓰는 글이니만큼 비평적 요소가 얼마간 포함되어도 무방하다.

감상문의 대상은 꼭 책이나 영화에 국한되지 않는다. 여행 과정에서 경험한 것들과 그에 대한 자신의 생각을 '주관적 인상' 중심으로 기술했다면 그 또한 감상문이라 할 수 있다. 다만 여행기 등의 감상문을 쓸 때 주의해야 할 점이 있다. 여정을 낱낱이 드러내는 것은 그다지 좋지 않다는 것이다. 또 그때그때의 감상을 단편적으로 적어도 좋지만 한 편의 글을 완성도 있게 만들기 위해서는 전체 글을 관통하는 메시지가 있는 것이 좋다. 이것저것 나열하기보다는 한 가지에 초점을 맞추어 쓰는 것은 감상문뿐만 아니라 어떤 글을 쓰든 유념해야 할 점이다.

다정해지는 순간

중국 리장에서 칭다오로 이동하려던 참이었다. 5시에 숙소에서 짐을 찾아 공항으로 나섰다. 충의시장 근처에서 택시를 타고 장거리 버스터미널로 이동했다. 택시기사는 10위안을 불렀는데 왜 이리 비싸냐고 투덜댔지만, 나중에 알고 보니 이곳 택시 기본요금이 7위안이었고 10위안이면 많이 바가지를 씌운 건 아니었다. 어쨌든 터미널에 도착해 보니 공항 가는 버스를 찾을 수 없었다. 표 파는 아줌마에게 물어보니 임시 매표소에 가 보란다. 대합실에 있는 임시 매표소에 가니 과연 공항 가는 표를 팔고 있었다. 표는 샀지만 버스를 찾을 수 없어 물어보니 허칭[鶴慶] 가는 걸 타란다. 허칭 가는 버스는 수시로 있었다.

허칭 가는 버스를 타긴 했는데 이 버스가 곧바로 공항으로 가는 건 아니었다. 중간에 리장 시내 임시 정류장에 한 번 더 서서 한정 없이 떠나질 않는다. 임시 정류장에 서 있는 동안, 창밖으로 리어카 한 대가 눈에 들어온다. 소시지며 어묵 같은 것을 튀겨 파는 아저씨의 리어카다. 챙 긴 모자를 쓰고 있었지만 햇볕에 드러난 구릿빛 얼굴, 흐뭇한 웃음 자국이 선명한 턱. 나는 그의 눈을 보지 않고도 그가 좋은 사람임을 알 수 있었다. 버스가 들어올 때마다 아저씨는 버스를 피해 리어카를 잠시 옮겼다가 버스가 떠나면 원래의 자리로 돌아오곤 하였다.

그런데 아까부터 아저씨의 품에는 꼬마 하나가 매달려 있다. 아저씨의 아이인 모양이었다. 아빠는 웃으면서 끊임없이 아이에게 뭔가 재미난 이야기를 해 주고 있음에 틀림없었다. 시간이 갈수록 아이는 이야기에 빠져 아빠 품속으로 자꾸 파고든다. 재밌어 하는 아이의 반응이 흡족스러웠던지, 즐거워하기는 아빠도 마찬가지. 아빠는 아이에게 이야기로 간지럼을 태우고 있었다. 아, 저렇게 다정한 아빠라니. 시간이 지날수록 안쪽이 뜨거워졌다. 그 풍경으로 인하여 난 기약 없이 멈추어 버린 버스도 잊고 있었다.

이제야 생각이 났다는 듯 다시 출발하는 버스. 아저씨는 리어카를 옮겼다가 다시 아이를 안고 이야기를 시작하고, 아이는 다시 아빠 품속으로 자꾸자꾸 파고들고. 버스 뒤로 그들이 점점 멀어진다.

버스는 공항까지 들어가지 않고 공항 근처 큰길에 나를 내려 주었다. 버스에서 내리자 밀밭 사이 저 멀리 공항이 보인다. 공항까지 한참을 걸어야 해서 조금 당황스러웠지만 석양의 밀밭 덕분에 그쯤 거뜬해진다. 일부러 밀밭 사이로 난 길을 천천히 가로질러 공항으로 향한다. 역시 여유 있게 오길 잘했어.

공항에 들어가 표를 발급받으려는데 직원이 심상치 않은 표정으로 내 여권을 들고 말한다.

"당신 비행기는 내일, 26일 거예요. 오늘은 25일이고."

지나고 나서는, 남은 좌석이 있으면 하루 앞당겨 갈 수 있지 않았을까, 그런 건 부탁을 해 볼 수도 있는 것 아닌가, 하는 생각도 들지만 그건 그야말로 지나고 나서의 생각이다. 종종 나는 이렇게 지나고 나서야, 이렇게 했으면 좋았을걸, 하고 잠깐 마음을 말려 비튼다. 그러나 당시에는 나 자신에 대한 절망감 때문에 그런 말랑말랑한 생각을 할 여유 같은 것은 적어도 내 안 어디에도 없었다. 아무튼 그런 큰 실수를, 최소한 여행하는 동안에는 한 적이 없었는데, 어떻게 비행기 타는 날짜를 착각한다는 것인지. 다시 버스를 타고 리장 시내로 돌아왔다.

리장 시내에 도착하고 보니 짐을 맡길 데도 마땅치 않고, 괜찮은 새 숙소를 찾기도 번거롭다. 그래 수풍경객잔을 다시 찾았다. 객잔 주인은 어쩐 일인가 한다.

"내일 비행기인데 오늘인 줄 잘못 알았지 뭐예요."

라고 할 수는 없었다. 그저 비행기에 문제가 생겼다고만 말하는 나의 표정은 아마도 웬일로 즐거워 보였을 것이다. 날짜를 제대로 알고 다음 날 공항에 갔으면, 어쩌면 그 다정한 아빠와 아이를 볼 수 없었을지 모른다. 문제는 실은 내게 있었고, 덕분에 나는 뜻밖에 가슴이 뜨거워졌다. 하루 더 지내보니 이 객잔이 참 마음에 든다. 쉴 새 없이 들릴락 말락 단순한 '엘리제를 위하여'가 무한 반복된다. 어디서 나는 소리일까? 알람 소리처럼 빨리 꺼야만 하는, 신경 쓰이는 소리가 결코 아니다. 그야말로 들릴 듯 말 듯, 그러나 안 들리면 다시 찾게 되는 그런 소리다. 방문을 열면 분재들 사이로 햇살이 넘쳐흐르는 작은 정원, 조용한 엘리제를 위하여.

【활동 1】

위 여행기의 핵심 메시지를 찾아보자.

기억에 남는 여행을 소재로 핵심 메시지를 담아 여행기를 작성해 보자.

【활동 2】

자신이 감명 깊게 본 영화나 최근에 본 영화에 대한 감상문을 짧게 써 보자.

2) 비평문

비평은 대상을 분석하여 대상의 가치를 평가하는 활동이다. 사회 비평이나 문화 비평은 우리 주변에서 일어나는 여러 현상들을 대상으로 삼아 일정한 기준과 관점에 따라 그 문제점이나 의미를 지적하고 평가하는 행위이다. 서평은 책의 내용과 장단점, 의의 및 가치에 대해 평가를 내리는 글이며, 영화 리뷰는 볼 만한 가치가 있는 영화의 의미를 여러 측면에서 조명하는 글이다.

감상문이 대상에 대한 개인적 인상을 위주로 하는 글이라면 비평문은 대상의 가치를 객관적으로 부각하는 글이다. 물론 책이나 영화 등 어떤 대상에 대해 온전히 객관적으로만 서술하기는 어렵고 주관적인 견해가 다소 포함될 수도 있다. 그러나 기본적으로 비평문은 어느 정도 객관성을 유지하는 것이 좋다.

(1) 대상의 가치를 부각하는 글

비평문은 어떤 대상의 가치를 부각하는 글이라고 했다. 우리가 가장 흔히 접하는 비평문은 서평이다. 서평으로 어떤 책을 소개한다는 것은 기본적으로 그 책이 소개할 만한 가치가 있음을 전제로 한다. 따라서 비평문이라고 해서 일방적으로 비판만을 해서는 안 된다. 문제가 많은 책은 소개할 만한 가치가 있다고 하기 어렵다. 따라서 서평을 쓸 때에는 소개하는 책의 문제점보다는 의의에 초점을 맞추어 서평을 작성해야 한다.

(2) 서평 쓰는 법

감상문은 정해진 형식 없이 자유롭게 쓸 수 있지만 비평문, 특히 서평은 갖추어야 할 요건들이 몇 가지 있다. 서평은 책에 대한 정확한 소개와 객관적 평가를 기본 내용으로 하며, 해당 책이 속한 분야에서 해당 책이 갖는 의미와 가치를 염두에 두고 그 책의 내용과 가치를 객관적으로 서술하는 것을 목적으로 한다. 서평은 책에 대한 정보를 소개하는 데 목적이 있으므로 객관성과 정확성을 갖추고 있어야 한다.

서평을 잘 쓰기 위해서는 먼저 책의 내용을 정확하고 깊이 있게 읽어 저자의 중심 생각을 파악해 내야 한다. 이후 독자들에게 책의 장단점을 제시해 주어야 한다. 다만 소개하는 책을 실제 이상으로 부풀려 평가하는 태도는 지양해야 한다. 서평은 일반적으로 다음과 같은 사항을 포함한다.

제목 – 부제(서지 사항)
도입부
저자 소개
책의 구성과 주요 내용
맥락적 가치
의의 및 한계

〈서평의 구성 요소〉

① 제목과 부제

서평의 제목은 책에서 가장 중요하다고 생각하는 핵심 내용으로 정한다. 이때 서평 제목이 책 제목과 같아서는 안 된다. 부제는 소개하는 책의 서지 사항을 온전히 표기해야 하는데, 일반적으로 참고문헌 작성 방식을 따라 저자, 책 제목, 출판사, 출판연도 순으로 적는다.

> 새로운 삶을 약속하는 기본소득
> – 금민 저, 『모두의 몫을 모두에게』, 동아시아, 2020.
> 100년 전 도쿄의 생활과 문화 읽기
> – 에드워드 사이덴스티커 저, 『도쿄 이야기』, 허호 옮김, 이산, 1997.

간혹 다음과 같이 출판사와 출판연도를 책 제목 뒤 괄호 안에 제시하기도 한다.

> 소득의 미래, 또는 미래의 소득? – 이원재 저, 『소득의 미래』(어크로스, 2019)

② 도입부

서평이 책을 비평하는 글이라 하더라도 처음부터 본격적으로 책에 대해 논의하기보다는 소개하고자 하는 책과 관련한 대중적인 이슈를 언급하는 것으로 시작하는 것이 좋다. 가령 팬데믹이나 바이러스와 관련이 있는 책이라면 코로나-19 이야기로 시작하고, 기후변화나 쓰레기 문제에 대한 것이라면 우리가 일상에서 얼마나 전기를 낭비하고 모든 것을 손쉽게 버리는지에 대해 운을 떼는 식으로 말이다.

③ 저자 소개

서평에서 또 중요한 것은 저자 소개다. 소개하고자 하는 책의 저자가 그동안 어떤 활동을 해 왔고, 어떤 책들을 출간해 왔는지를 소개하는 것이다. 저자에 대한 정보는 책의 앞 날개 부분에 간단히 제시되어 있기도 하지만, 이것만으로는 충분치 않다. 가장 바람직한 방법은 저자가 그동안 출간한 책들을 전부 살펴보는 것이다. 그렇게 해야 서평하는 책의 내용을 제대로 이해할 수 있고 저자의 생각을 정확히 알 수 있다. 현실적인 어려움 때문에 그렇게 하지 못한다면 최소한 인터넷 검색을 통해서라도 저자의 활동 내역을 조사하고 저자가 그동안 출간한 책들을 살펴보는 것이 좋다.

④ 내용 및 체제 소개

서평하는 책이 전체적으로 어떻게 구성되어 있고 대체로 어떤 내용을 다루고 있는지를 소개하는 부분이다. 서평에서 가장 큰 비중을 차지하는 부분이기도 하다. 책의 내용을 소개할 때에는 인터넷에 있는 줄거리를 그대로 가져다 써서는 안 된다. 서평자가 이해한 대로 핵심 내용을 요약해 제시해야 하며, 한두 문장 정도 책의 내용을 직접 인용하는 것이 좋다. 책의 문투를 독자들이 조금이나마 느낄 수 있도록 하기 위해서이다.

⑤ 책의 맥락적 가치

책의 핵심적인 내용(주장이나 견해)이 어떤 맥락 속에서 의미를 지니는지를 제시하는 부분이다. 맥락에 대한 서술은 서평자가 무엇에 초점을 맞추어 책을 읽었는가를 보여 준다는 점에서 서평의 기초가 된다. 이때 맥락은 저자의 맥락일 수도 있고 해당 주제의 맥락일 수도 있다. '저자가 이러이러한 연구를 진행해 왔는데, 이 책은 그동안의 연구 성과를 종합한 의의를 지닌다'거나, '그간의 연구와는 다른 시각으로 새롭게 접근하였다'는 등의 언급은 저자의 맥락에서 책의 가치를 논하고 있는 것이다. 한편 '이 분야에서는 별로 관심을 두지 않았던 문제에 대해 집중적으로 다루고 있다'는 등의 언급은 해당 주제의 맥락적 가치를 지적한 것이다.

⑥ 책의 의의와 제언

서평은 기본적으로 읽을 만한 가치가 있는 책을 다른 사람에게 소개하는 글이다. 그러니 문제가 많고 의의가 적은 책에 대해서는 굳이 서평을 하지 않는다. 이러한 점을 고려하면 책의 사소한 문제점 지적에 초점을 맞춘 서평은 좋은 서평이라 할 수 없다.

앞에서 언급한 책의 맥락적 가치와 책의 의의를 혼동하기 쉬운데, 책의 맥락적 가치가 저자 혹은 해당 분야의 관점에서 그 책을 논평하는 것이라면, 책의 의의는 독자의 관점에서 가질 수 있는 그 책의 매력을 언급하는 것이다. '여행에 관심이 많은 독자에게 추천할 만하다'라든지 '혼자 집을 짓고 싶어하는 사람들이 주목할 만한 책이다'와 같은 언급이 바로 책의 의의에 해당한다. 한편 '제언'은 서평에서 필수적인 것은 아니지만, 소개하는 책의 아쉬운 점이나 저자 혹은 해당 분야 종사자들에게 건의하고 싶은 내용을 간략히 서술하는 것이다.

연습

※ 다음 글을 읽고 문화를 바라보는 관점에 대해 생각해 보자.

서평 : 개고기와 달팽이 요리, 서로 다른 생존법

– 마빈 해리스 저, 『음식문화의 수수께끼』, 서진영 역, 한길사, 2006. –

서구인들이 우리나라의 음식문화를 두고 이야기할 때 빼놓지 않고 언급하는 것이 개고기 식용 문화다. 이는 잊을 만하면 다시 들추어 내어 우리를 미개인 취급하는 브리짓도 바르도라는 프랑스 배우의 열정적인 홍보 덕분일 것이다. 도대체 왜 브리짓도 바르도는 우리나라의 음식문화, 특히 개고기 식용 문화에 대해서 그렇게 비판하는 것일까? 어떤 사람들은 이러한 그녀의 발언에 대해 '주목할 가치가 없다'고 무시하기도 하지만, 단지 그녀에 대한 비판으로 우리나라 개고기 식용 문화에 대한 서구인의 인식을 바꾸기는 힘들 것이다.

한국의 개고기 식용 문화는 서구인의 시각에서 보면 단지 미개인 부족이 벌레를 먹는 것과 별반 다르지 않게 생각할 것이다. 그리고 이러한 음식문화에 대한 폄하는 비단 서구인들이 한국인을 두고 이루어지는 것만도 아니다. 우리나라 사람들 또한 거위의 간을 인위적으로 살찌게 하여 즐기거나 달팽이 요리를 최고의 에피타이저라고 생각하는 프랑스인의 식습관에 공감하지 못한다. 또 중국인들이 쥐나 비둘기, 원숭이 뇌를 먹는 것을 이해하지 못하기도 한다. 그렇다면 이러한 음식문화에 대한 인식의 차이는 도대체 왜 발생하는 것일까? 문화인류학자 마빈 해리스는 그의 저서 『음식문화의 수수께끼』를 통해 실제 각 지역의 음식문화가 어떠한 영양학적 근거를 바탕으로 형성되었는가를 밝힘으로써 종교나 편견의 외피를 뒤집어쓰고 있던 음식문화에 대한 이해를 돕고 있다.

마빈 해리스는 컬럼비아 대학과 플로리다 대학의 인류학과 교수로 지내면서, 세계를 답사하며 문화유물론의 체계를 정립했다. 그는 브라질, 모잠비크, 에콰도르, 인도 등을 돌며 가족제도와 재산, 정치와 경제 제도, 종교와 음식 등에 대해 문화생태학적 측면에서 파악할 수 있다고 보고 연구를 수행해 왔다. 그의 이러한 생각은 『인류학 이론의 기원—문화 이론의 역사』(1968), 『문화의 수수께끼』(1974), 『식인과 제왕』(1977), 『문화유물론—문화학을 위한 투쟁』(1979), 『음식문화의 수수께끼』(1985), 『음식과 혁명』(1998) 등을 통해 잘 드러나 있다. 이러한 그의 문화유물론적 시각은 그의 또 다른 저서 『작은 인간—인류에 대한 102가지 수수께끼』의 서문에서 "내가 앞으로 풀어 가야 할 이야기는 어떤 특정한 집단이나 문화를 위한 것이 아니라, 모든 곳에 있는 사람들을 위한 것이다"라고 한 것에서 알 수 있듯이 어떠한 집단의 문화가 타 집단의 시각에서는 이상해 보일지라도 실은 그런 문화가 형성된 데에는 생태학적인 배경, 즉 그런 문화를 유지하는 것이 그 집단의 '생존'에 유리하기 때문이라고 구체적으로 제시되고 있다. 이 책 역시 그러한 저자의 시각을 잘 보여 주고 있다.

이 책에서 저자가 주목한 음식문화는 인도의 암소 숭배, 중동에서 돼지고기를 기피하는 이유, 우유에 대한 호불호, 벌레를 먹는 사람들, 애완동물이라 불리는 동물을 먹는 사람들, 식인 풍습 등이다. 저자는 먼저 인도인들이 소를 먹지 않는 이유에 대해 소가 숭배의 대상이기 이전에, 인도인들에게 소는 식용보다 다른 용도로 쓰는 게 더 유리했기 때문이라고 설명하고 있다. 인도의 토양과 기후에는 소가 가장 적합한 가축이었기 때문에 인도인들은 소를 이용해 왔고, 소는 인간과 먹이 경쟁을 하지 않으면서도 근면하고 성실하게 일하므로 가난한 인도인들의 생활에서는 꼭 있어야 하는 것이기 때문에 식용으로 사용하지 않았다는 것이다. 한편 이슬람인들의 돼지고기 금기와 관련하여, 우리는 그들의 종교에서 돼지를 더럽다고 여기기 때문에 금기시한다고 알고 있지만, 저자는 이슬람인들이 돼지고기를 금기시하는 것 또한 인도의 소고기 금기와 같은 생태학적 이유 때문이라고 설명한다. 돼지는 소보다 고기의 수확 시기가 빠르고 다산(多産)을 한다는 이로움이 있다. 하지만 이슬람인들은 종교적 이유로 돼지고기를 먹지 않는데, 그것이 종교적 이유라는 외피를 쓰고 있지만, 사실은 소나 양과 같이 되새김질을 하는 초식동물과는 달리 잡식성의 돼지는 인간과 먹이 경쟁을 할 수 있기 때문에 그것을 기피하는 것이라고 말한다.

이처럼 마빈 해리스는 그간 우리가 알고 있는 종교에 의한 고기 섭취 제한을 가축들의 생태학적 지위로 설명하고 있다. 벌레를 먹는 음식문화도 마찬가지다. 벌레 섭취는 거의 동남아시아 또는 중국, 아마존강 유역의 문화권에서 이루어지는데, 이러한 음식문화가 나타나는 가장 원초적인 이유는 동물성 단백질의 공급을 위해서라고 설명하고 있다. 이처럼 어찌 보면 혐오스러운 벌레를 먹는 것도 그 지역의 영양소 섭취의 어려움에 따른 해결책이라 설명하고 있다.

앞에서 잠깐 언급한 개고기를 먹는 문화와 관련해 저자는, 개고기를 먹는 문화권과 개고기를 먹지 않는 문화권이 앞의 인도나 이슬람의 경우처럼 그 동물에 대한 활용도에 따라 나뉜다고 보고 있다. 개고기를 먹지 않는 문화권에서는 개를 사냥에 활용하여 개가 사냥한 동물을 먹었기에 개를 먹는 것을 기피하기 시작했다. 인도에서의 소와 같은 맥락으로 개가 유용하기 때문에 그것을 먹는 것을 기피하기 시작한 것이다. 이에 반해 개고기를 먹는 문화권은 개를 단지 동물성 단백질의 공급책으로 사용한 것이다. 개를 다른 용도로 활용하기보다 그 고기를 먹어 동물성 단백질을 섭취하는 것이 더 유용하기 때문이라는 것이다. 이처럼 저자는 음식문화의 차이를, 다양한 생태학적 문화 차이 또는 인식의 차이를 들어 설명하여 이른바 문화 상대주의적 시각을 견지하고 있다.

저자는 어떠한 동식물을 식용으로 이용하는 것보다 다른 것으로 이용할 때 더 효율적이기 때문에 그 동식물로 만든 음식을 기피하는 경우, 인간과 먹이 경쟁을 하기 때문에 그 동식물을 기피하는 경우, 생리적 이유 때문에 어떠한 특정 음식을 기피하는 경우 등으로 그 이유를 들며 세계 각국의 다양한 음식문화에 대해 설명하고 있다. 이 책은 음식문화가 그들이 살고 있는 환경과 문화에 따라 얼마나 다르게 나타날 수 있는지를 여실히 보여 주고 있다. 우리가 음식문화를 단지 종교나 그 사람들의 특이성 때문이라고 파악하고 있었다면, 마빈 해리스는 좀 더 깊이 있게 그 사람들이 오래전부터 처해 있던 생태학적 측면을 고려하여 음식문화를 파악하고 있다. 이 책은 근대 이후 문화 상대주의를 잘 설명하고 있는 역작이라 할 수 있다.

※ 다음 글을 읽고 글쓰기 습관에 대해 생각해 보자.

멈추지 말고 쓰라

-나탈리 골드버그, 『글 쓰며 사는 삶』, 한진영 역, 페가수스, 2010.-

> "5초 동안 아무것도 타이핑하지 않으면 그동안 당신이 썼던 글은 모두 사라집니다. 당신의 기억 속에 그게 얼마나 남아 있는지 모르지만, 최소한 컴퓨터에서는 싹 사라지죠."

무슨 소리인가 싶겠지만, 실제로 존재하는 유명 글쓰기 애플리케이션에 대한 설명이다. 정말 5초 동안 아무것도 입력하지 않으면 그동안 썼던 모든 것을 가차 없이 지워 버린다. 어렵사리 A4 한 페이지 분량으로 글을 썼는데, 그저 5초 동안 손을 움직이지 않았다는 이유만으로(머릿속으로 당신이 무슨 위대한 생각을 하든 그건 컴퓨터가 알 바 아니다) 이미 쓴 글 전부가 흔적도 없이 사라진다는 이야기다. 얼핏 보면 무모하기도 하고 잔인하게 느껴지기까지 하지만 이 애플리케이션이 시사하는 바는 적지 않다.

이런 애플리케이션이 등장한 것은 우연이 아니다. 이미 많은 작가들이 글을 쓸 때 '쉬지 않고' 쓰는 것의 중요성을 강조해 왔기 때문이다. 미국 작가 나탈리 골드버그(Natalie Goldberg)가 그 중심에 있는 이다. 소설을 쓰기도 하지만, 그녀가 주력하는 분야는 '글쓰기'다. 전세계적으로 이른바 '글쓰기 붐'을 일으킨 작가다. 작가라고 하면 우리는 보통 소설가나 극작가를 떠올리는데, 그녀는 주로 글쓰기에 대해 쓰는 작가다. 그녀는 또 30년 이상 경력을 지닌 선(禪) 수행자이기도 하다. 그래서 그녀의 글쓰기 관련 책들에서 수

시로 '선(禪)'에 관한 언급을 찾아볼 수 있고, 선(禪)의 수행법이나 선사의 가르침을 글쓰기와 연결 짓는 것도 볼 수 있다.

사실 그녀의 이름을 세계의 독자들에게 각인시킨 것은 『뼛속까지 내려가서 써라』(Writing Down the Bones, 1986)라는 책이다. 이 책은 미국에서만 100만 부 이상 판매된 베스트셀러다. 이후 『글 쓰며 사는 삶』(Wild Mind: Living the Writer's Life, 1990), 『버리는 글쓰기』(Thunder And Lightning, 2001), 『인생을 쓰는 법』(Old Friend from Far Away, 2007), 『구원으로서의 글쓰기』(The True Secret of Writing, 2014) 등 글쓰기 관련 책들을 여러 권 내고 있다. 그런데 책을 낸 주기를 가만히 살펴보면 『글 쓰며 사는 삶』 출간 이후 『버리는 글쓰기』가 나오기까지 10년 이상의 공백이 있음을 발견하게 된다. 아이러니하게도 『글 쓰며 사는 삶』 이후 그녀는 약 10년간 극심한 슬럼프를 겪게 된다. 글쓰기 관련 서적으로 대흥행을 한 작가가 슬럼프에 빠져 10년 이상 글을 못 쓴 사실은, 그녀 개인에게는 불운한 일이지만 우리에게는 묘한 위안을 준다. 글쓰기 작가도 글을 전혀 못 쓸 때가 있다고.

나탈리의 글쓰기 책들 가운데 내가 추천하고 싶은 것은 『글 쓰며 사는 삶』이다. 주요 메시지는 그녀의 다른 책들과 큰 차이가 없지만 초반기의 열정과 두 번째 책으로서의 정리된 생각, 이런 게 잘 갖추어져 있기 때문이다. 나탈리의 다른 글쓰기 책들이 그렇듯 이 책도 어떤 체계 같은 것은 없다. '천천히 서두르지 않으며', '조용한 공간을 찾아서', '쓰고 싶다면 머뭇거리지 말라' 등처럼 그저 어떤 글의 주된 메시지를 제목으로 정하고 그것을 특별한 규칙 없이 병렬하고 있을 뿐이다. 그러니 이 책은 처음부터 읽을 필요도, 다 읽을 필요도 없다.

그녀의 책들은 비슷한 내용이 중복되는 경우가 많다. 다섯 권의 글쓰기 책을 관통하는 건 '일단 글을 쓰라, 쉬지 말고 쓰라'는 메시지다. 이 책도 그

점을 지속적으로 강조하고 있다. 머릿속에 아무리 좋은 생각이 있어도 손을 움직여 글을 쓰지 않으면 한낱 몽상에 지나지 않을 뿐이라는 것이다.

> 가끔 이런 질문을 받는다.
>
> "손을 계속 움직이라고 하셨는데, 손을 멈춰야 할 때도 있지 않나요? 예를 들면, 스스로 무얼 말하고 싶은지 알아내기 위해서는 잠시 멈춰도 되지 않을까요?"
>
> 결론부터 얘기하면 말하고 싶은 걸 알아내는 동안에도 손을 움직이는 게 좋다. 나는 오랫동안 글쓰기 훈련을 해오면서 이 원칙을 엄격하게 지켜왔다. 무슨 일이 있어도 손을 계속 움직였다. 첫 번째 생각을 놓치지 않고 그것을 포착하려 했다. 잠시 멈춘다고 해서 별 문제는 없겠지만 그런 뒤에 곧바로 다시 쓰는 건 늘 쉽지 않았다. 원한다면 쓰기를 멈추고 자신이 쓰고 싶은 것을 더 구체적으로 떠올려도 좋다. 하지만 나는 그렇게 하지 않는다. 조금이라도 틈이 생기면 몽상에 빠져서 글쓰기로부터 멀어지기 때문이다.(19~20면)

쉬지 말고 쓰라고 했다고 해서 온종일 글만 쓰라고 하는 것은 아니다. 시간을 정해 놓고, 그 시간 동안만은 쉬지 말고 계속 손을 움직여 오직 글쓰기에 집중하라는 것이다. 그런데 이런 의문이 들 수 있다. 소설이나 에세이야 작가가 미리 구상을 하지 않아도, 막상 쓰기 시작하면 이야기가 이야기를 만들어 글이 될 수 있지만, 리포트나 논문은 다르지 않을까? 물론 다르다. 우리가 리포트나 논문을 쓸 때 주의를 기울여야 할 점은 '아무 생각 없이 무조건 손을 움직여 쓰라'는 말이 아니다. 일단 쓸거리를 준비해 두고 생각도 정리하고 개요도 짜야 할 것이다. 그런데 우리는 대체로 본격적으로 쓰기 전에 너무 많은 준비를 하고 너무 많은 생각을 한다. 게다가 우리 일상은 어떤가. 집중력을 흩어 버리는 요소들이 무수히 존재한다. 글을 구상하거나 자료를 찾다가 어느새 엉뚱한 웹사이트 서핑을 하고 있거나 친구와 SNS로 대화하고 있는 자신을 발견하지 않는가? 생각하는 것 자체가 나쁘다는 건 결코 아니다. 하지만 실제 우리가 완성하는 리포트는, 결국 손을 움직여 쓸 수밖에 없는 것들임을 잊어서는 안 된다. 그러기 위해서 우리는 시간을 정해두고 그 시간에는 손을 움직여 머릿속에 있는 것을 글로 옮기는 작업에 전념해야만 한다.

우리는 머릿속에 쓸 내용을 명료하게 정리한 후 글로 옮겨야 좋은 글이 된다고 믿는 경향이 있다. 그러나 머릿속에 아무리 훌륭한 생각이 있다 해도 그게 문자로 정착되지 못하면 그저 '훌륭한 생각'에 머무는 것이지 결코 '훌륭한 글'이 될 수 없다는 사실을 망각하기도 한다. 훌륭한 생각이 꼭 훌륭한 글을 담보하는 것도 아니다. 머릿속에 글이 다 구상되어 있다고 해도 그것이 결코 글로 그대로 옮겨지지도 않는다. 우리가 힘써야 할 것은 일단 손을 움직여 글을 쓰고 그것을 열심히 수정하는 일이다. 그 과정을 온전히 겪었을 때만 글이, 제법 애착을 가질 수 있는 글이 완성된다. 그 점에서 이 책 곳곳에 숨어 있는 다음과 같은 격려는, 글쓰기 작가 나탈리의 기나긴 슬럼프와 함께 글을 쓰는 우리에게 위안과 용기를 준다.

글쓰기의 유일한 실패는 글쓰기 자체를 그만두는 일이다. (170면)

---

1. 위의 서평들은 '제목→도입부→저자 소개→책의 구성 및 주요 내용 소개' 순으로 전개되는 공통점을 보이고 있다. 각각을 '/'로 구분해 보자.

2. 위 서평들의 후반부는 '책의 맥락적 가치 및 의의'에 대한 서술로 마무리되고 있다. 관련 내용을 요약해 보자.

책의 맥락적 가치 및 의의	
예시문 1	
예시문 2	

3. 감상문이나 비평문 쓰기를 위한 주제, 제목, 주제문을 마련해 보자.

글감	책 / 영화 / 드라마 / 다큐멘터리 / 음악 / 미술 / 스포츠 / 여행지 / 공연 / 전시 / 기술 제품(자동차 등) / 기타
주제	
제목	
주제문	

3

기안서와 제안서

대학에서 쓰는 보고서, 감상문, 비평문은 학업을 위한 것이지만, 어떤 의미에서는 졸업 후 사회생활을 위해 써야 하는 여러 글들의 모태가 된다. 글쓰기는 학창 시절로만 끝나는 것이 아니라 직장에 취업하든, 사업을 하든 평생토록 요구되는 필수 소양이기 때문이다.

특히 사회생활을 잘하려면 비즈니스 문서를 작성할 줄 알아야 한다. 비즈니스 문서란 직장 또는 개인의 사업을 위해 대내외적으로 의사소통 차원에서 작성하는 문서를 말한다. '대내 문서'란 직장이나 사업체의 내부에서 관련 부서끼리 주고받는 문서이며, '대외 문서'란 외부의 기관과 회사 및 사업자와 주고받는 문서이다. 이 같은 비즈니스 문서는 그 종류가 매우 다양한데, 보고서(업무 보고서, 영업 보고서, 출장 보고서, 결산 보고서 등), 기안서, 제안서, 기획서, 회의록, 이메일 문서 등이 널리 쓰인다고 볼 수 있다. 그중에서도 여기서는 기안서와 제안서 작성법에 대해 알아보기로 한다. 기안서와 제안서의 경우 사회생활뿐만 아니라 학창 시절 교내외의 활동을 위해서도 쓸 수 있다(동아리 운영 제안서 등).

1) 기안서

기안서는 기안(起案)을 위해 작성하는 문서이다. '안(案)을 세우다(起)'라는 뜻에서 보듯, 기안서는 특정 업무의 실무적 처리를 목적으로 하여 안건을 발의하는 문서를 말한다. 넓게 보자면, 안건의 발의뿐 아니라 실제 업무의 준비와 추진 과정 및 결과에 대해 기록한 문서들을 포함하여 지칭하기도 한다. 사회생활과 비즈니스를 위해 가장 기본이 되는 문서로, 상사 및 최종 결정권자의 검토와 결재를 거치는 특징이 있다. 필요한 경우 원활한 업무 추진을 위해 유관기관과 부서에 발송, 회람되는데, 이는 '발송 문서'라는 명칭으로 불리기도 한다.

기안서에는 최초의 기안자를 비롯하여 상사, 최종 결정권자, 유관기관과 부서의 종사자 등 업무의 입안 및 추진과 관련하여 서로가 의사소통한 일련의 과정들이 고스란히 담겨 있다. 그런 점에서 기안서는 업무 추진의 실제 내용과 의사결정 과정을 기록한 일종의 공문서에 해당한다. 결재란에 상사와 최종 결정권자의 서명 및 날인을 받아야 하는 점에서 그렇다. 문서관리 규정에 따라 짧게는 1~2년, 길게는 10년 이상 관리, 보존된다는 점에서도 그렇다.

이처럼 공적(公的) 성격을 띤 문서이므로, 기안서에는 일정한 형식이 있으며 이를 잘 지켜서 작성해야 한다. 각 기관과 회사마다 업무의 목표와 성격이 다르기 때문에 각자의 기안서 양식을 따로 마련해 둔 경우가 많다. 그럼에도 기본적으로 써야 할 내용들은 비슷하다. 여기서는 대표적인 양식을 소개하도록 한다. 익혀 두면 추후 응용 시 어려움 없이 작성할 수 있을 것이다.

(1) 기안서 기본 양식

업무를 세우고 추진함에 있어 혼자 할 수 있는 일이란 그리 많지 않다. 사회에서의 일이란 직장의 최고 결정권자로부터, 또는 부서의 장(長)과 상사로부터 지시를 받아 수행하는 경우가 많기 때문이다. 물론 스스로 어떤 일을 자발적으로 계획하거나 수행할 수도 있다. 그렇다 할지라도 상사, 부서장, 최고 결정권자의 순서대로 차례차례 검토를 받게 마련이다. 주어지는 일이든, 자발적으로 만들어 하는 일이든 경험 있는 상급자들의 검토와 수정을 받는 것이야말로 업무의 타당성과 완성도를 높이기 위해 필요한 과정이 아닐 수 없다.

그런 점에서 최초의 기안서는 상급자들에게 업무의 입안과 추진 과정에 대해 보고하는 양상을 띤다. 아래의 양식에 준하여 작성하며, 상급자들의 검토와 수정을 거친 최종 완성본으로 승인, 즉 결재를 받게 된다. 최종 결정권자의 결재까지 받으면 이제 본격적으로 업무를 실행해도 좋다는 의미가 된다. 경우에 따라 위임 전결 규정에 의해 부서장의 결재로 최종 결정권자의 승인을 대신하기도 한다. 기안서의 기본 양식은 다음과 같다.

【기안서 기본 양식】

<table>
<tr><td colspan="2">분류 기호
문서 번호①</td><td>홍보
20○○-17</td><td>발송 번호②</td><td colspan="2"></td><td colspan="2">전결 규정
○조 ○항</td></tr>
<tr><td colspan="2">처리 기한③</td><td></td><td rowspan="3">결재⑧</td><td>담당</td><td>과장</td><td>부장</td><td>사장</td></tr>
<tr><td colspan="2">기안 일자④</td><td>20○○. 10. 25.</td><td rowspan="2"></td><td rowspan="2"></td><td rowspan="2">홍길동</td><td rowspan="2"></td></tr>
<tr><td colspan="2">시행 일자⑤</td><td>20○○. 10. (27).</td></tr>
<tr><td colspan="2">기안 책임자⑥</td><td>대리</td><td>김○○</td><td colspan="2" rowspan="3">협조⑨</td><td colspan="2" rowspan="3">총무실
기자재실</td></tr>
<tr><td rowspan="2">보고
기관⑦</td><td></td><td></td><td></td></tr>
<tr><td></td><td></td><td></td></tr>
<tr><td colspan="2">수신⑩
경유⑪
참조⑫</td><td>수신자 참조</td><td>발신⑬</td><td colspan="4">홍보실장</td></tr>
<tr><td colspan="2">제목⑭</td><td colspan="6">창사 50주년, 지역사회 봉사를 통한 본사 이미지 제고</td></tr>
<tr><td colspan="8">1. 11월 15일의 창사 50주년 기념일에 다수의 기관 단체에서 봉사활동을 진행함으로써 지역사회에 기여하고 주민과 함께하는 본사의 이미지를 제고하고자 합니다.
2. 각 부서장의 책임하에 부서별로 참여 인원 1인을 선발하여 주시기 바랍니다.
3. 진행하는 봉사활동은 다음과 같습니다.</td></tr>
</table>

일자	시간	봉사 장소	봉사활동	인원
11월 15일	10:00~12:00	○○시장	도시 재생을 위한 벽화 작업 보조	2인
	10:00~12:00	○○노인복지관	이용객 안내 및 식사 제공	2인
	16:00~18:00	○○도서관 일반자료실	이용객 안내 및 서가 청소	2인

4. 참여 인원들은 봉사 후 다음의 자료들을 제출하여 주시기 바랍니다.
   가. 봉사활동 증빙 사진 3장
   나. 봉사활동 소감문 (A4 2매 작성. 양식은 첨부 파일 참조)
   다. 제출처 : 총무과 김○○ (이메일 주소)
   라. 제출 기한 : 11월 17일
5. 제출한 자료들을 취합 정리하여 봉사 결과를 11월 20일 부사장님께 보고할 예정입니다.
6. 제출한 자료들 중에서 선별하여 연말에 간행되는 〈○○항공 50년사〉의 지역사회 기여란에 수록할 예정입니다. 끝.

수신자 : 전략기획실장, 기획예산실장, 재무부장, 경영지원실장, 인재개발실장, 비서실장

첨부	봉사활동 소감문 양식.hwp

① **분류 기호/문서 번호**

- 기안서의 이름과도 같다. 분류 기호에는 '총무', '기획', '인사 명령', '행정 명령' 등 부서명의 약자나 기안서의 기본 성격을 기입하는 경우가 많다.
- 문서 번호는 문서 발송 대장에 기록되는 번호이다. 여러 명에게 전달되는 기안서라 하더라도 문서 번호는 하나여야 한다. 1년 단위로 1번부터 순서대로 부여한다.

② **발송 번호**

- 문서 발송 대장에 기록되는 일련번호이다.

③ **처리 기한**

- 언제까지 업무를 처리해야 한다는 기한이 있을 때에 쓴다. 연, 월, 일의 경우

마침표로 표기한다(기안 일자와 시행 일자 표기도 같음).

④ 기안 일자

- 기안자가 기안서 작성을 완료한 날짜이다.

⑤ 시행 일자

- 최종 결재권자가 결재를 완료한 날짜이다. 따라서 기안서 작성 시 일단 공란으로 남겨 둔다. 최종 결재 후 결재권자가 기입해 넣기도 하기 때문이다.

⑥ 기안 책임자

- 기안자의 직위와 성명을 기입한다.

⑦ 보고 기관

- 보고 기관이 있을 때에 쓰며, 여러 곳일 경우 순서대로 쓴다.

⑧ 결재

- 기안서의 내용에 대해 도장이나 서명으로 승인받는 부분이다. 상사부터 결재가 시작되어 최종 결재권자의 결재로 마무리된다.
- 위임 전결 규정이 적용될 때에는 전결권자(예 : 부장)까지만 결재란을 만든다. 만약 최종 결재권자까지 결재란이 만들어져 있다면, 최종 결재권자(예 : 사장)의 결재란에 '전결'이라고 써서 결재를 완료하기도 한다.

⑨ 협조

- 업무 추진을 위해 다른 부서의 협조를 구할 때에 쓴다. 최종 결재권자나 전결권자의 결재를 받기 전에 따로 협조 사인을 받아 놓을 필요가 있다.

⑩ **수신**

- 결재 라인 외에도, 원활한 업무 추진을 위해 기안서의 내용을 받아 보고 공유해야 할 사람이나 기관명, 부서명을 쓴다.
- 모든 문서는 기관장이나 부서장 명의로 주고받는 것이 원칙이므로, 대외 문서라면 이를 받아야 할 회사나 기관의 장(長)을 수신자로 쓴다. 대내 문서라면 부서장들(예 : 부장, 팀장 등)을 수신자로 쓰는 경우가 많다.
- 수신자가 소수이면 해당란에 그대로 다 쓴다. 수신자가 많으면 '수신자 참조'라고 적은 후, 기안서의 맨 하단에 수신자 모두를 열거한다.

⑪ **경유**

- 기안서의 내용을 공유해야 할 부서나 기관이 있을 때에 쓴다.

⑫ **참조**

- 기안서의 실제 업무를 처리하게 될 담당 직원의 이름을 쓴다. 담당 부서장을 기입해도 좋으나, 대개 실무 담당자가 따로 있기 때문에 그 담당자도 기안서의 내용을 보고 업무에 참조할 수 있도록 하기 위함이다.

⑬ **발신**

- 대외 문서인 경우 기관의 대표(예 : 총장, 사장, 단체장, 기관장 등)를 기입한다. 대내 문서인 경우에는 기안자가 소속해 있는 부서의 장(예 : 총무부장)을 쓴다.

⑭ **제목, 본문 내용, 첨부**

- 제목에는 기안할 업무의 제목을 쓴다. 제목 뒤에 '(보고)', '(통보)'처럼 괄호로 문서의 성격을 표시할 때도 있다.
- 본문 내용은 기안하고자 하는 업무의 실제 내용을 작성하는 부분이다. 1, 2, 3 등의 번호를 붙여서 쓰며, 필요한 경우 가, 나, 다 식으로 하위 항목을 둘 수

있다.

- 대내 문서의 경우 본문의 1번에는 기안서를 작성하게 된 관련 근거를 제시한다. 예컨대, 주어진 어떤 지시에 대해 업무보고를 할 때에는 그 지시 문서의 분류 기호와 일련번호를 기입한다. 그런 후 2번에 "위 관련 근거에 의거하여 어떤 내용을 다음과 같이 통보(또는 보고)합니다." 등으로 쓰고 "〈다음〉"에 뒤이어 실제 업무 내용을 작성한다.
- 대외 문서의 경우에는 본문의 1번 위치에 "귀사의 번성을 기원합니다." 식으로 의례적인 표현을 쓴 후 2번부터 기안하고자 하는 실제 업무 내용을 작성한다.
- 본문 작성이 끝나는 부분에 '끝.'이라고 표기해야 한다.
- 첨부 문서가 있으면 첨부란에다 명기할 수 있다. 여러 개의 첨부 문서가 있을 경우 1, 2, 3 식으로 번호를 부여한다.

(2) 발송 문서 양식

위의 기본 양식에 따라 기안서를 작성하고 상급자와 최종 결재권자로부터 결재받으면 이제 본격적으로 해당 업무를 실행해도 좋다는 뜻이 된다. 먼저 업무의 본격적인 실행에 앞서, 결재받은 기안서의 업무를 유관 기관과 단체 및 부서 등에 전달하여 협조를 구할 필요가 있다. 이를 위해 작성하는 문서를 '발송 문서'라고 한다. 일반적인 양식은 다음과 같다.

○○항공

문서번호 홍보 20○○-17 　　　　　　　　　　20○○. 10. 27.
수 신 자 수신자 참조
제 　 목 창사 50주년, 지역사회 봉사를 통한 본사 이미지 제고

1. 11월 15일의 창사 50주년 기념일에 다수의 기관 단체에서 봉사활동을 진행함으로써 지역사회에 기여하고 주민과 함께하는 본사의 이미지를 제고하고자 합니다.
2. 각 부서장의 책임하에 부서별로 참여 인원 1인을 선발하여 주시기 바랍니다.

3. 진행하는 봉사활동은 다음과 같습니다.

일자	시간	봉사 장소	봉사활동	인원
11월 15일	10:00~12:00	○○시장	도시 재생을 위한 벽화 작업 보조	2인
	10:00~12:00	○○노인복지관	이용객 안내 및 식사 제공	2인
	16:00~18:00	○○도서관 일반자료실	이용객 안내 및 서가 청소	2인

4. 참여 인원들은 봉사 후 다음의 자료들을 제출하여 주시기 바랍니다.
   가. 봉사활동 증빙 사진 3장
   나. 봉사활동 소감문 (A4 2매 작성. 양식은 첨부 파일 참조)
   다. 제출처 : 총무과 김○○ (이메일 주소)
   라. 제출 기한 : 11월 17일
5. 제출한 자료들을 취합 정리하여 봉사 결과를 11월 20일 부사장님께 보고할 예정입니다.
6. 제출한 자료들 중에서 선별하여 연말에 간행되는 〈○○항공 50년사〉의 지역사회 기여란에 수록할 예정입니다. 끝.

홍 보 실 장

수신자 : 전략기획실장, 기획예산실장, 재무부장, 경영지원실장, 인재개발실장, 비서실장

(3) 전자결재를 위한 양식

인터넷 시대가 도래하면서 기안서의 작성과 결재, 문서 수발(受發)에 이르기까지 온라인에서 바로 처리할 수 있도록 전자결재 시스템이 도입되고 있다. 전자결재 시스템은 업무의 간소화와 비용 절감, 문서의 효율적인 관리와 보존 등 다방면에서 장점이 있다. 기안서의 경우에도 전자결재를 위한 양식에 기안을 작성하고, 온라인으로 결재받는 추세가 확산되고 있다. 또한 결재 후 발송 문서를 따로 만드는 일 없이, 전자결재받은 온라인 기안서만으로 수신자에게 발송 가능하도록 시스템이 구축되어 있는 경우가 많다.

온라인 기안서의 경우 각 회사와 기관마다 전자결재 시스템에 최적화한 양식을 따로 갖추고 있으나 큰 틀에서는 그리 다르지 않다. 앞에서 설명한 기안서의 기본

양식을 숙지했다면 온라인 기안서도 그에 준하여 어려움 없이 작성할 수 있다. 전자결재를 위한 기안서의 일반적인 양식은 다음과 같다.

○○항공

수신자　수신자 참조
(경유)
제　목　창사 50주년, 지역사회 봉사를 통한 본사 이미지 제고

1. 11월 15일의 창사 50주년 기념일에 다수의 기관 단체에서 봉사 활동을 진행함으로써 지역사회에 기여하고 주민과 함께하는 본사의 이미지를 제고하고자 합니다.
2. 각 부서장의 책임하에 부서별로 참여 인원 1인을 선발하여 주시기 바랍니다.
3. 진행하는 봉사활동은 다음과 같습니다.

일자	시간	봉사 장소	봉사활동	인원
11월 15일	10:00~12:00	○○시장	도시 재생을 위한 벽화 작업 보조	2인
	10:00~12:00	○○노인복지관	이용객 안내 및 식사 제공	2인
	16:00~18:00	○○도서관 일반자료실	이용객 안내 및 서가 청소	2인

7. 참여 인원들은 봉사 후 다음의 자료들을 제출하여 주시기 바랍니다.
   가. 봉사활동 증빙 사진 3장
   나. 봉사활동 소감문 (A4 2매 작성. 양식은 첨부 파일 참조)
   다. 제출처 : 총무과 김○○ (이메일 주소)
   라. 제출 기한 : 11월 17일
8. 제출한 자료들을 취합 정리하여 봉사 결과를 11월 20일 부사장님께 보고할 예정입니다.
9. 제출한 자료들 중에서 선별하여 연말에 간행되는 〈○○항공 50년사〉의 지역사회 기여란에 수록할 예정입니다. 끝.

붙임

홍보실장

수신자　전략기획실장, 기획예산실장, 재무부장, 경영지원실장, 인재개발실장, 비서실장

담당　김○○　　부서장　△△△
협조　총무실, 기자재실

수신 최○○
시행 홍보 20○○ - 17 (20○○. 10. 27.) 접수 재무팀 (20○○. 10. 28.)
우편번호 ○○○○○ 서울특별시 ○○구 ○○로 ○○ - ○○ / http://www.○○○.co.kr
전화번호 02 - ○○○ - ○○○○

전자결재 시스템상에서 위의 온라인 기안서를 작성하고 시스템에 등록되어 있는 자신의 이름을 클릭하면 서명이 완료된다. 자신의 서명을 마친 기안서는 자동적으로 다음 결재권자에게 결재를 받으면서 또 그다음 단계의 결재권자에게 전송된다. 최종 결재권자나 전결권자의 결재까지가 완료되면, 별도의 발송 문서를 만들지 않아도 미리 지정해 놓았던 수신자들에게 온라인 기안서가 발송된다. 다만 대외 문서의 경우에는 직인 관리 부서로 전송되며, 그곳에서 보관 중인 회사의 직인이 찍혀야 대외 수신자들에게 발송될 수 있다.

2) 제안서

기안서와 함께 사회생활을 위해 알아 두어야 할 또 하나의 문서는 제안서이다. 기안서가 특정 업무의 실무적 추진을 목적으로 작성하는 것이라면, 제안서는 회사 경영의 일환으로, 보다 미래 지향적 차원에서 사업의 개선과 발전을 위해 제안하고 싶은 점에 대해 서술한 문서를 말한다. 기안서가 실무의 추진을 위해 상사들과 최종 결재권자의 결재를 받아야 한다면, 제안서는 결재란이 따로 없는 것이 특징이다. 바로 결재하여 실행해야 할 업무로 보기보다는 시간을 두고 논의해 볼 만한 일종의 아이디어를 제시한 문서로 보기 때문이다.

제안서에는 사업의 발전을 위해 남이 미처 생각하지 못한 참신한 아이디어가 담겨 있어야 한다. 그 아이디어로 상대의 마음을 움직이고 설득해야 하므로 상대가 원하는 것이 무엇인지를 잘 파악할 필요가 있다. 또한 제안하고자 하는 바에 초점이 있으면서 그 내용과 핵심이 분명하게 드러나야 한다. 이를 위해 평소에 회사의 비전과 장단기 계획에 관심을 가지고 사업의 발전을 위한 능동적 자세와 적극적 문제의식을 지니는 것이 중요하다.

기안서와 달리 제안서에는 정형화된 양식이 따로 있지 않다. 여러 가지 양식으로 작성할 수 있으며, 기관과 회사에 따라 조금씩 다른 양식을 마련해 둔 경우도 있다. 그러나 일종의 설득적 글쓰기란 점에서 담겨야 할 기본 내용은 비슷하다. 현황과 문제점을 파악한 후 그에 기초하여 발전적 제안을 이끌어 내고 그로 인해 기대되는 효과를 서술한다는 점에서 그렇다. 그에 더하여 신뢰할 만한 자료들(전문가의 견해, 사진, 도표, 통계, 여론조사, 실험 결과 등)로 제안의 타당성을 뒷받침하는 작업도 필요하다. 다 작성하고 난 후에는 남은 의문점이나 예상되는 문제점이 없는지 확인해야 한다.

(1) 제안서 양식

제안서의 일반적인 양식은 다음과 같다.

제 안 서
20○○년 ○○ 월 ○○일①   **제목**② 소비자의 요구를 반영한 ○○○의 개선(face lift) 방향에 대한 제안   제안자 소속 ○○○ 성명 ○○○ (인)
제안 취지③   1. 20○○년도에 출시된 신차 ○○○는 출시 당시 유럽풍의 품격 있는 디자인으로 세간의 주목과 호평을 받았음.   2. 실제로 당시 어려움을 겪고 있던 본사의 판매량 증대에 크게 기여하였음.   3. 하지만 승차감과 편의 사양에서 여러 문제점들이 소비자에 의해 제기되고 판매량이 급감해 왔음.   4. 이에 소비자의 요구를 적극 반영하여 차량 개선(face life)이 절실한 시점임.
제안 분류④ 1. 아이디어 2. 코스트 3. 에너지 절약 4. 품질 5. 관리 6. 안전 7. 작업   8. 기기 9. 공구 10. 환경 11. 설계 12. 인테리어 13. 서비스 14. 고객   15. 작품 출품 16. 기타( )

현황 분석⑤

문제점		개선안
① 과속 방지턱을 넘을 때 충격이 상당하여 승차감이 불편함	→	① 과속 방지턱의 충격을 완화해야 함
② 2열 시트가 다소 딱딱하여 승차감이 불편함	→	③ 2열 시트의 승차감을 개선해야 함
④ 자주 쓰는 공조 장치들이 센터 디스플레이 속에 들어 있어서 이용하기가 불편함	→	⑤ 주요 공조 장치들의 접근과 이용이 편리하도록 개선해야 함

구체적인 제안 내용⑥

① 과속 방지턱을 넘을 때 충격이 상당한 이유로 토션빔 설계가 지적되고 있음. 차체 하부의 서스펜션 설계를 멀티링크로 전환하거나, 토션빔을 유지하더라도 충격이 완화되도록 개선할 필요가 있음.

② 단단한 승차감은 유럽 소비자들이 좋아하나 국내 소비자들의 취향에는 맞지 않음. 2열의 뒷좌석 시트를 부드럽게 하고 열선도 넣어서 겨울철 승차감을 개선해야 함.

③ 에어컨, 주행 모드 조작 등을 위한 공조 장치들이 센터 디스플레이 속에 들어 있어서, 이용하려면 여러 번의 클릭을 거쳐야 하는 불편함이 있었음. 흔히 쓰는 공조 장치들을 바깥으로 빼어 물리적 버튼으로 바로 조작할 수 있게 배치해야 함.

예상 효과⑦

① 과속 방지턱의 충격 완화와 2열 시트의 교체를 통해 그간 ○○○의 최대 약점으로 지적되어 왔던 불편한 승차감을 상당 부분 개선할 수 있음.

② 주요 공조 장치들의 접근과 이용이 편해짐으로써 운전 시 편의성과 안전성을 확보할 수 있음.

③ 이를 통해 최상의 디자인에 더하여 승차감과 편의성까지 갖추게 됨으로써 경쟁사의 동급 차량들에게 빼앗긴 고객들을 되찾아 올 수 있을 것으로 기대됨.

제안 사항의 전개⑧

다른 곳에 활용할 수 있는가? 없음

다른 부서에서 활용할 수 있는가? 중앙연구소, 광고홍보실, 각 판매영업 부서

그림·사진·자료⑨

1. 과속 방지턱의 차체 충격 실험 결과표
2. 차량 시트 승차감에 대한 국내외 소비자들의 인식 차이 조사
3. ○○○의 공조 장치 이용에 대한 파워 유튜버의 불만 제기 영상

(2) 제안서 작성 방법

위 양식의 작성 방법은 다음과 같다.

① 날짜 : 제안서를 작성한 날짜이다.

② 제목 : '~에 대한 제안'으로 쓰거나 이를 적절히 활용하여 쓴다. 제안하려는 것의 초점이 구체적이고 분명하게 드러나야 한다.

③ 제안 취지 : 제안을 하게 된 배경이나 취지, 목적을 요약적으로 쓴다. 번호를 부여하면서 몇 개의 항목으로 나누어 써도 좋다.

④ 제안 분류 : 자신의 제안이 어느 분야에 해당하는지를 판단하여 동그라미로 표시한다. 해당 사항이 없으면 기타의 괄호 안에 간략히 적는다.

⑤ 현황 분석 : 잘 작성해야 하는 부분이다. 무엇이 문제점인지를 왼쪽에 밝히고 오른쪽에 개선안을 쓴다. 구체적인 내용들로 일목요연하게 쓰면서도 설득력이 있어야 한다.

⑥ 구체적인 제안 내용 : 제안서의 핵심적인 부분이다. 읽는 이의 관심을 이끌어 내면서 개선안들의 실현을 위해 어떻게 해야 할지 구체적으로 작성한다.

⑦ 예상 효과 : 제안의 실행으로 기대되는 효과를 적는다. 단기적, 중장기적 효과로 나누어 작성해도 좋다.

⑧ 제안 사항의 전개 : 이 제안을 다른 곳이나 다른 부서에 확대 적용할 수 있는지 묻는 대목이다. 해당 사항이 있으면 적어 넣는다.

⑨ 그림 · 사진 · 자료 : 제안의 설득력을 뒷받침할 만한 것들로 선별하여 제시해야 한다.

연습

1. 향후 진출하고 싶은 분야와 회사, 근무 부서 등을 생각한 후 구체적인 업무 상황을 하나 가정하여 전자결재를 위한 온라인 기안서를 작성해 보자.

사회 진출 희망 분야 (해당 ○표시)	※〈NCS 국가직무능력표준〉 기준 사업관리 경영/회계/사무 금융/보험 교육/자연/사회과학 법률/경찰/소방/교도/국방 보건/의료 사회복지/종교 문화/예술/디자인/방송 운전/운송 영업/판매 경비/청소 이용/숙박/여행/오락/스포츠 음식서비스 건설 기계 재료 화학/바이오 섬유/의복 전기/전자 정보통신 식품가공 인쇄/목재/가구/공예 환경/에너지/안전 농림어업
희망 회사	
희망 직종 (근무 부서)	
추진 업무 (상황 가정)	

(회 사 명 기 재)

수신자
(경유)
제 목

(본문 내용)

붙임

(발신 부서장 기재)

수신자

담당 ○○○ 부서장 △△△
협조
수신
시행 (문서 번호) (시행 일자 202 . .) 접수 (시행 일자 202 . .)
우편번호 (주소) / (인터넷 주소)
전화번호

2. 제안서 쓰기를 위한 주제, 제목, 주제문을 마련하여 아래의 양식에 작성해 보자.

작성 방법	회사나 부서나 제품에 대한 제안일 것 다른 분야의 제안도 가능 (예 : 동아리 운영 제안) 제목을 좁히고 구체화할 것 (울산의 문화 발전을 위한 제안 (×) → 울산 '대왕암공원'의 관광 문화 발전을 위한 제안 (○))
글감	
주제	
제목	
주제문	

제 안 서

20○○년 ○○ 월 ○○일

제목

제안자 소속 ○○○ 성명 ○○○ (인)

제안 취지

제안 분류 1. 아이디어 2. 코스트 3. 에너지 절약 4. 품질 5. 관리 6. 안전 7. 작업 8. 기기 9. 공구 10. 환경 11. 설계 12. 인테리어 13. 서비스 14. 고객 15. 작품 출품 16. 기타( )

현황 분석

문제점		개선안
	→	
	→	
	→	

구체적인 제안 내용

예상 효과

제안 사항의 전개

다른 곳에 활용할 수 있는가?

다른 부서에서 활용할 수 있는가?

그림·사진·자료

4

이력서와 자기소개서

1) 이력서

이력서는 어떤 사람의 학력과 경력을 한눈에 알아볼 수 있도록 정리한 서류이다. 취업을 위해 작성하는 서류이므로, 거짓이나 과장 없이 정확한 사실을 써야 한다. 그리고 직장에서 하게 될 업무 능력과 관련된 것을 중심으로 자신의 경력과 능력, 자격증, 수상 내역 등을 기록하는 것이 좋다. 자신의 사진도 이력서와 함께 제출해야 하는 경우도 있으므로, 가능한 한 단정한 모습으로 찍은 사진을 준비한다. 이력서는 용도에 따라 조금씩 다르지만, 일반적으로 다음과 같은 양식에 작성한다.

이 력 서

1. 인적사항

사진①	성명	조은상	영문②	Cho, Eun-Sang	한자	趙殷相
	주민번호	990204 - ○○○○○○○③			나이④	25
	휴대전화	010-1231-2345	집 전화	052-123-2345		
	E-mail⑤	escho27@gmail.com				
	주소	울산광역시 남구 대학로 93				

2. 학력사항⑥

학력사항	기간⑦	출신 학교	전공	졸업 구분⑧
	2015. 03.-2021. 02.	울산대학교	국어국문학부	졸업
	2012. 03.-2015. 02.	우신고등학교		졸업
	-			

3. 경력사항⑨

경력사항	근무 기간	회사명	직급	담당 업무
	-			
	-			
	-			

4. 병역

복무 기간	군별/계급/병과⑫	미필 사유⑬
2017. 03.-2018. 11.	육군/병장/보병	

5. 수상 내역

수상내역	수상일	수상 내용	기관

6. 자격사항

⑩ 자격사항	외국어 능력⑪	토익 760(2020.10.10.) HSK 5급(2020.11.21.) 한자능력검정시험 2급(어문회, 2020.9.18.)
	전산 능력 (컴퓨터 활용 능력)	컴퓨터활용능력 1급(2020.11.17.)
	기타	운전면허(1종 보통)

① 사진

- 가급적 정장을 착용하고 찍은 최신 사진을 첨부한다. 면접 시 사진의 이미지와 실제 이미지가 크게 차이 나면 좋지 않은 인상을 주므로 사진을 과도하게 수정하지 않는 것이 좋다. 기업에 따라 사진을 요구하지 않기도 한다.

② 영문 성명

- 성(family name)—이름(given name) 순으로 쓰되 성과 이름 사이에 쉼표를 찍고 두 자 이름이면 -로 구분하되 첫 알파벳은 대문자로 표기한다.

③ 주민번호

- 실제로 작성할 때는 자신의 주민번호를 온전하게 표기해야 한다.

④ 나이

- 만 나이로 쓴다. 우리 나이에서 생일이 지났으면 한 살, 생일이 지나지 않았으면 두 살을 뺀다.

⑤ 이메일

- dkfadkf@gmail.com, geomeori@naver.com과 같이 무성의하거나 장난스러운 인상을 주는 메일 주소보다는 escho@gmail.com, khkim@hanmail.net과 같이 공식적인 인상을 주는 메일 주소를 쓰는 것이 좋다.

⑥ 학력사항

- 최종 학교를 먼저 쓰고 시간 역순으로 기재한다. 초등학교나 중학교 졸업 사항은 기재하지 않고 고등학교까지만 기재한다.

⑦ 기간

- 연월일까지 기재하며, '기간(연월)'이라고 명시되어 있으면 '2016. 02.'와 같이 연월까지만 쓴다.

⑧ 졸업 구분

- 졸업자는 '졸업', 졸업 예정자는 '졸업 예정'이라고 쓴다.

⑨ 경력사항

- 지원 분야의 직무와 연관된 것을 중심으로 기재한다. 아르바이트 경력 가운데 지원 분야와 관련이 있는 것을 적어도 좋다. 내세울 만한 경력, 기간이 긴 것 등을 우선적으로 적는다.

⑩ 자격사항

- 직무와 관련이 있거나 특이한 자격이 있으면 기재한다. 일반적으로 운전면허증(2종)은 기재하지 않으며, 직무와 관련이 있으면 운전면허 1종 자격증을 기재해도 좋다.

⑪ 외국어 능력

- 시험은 보통 유효기간이 2년이므로 이력서 제출 시점에서 아직 유효한지 확인하고 기재한다.

⑫ 군별/ 계급/ 병과

- 군별은 육군, 해군, 공군 등으로 적고 계급은 전역 시점의 계급을 적는다. 병과는 보병, 공병, 정보, 통신 등과 같이 상위 병과를 적는다. 여성은 이곳에 '해당 없음'이라 적고, 병역 의무자로서 병역을 마치지 않은 미필자는 '미필 사유'란에 사유를 적는다.

⑬ **미필 사유**

- 군 면제자인 남성이나 여성은 군 미필자가 아니므로 '미필 사유'에 아무것도 적지 않는다.

이 밖에 이력서를 쓸 때 다음 사항을 유의할 필요가 있다. 지정된 양식이 없다면, 이력서는 1매 내지 2매로 작성하는 것이 좋다. 직무와 큰 관련이 없는 사항을 이것저것 많이 포함하여 길게 작성하면 좋지 않다. 또 전체적으로 가운데 정렬을 하는 것이 깔끔한 인상을 준다. 글자가 다음 행으로 넘어가면 자간과 장평을 요령껏 조절하여 한 줄로 만드는 것이 바람직하다.

	외국어 능력	한자능력검정시험 2급(한자능력검정회, 2020. 9. 18.)	X

	외국어 능력	한자능력검정시험 2급(한자능력검정회, 2020. 9. 18.)	○

이력서를 마지막으로 저장할 때 이력서의 첫 페이지에 커서를 옮겨 두고 저장하는 것이 좋다. 문서를 열었을 때 이력서의 첫 부분이 보여야 확인자의 수고를 덜 수 있기 때문이다. 이것 또한 사소하지만 인사 담당자에게 좋은 인상을 줄 수 있는 요인이다. 이메일로 이력서를 제출할 때는 이메일 제목에 '이력서－지원 분야－성명' 순으로 기재하고, 이력서 파일 또한 동일한 제목으로 첨부하여 보낸다. 이력서를 다 작성하고 나서 보내기 전에 오탈자가 없는지 다시 확인하고, 사진 등이 제대로 보이는지, 폰트 문제는 있지 않은지 등을 확인한 후 발송한다.

2) 자기소개서

(1) 자기소개서는 왜 쓰는가

기업이나 학교에 지원서를 낼 때 대체로 이력서와 자기소개서를 함께 제출하는 경우가 많다. 이력서는 말 그대로 자신의 주요 이력을 시간 순서대로 일목요연하게 정리한 것이다. 이력서만으로도 수상 내역이라든가 주요 경력사항을 확인할 수 있다. 그런데도 불구하고 추가적으로 자기소개서를 요구하는 이유는 무엇일까?

이력서만 보아도 지원자의 객관적 이력, 이른바 '스펙'을 확인할 수 있다. 하지만 이력서만으로는 지원자가 어떤 사람인지, 즉 어떤 생활 태도를 가지고 있으며 어떤 생각으로 살아온 사람인지 알기 어렵다. 자기소개서를 함께 제출하도록 하는 이유는 지원자에 대해 조금 더 구체적으로 알기 위해서이다. 지원자의 어떤 구체적인 점을 알고자 하는 것일까? 바로 지원자가 해당 기업이나 학교에서 역할을 얼마나 제대로 수행할 수 있는가 하는 것이다. 그동안 어떤 생각으로 어떻게 살아왔는지를 살펴보면 그 사람이 새로운 조직에서 어떻게 생활할지를 가늠할 수 있다. 사람은 관성적으로 살기 마련이며 사람됨은 쉽게 바뀌지 않기 때문이다.

자기소개서에서 기본이 되는 것은 문장력이다. 이때의 문장력이란 화려하고 그럴싸한 문장을 쓰는 기술이 아니라, 자신의 경험과 생각을 '간명'하고 '정확'하게 글로 표현하는 능력이다. 물론 이것은 짧은 시간 안에 다질 수 있는 능력은 아니다. 평소 많이 읽고 많이 써 보아야 한다. 즉 자기소개서를 잘 쓰기 위해서라도 일상적으로 읽고 쓰는 습관을 들일 필요가 있다. 이런 해결책은 누구나 알고 있는 것이다. 그러나 누구나 알고 있는 이러한 방법을 실천하는 사람은 많지 않다.

자기소개서는 대개 천편일률적인 경우가 많지만, 비슷한 자기소개서들을 들여다보고 있으면 그 가운데 조금 더 나은 자기소개서가 보인다. 바로 문장력이 좋은 자기소개서다. 자신의 경험이나 생각을 얼마나 정확하고 간명하게 문장으로 구사해내는가는 매우 중요한 능력이다. 이는 곧바로 업무 혹은 학업 능력과도 직결된다. 자기소개서의 문장을 통해 그 사람의 업무, 학업 능력을 포함한 지적 능력을 총체적으로 파악할 수 있는 것이다.

(2) 일반적 자기소개서의 내용

자기소개서는 자신을 남에게 알리는 글이다. 자기소개서는 제출하는 곳에 따라 내용이나 형식이 조금씩 다르다. 먼저 지원하고자 하는 곳에서 요구하는 자기소개서의 양식을 눈여겨볼 필요가 있다. 어떤 곳에서는 일반적인 내용을 포괄적으로 묻기도 하고, 또 어떤 곳에서는 구체적인 것을 질문하기도 한다. 그런 경우 질문 취지를 고려해 자기소개서를 작성해야 한다. 자기소개서를 쓸 때 흔히 마주하게 되는 질문 항목들을 정리해 보면 다음과 같다.

구성	내용
성장 과정 고향, 가족 관계 가치관이나 꿈	• 성격과 가치관을 보여 줄 수 있는 경험 • 살아오면서 겪은 가장 중요한 사건이나 경험 • 실패한 경험과 그것을 극복한 사례
학교생활 학교에서의 활동 학교 밖 활동	• 지원하는 학교나 직장과 관련된 수업이나 실습 내용 • 아르바이트나 봉사활동 등을 통해 배운 것 • 학교 생활에서 특히 관심을 두고 수행한 활동 • 대학 시절의 활동이나 공부가 자신에게 가져온 변화
성격의 장단점① 특기	• 자신의 장점을 잘 나타내는 경험과 활동 • 자신의 단점과 그것을 극복하기 위한 노력② • 지원하는 학교나 직장에 필요한 성격이나 적성
생활신조③	• 본인이 가장 중요하게 생각하는 행동 원칙 • 본인이 존경하는 인물과 존경하는 이유
지원 동기 입사(입학) 후 포부④ 미래 계획	• 지원하는 이유(왜 꼭 이곳이어야 하는가) • 하고 싶은 일과 앞으로의 목표

① 성격의 장점

- 성격의 장점은 '매사에 긍정적이다', '타인의 말을 경청할 줄 안다', '상상력이 풍부하다', '모든 일을 계획을 세워서 한다', '사교적이다', '성실하다', '과거에 연연하지 않는다'와 같은 말로 요약할 수 있다. 그러나 막연하게 이런 장점을 나열하기보다는 그 장점을 잘 보여 주는 구체적 일화를 함께 소개하는 것이 좋다.

② 자신의 단점

- 가급적 장점 위주로 쓰고 단점은 이를 개선하기 위한 노력 위주로 쓴다. 또 장점은 구체적인 예를 들어 자세히 쓰고 단점은 가급적 예시 없이 간략히 쓴다.

③ 생활신조

- 한자성어나 명언, 속담 등을 활용하는 것이 좋다. 예를 들어 끊임없이 노력하는 자세는 '절차탁마(切磋琢磨)', 쉽게 포기하거나 좌절하지 않고 성실히 노력하는 자세는 '우공이산(愚公移山)', 행동력이 강한 것은 '구슬이 서 말이라도 꿰어야 보배' 등의 말을 이용해 표현할 수 있다.

④ 지원 동기, 입사 후 포부

- 지원하는 회사에 대해 얼마나 알고 있나를 파악하기 위해 묻는 경우가 많다.
- '무슨 일이든 맡겨만 주시면 최선을 다하겠습니다.'와 같이 단순히 열정만 강조하는 것은 좋지 않다. 가급적 자신이 하고 싶은, 혹은 잘할 수 있는 구체적인 업무 내용을 적는 것이 좋다.

만약 특별히 요구하는 질문 항목이 없으면 대체로 위의 사항들을 갖추어 자기소개서를 쓰는 것이 좋다. 대부분의 기업에서 요구하는 구체적인 질문 또한 위 항목들에서 크게 벗어나지 않으니 평소 위 사항들에 대해 깊이 생각해 보자.

이 밖에 자기소개서를 쓸 때 유의할 사항들은 다음과 같다. 먼저, 학교나 지명 등을 언급하면서 줄임말을 쓰지 않는다. 또 인터넷에서 유행하는 말이나 비속어는 사용하지 않고 가급적 명료하고 정확한 문장으로 쓰는 것이 좋다. 이모티콘도 쓰지 않는 것이 좋다. 자기소개서는 당연히 문어체로 써야 하며, 읽는 사람에게 좋은 인상을 주기 위해 '저는 ~ 습니다'와 같이 공손한 표현을 사용하기도 한다.

(3) 자기소개서 작성의 몇 가지 노하우

① 극적인 이야기를 확보하라

서사는 시간의 흐름에 따른 사건의 변화를 기술하는 것이다. 이때 반드시 '핵심 사건'이 있어야 하며 그 사건은 반전과 같은 '낙차'가 있는 것이 좋다. 그런 극적인 경험을 많이 했다면 자기소개서 쓰기가 훨씬 수월할 것이다. 경험한 이야기 자체가 극적이라면 그 이야기를 제대로 서술하는 것만으로도 읽는 사람이 몰입할 수 있기 때문이다.

가령 A라는 식품회사에 지원하면서 자기소개서를 쓰게 되었다고 하자. 그 회사에 관련된 구체적인 경험이 있다면 큰 도움이 될 것이다. 다음과 같이 말이다.

> 군 복무 시절, 제가 속한 부대는 훈련이 잦았습니다. 그 가운데 '천 리 행군'이라는 것도 있었지요. 천 리면 400킬로미터인데 대개 천 리 행군은 겨울철에 있었습니다. 어떤 날은 밤새 걷는 일도 있었습니다.
>
> 그날도 잠을 제대로 못 자고 산속을 걸어 새벽녘에야 마을로 내려오게 되었습니다. 평택 언저리였습니다. 날은 춥고 배는 고프고 먹을 것은 없었습니다. 그런데 눈앞에 A 라면 공장이 보이는 것이었습니다. 그때 우리 소대는 열 명 정도였는데, 소대장님이 가장 고참병인 제게 '라면 공장에 가서 라면 열 개만 사 오라'는 것이었습니다. 당황스러웠습니다. 편의점도 아니고, 라면 공장에 가서 그것도 몇 박스도 아닌 라면 열 개를 사 오라니. 그래도 배가 너무 고파서 무작정 공장 수위실로 향했습니다. 수위 아저씨께 사정을 설명하고 혹시 라면 열 개를 살 수 있느냐고 여쭈었습니다. 지금 생각해도 어처구니없는 요청이었다고 생각합니다. 그렇게 여쭐 때 사실 라면을 구할 수 있으리라고는 거의 기대하지 않았습니다.
>
> 그런데 수위 아저씨께서 어디론가 전화를 하시더니 저희 소대원들을 공장 한쪽으로 안내

하시는 것이었습니다. 우리가 안내받아 도착한 곳은 공장 구내식당이었습니다. 식당의 아주머니들께서 커다란 그릇에 실컷 먹고도 남을 라면을 끓여 주셨습니다. 그뿐만이 아니었습니다. 공장에서 만드는 만두 등 즉석 식품들을 푸짐하게 내어 주시는 것이었습니다. 저희들은 감동에 겨워 추위도 배고픔도 당분간 생각나지 않을 만큼 맛있게 실컷 먹었습니다.

사실 라면 열 개 사기 위해 라면 공장에 간다는 것은 말도 안 되는 것이지요. 그런데도 무심히 거절하지 않고 연락을 해 주신 수위 아저씨, 우리에게 라면을 대접하라고 허락해 주셨을 공장 책임자 분, 따뜻하고 흐뭇한 표정으로 우리들이 마음 편히 라면이며 온갖 맛있는 것들을 충분히 먹을 수 있게 해 주신 식당의 아주머니들, 공장에 근무하시는 이분들의 태도와 인심만 보아도 이 회사의 분위기가 어떠한지 알 수 있었습니다. 그렇게 푸짐한 대접을 받고 공장 문을 나서면서 저와 제 동료들은 이렇게 다짐했지요. "제대하고 나서는 무조건 A 라면만 먹어야지!"

저는 그러한 경험을 통해 A 회사가 이윤 창출에만 골몰하기보다는 인간에 대한 예의와 따뜻한 마음을 가진 회사라는 인상을 받았습니다. 이런 회사에서라면 성심을 다해 일할 수 있겠다 싶었지요. 그렇게 공장 직원 분들의 어쩌면 사소했을지도 모르는 마음 씀씀이가 충성도 높은 소비자를 확보하는 데 결정적인 기여를 하는 것을, 위 경험을 통해 느끼기도 했습니다. 저에게 성심을 다해 즐겁게 일할 기회를 주시면 감사하겠습니다.

만약 A 회사의 인사 담당자가 이러한 자기소개서를 보게 되었다면 어떤 생각을 할까? 다른 능력이 타 지원자들보다 조금 밑돌더라도 당연히 이 지원자를 선발할 것이다. 이 지원자가 회사와 관련한 구체적인 경험을 갖고 있고, 평소 이 회사에 대해 어떻게 생각하는지가 잘 드러나 있으니 말이다. 이 글의 핵심 내용은 '춥고 배고프고 지친 상태에서 라면 사러 갔다가 예상치 못하게 푸짐한 대접을 받고 왔다'는 것이다. '예상치 못하게'가 바로 극적인 요소다. 아무 소득 없이 돌아올 줄 알았는데 예상과 달리 공장 식당에서 푸짐한 대접을 받은 것이다.

그런데 이러한 특수한 경험을 할 확률은 높지 않고, 안타깝게도 그런 경험을 한 곳에 지원할 확률은 더욱 낮다. 그럼 어떤 방식으로 자기소개서를 써야 할까? 없는 이야기를 지어내어 써야 할까? 그렇지 않다. 자기소개서는 어디까지나 자기를 소개하는 것이지 없는 것을 꾸며 내는 것은 아니다. 이렇다 할 극적인 경험을 한 일이 기억나지 않는다면 다음 두 가지 방식으로 쓸 수 있다. '우화'를 활용하는 방법, 그리고 자신이 좋아하는 것에 대한 서술을 통해 자신을 투영하는 방법이 그것이다.

② 우화 · 우언을 잘 활용하라

자신의 가치관을 사실적으로 기술하는 것보다 우화를 활용하는 편이 훨씬 설득력을 가진다. 우화의 사전적 의미는 '인격화한 동식물이나 기타 사물을 주인공으로 하여 그들의 행동 속에 풍자와 교훈의 뜻을 나타내는 이야기'지만, 넓은 의미로 보면 우화의 주인공이 꼭 동식물일 필요는 없다. 가령 이솝 우화에 나오는 '값진 유산' 이야기처럼 말이다.

> 한 농부가 늙어 죽게 되어서 아들들에게 "내가 남기고 간 것을 너희들은 포도밭에서 발견하게 될 것이다"라는 유언을 남기고 며칠 뒤에 숨을 거두었다. 아들들은 아버지의 장례를 모신 뒤에 아버지가 남겼다는 것이 무엇인지 찾아내기 위해 포도밭을 열심히 파헤쳐 보았다. 물론 금은보화 같은 보물을 떠올린 것이었다. 그런데 아무리 파도 무엇 하나 나오지가 않았고, 아들들은 실망하였다. 그러나 이 철저한 밭갈이로 튼튼해지고 강해진 포도나무로부터 전례가 없을 만큼 훌륭한 포도송이를 얻게 되었다.

이 이야기는 '근면이 가장 큰 보물'이라는 교훈을 주고 있다. 우화는 이야기가 품고 있는 '메시지'를 위해 존재한다. 우화는 곧 우언이라고도 할 수 있는데, 우리에게 잘 알려져 있는 박지원의 「호질」도 일종의 우언이다. 「호질」에서 박지원이 호랑이의 입을 빌려 양반과 열부의 이중성, 그리고 인간 문명의 해악을 비판하고 있듯이 우화 · 우언은 어떤 메시지를 담고 있다. 메시지가 중요하기도 하지만, 우화에서 이야기를 제거하고 메시지만 남기면 메시지의 힘이 반감된다. 가령 앞에서 언급한 '값진 유산'이라는 이솝 우화에서 이야기만 쏙 빼고 '근면이 가장 큰 보물'이라는 메시지만 남기면 아주 평범해지게 된다. 메시지가 이야기의 틀 속에 담겨 있을 때라야 힘을 발휘하는 것이다.

1300 : 1이 넘는 높은 경쟁률을 뚫고 모 기업에 입사한 최 모 씨는 애꾸눈 임금과 화가 이야기를 들어서 자기를 소개했다. 자기소개서의 대부분이 다음과 같이 우화로 채워져 있다.

> 옛날에 애꾸눈 임금이 살았는데 그 임금은 죽기 전에 멋있는 초상화를 남기고 싶었다. 전국에 있는 유명한 화가를 불러서 초상화를 그리게 했는데, 아부 잘하는 화가는 눈을 성하게 그리고 정직한 화가는 사실 그대로 그렸다. 임금은 눈을 성하게 그린 그림이 보기에는 좋았지만 사실과 다르다며 내던지고, 눈을 사실대로 그린 그림은 보기 싫다고 집어 던지면서 불같이 화를 냈다. 이윽고 어떤 사람이 임금 앞으로 와서 자기가 초상화를 그려 보겠다고 했다. 임금은 그 사람이 그린 그림을 보고 '바로 이거야'라고 만족해했다. 임금이 만족한 그림은 성한 눈 쪽 옆얼굴을 그린 그림이었다.

자기소개서의 70퍼센트 이상을 이 우화로 채우고는 마지막 화가처럼 최대한 세상사의 좋은 쪽을 보고 싶다는 말로 자기소개서를 맺고 있다. 결국 이 자기소개서에서 하고자 하는 말은 '저는 긍정적인 마음가짐을 가진 사람입니다'이다. 그러나 그렇게 직접적으로 쓰고 있지 않다. 자신의 긍정적인 마음가짐을 보다 설득력 있게 보여 주는 방법으로 애꾸눈 임금 우화를 빌려다 쓴 것이다.

이렇게 우화를 빌려다 써서 훌륭한 자기소개서를 완성할 수 있었던 이유는, 우화 자체가 담보하고 있는 극적 성격 때문이다. 우화라고 하면 보통 '이솝 우화'를 떠올리지만 우화에는 물론 그것만 있는 것은 아니다. 『라 퐁텐 우화』나 『크릴로프 우화』도 세계적으로 많이 알려진 우화집이다. 이런 우화집을 보는 것도 좋지만, 우리나라 야담집 가운데도 『어우야담』이나 『청구야담』 등 참고할 만한 것이 많다. 또 꼭 우화집이 아니더라도 소설의 한 구절, 혹은 에세이의 한 대목을 들어 자신의 이야기를 하면 훨씬 집중도 높은 자기소개서가 될 것이다.

③ 좋아하는 것에 자신을 투영하라

극적인 사건을 겪은 것도 아니고 딱히 자신의 가치관을 대변할 만한 우화나 이야기가 떠오르지도 않으며, 그렇다고 자신을 잘 나타낼 만한 소소한 에피소드들도 떠오르지 않는다면 어떻게 자기소개서를 써야 할까. 그럴 경우에는 자신이 좋아하는 것에 대해 써 보자.

자신이 좋아하는 것에 대해 쓰다 보면 그 글에 어느새 자신이 스며들게 된다. 이와 관련해 여러 차례 노벨문학상 후보로 거론된 적이 있는 일본의 작가 무라카미 하루키의 조언에서 힌트를 얻을 수 있다. 하루키는 어느 날 독자로부터 자기소개서와 관련한 이메일을 받는다. 내용은 다음과 같다.

> 얼마 전에 이메일로 독자에게 다음과 같은 질문을 받았다. 정확한 문장은 기억나지 않으니 대략적인 내용만 쓴다.
>
> 며칠 전에 취직시험을 봤는데, 그때 '원고지 4매 이내로 자기 자신에 관해 설명하시오.'라는 문제가 나왔습니다. 저는 도저히 원고지 4매로 저 자신을 설명할 수 없었습니다. 그건 불가능하지 않나요? 혹시 그런 문제를 받는다면, 무라카미 씨는 어떻게 하시겠습니까? 프로 작가는 그런 글도 술술 쓰시나요?
>
> 그에 대한 나의 답변은 다음과 같다.
>
> 안녕하세요. 원고지 4매 이내로 자기 자신을 설명하는 일은 거의 불가능에 가깝죠. 말씀하신 그대로입니다. 제 생각에 그건 굳이 따지자면 의미 없는 설문입니다. 다만 자기 자신에 관해 쓰는 것은 불가능하더라도, 예를 들어 굴튀김에 관해 원고지 4매 이내로 쓰는 일은 가능하겠죠. 그렇다면 굴튀김에 관해 써 보시는 건 어떨까요. 당신이 굴튀김에 관한 글을 쓰면, 당신과 굴튀김의 상관관계나 거리감이 자동적으로 표현되게 마련입니다. 그것은 다시 말해, 끝까지 파고들면 당신 자신에 관해 쓰는 일이기도 합니다. 그것이 이른바 나의 '굴튀김 이론'입니다. 다음에 자기 자신에 관해 쓰라고 하면, 시험 삼아 굴튀김에 관해 써 보십시오. 물론 굴튀김이 아

니어도 좋습니다. 민스 커틀릿이든 새우 크로켓이든 상관없습니다. 도요타 코롤라든 아오야마 거리든 레오나르도 디카프리오든 뭐든 좋습니다. 내가 굴튀김을 좋아해서 일단 그렇게 말한 것뿐입니다. 건투를 빕니다.

참고로 일본의 원고지는 200자 원고지가 아니라 400자 원고지이다. 약 1600자 정도의 글이니 A4 용지에 타이핑하면 한 페이지 남짓의 분량이다. A4 한 페이지 남짓 분량에 자신을 드러내는 글을 어떻게 쓸까. 하루키는 '자신이 좋아하는 것에 관해' 써 보라고 권하고 있다. 그렇게 쓰다 보면 어느새 거기에 자기 자신이 투영되고, 결국 틀에 박힌 자기소개서보다 훨씬 자신을 잘 표현해 준다는 것이다. 일리 있는 말이다. 독자에게 이런 조언을 한 하루키는 스스로 좋아하는 것에 대한 글을 하나 써서 자기소개서의 시범을 보인다. 다음의 「굴튀김 이야기」가 그것이다.

굴튀김 이야기

추운 겨울날의 해질 녘에 나는 단골 레스토랑에 가서 맥주(삿포로 중간 병)와 굴튀김을 주문한다. 그 가게에는 다섯 개짜리 굴튀김과 여덟 개짜리 굴튀김, 이렇게 두 가지 선택지가 있다. 정말 친절하다. 굴튀김을 많이 먹고 싶은 사람에게는 굴튀김 큰 접시를 내어 준다. 조금만 먹어도 되는 사람에게는 굴튀김 작은 접시를 내어 준다. 나는 물론 여덟 개짜리 굴튀김을 주문한다. 오늘 나는 굴튀김을 배불리 먹고 싶으니까. 굴튀김에는 잘게 채 썬 양배추가 푸짐하게 곁들여 나온다. 달착지근하고 신선한 양배추다. 원하면 추가로 주문할 수도 있다. 추가 요금은 오십 엔이다. 그러나 나는 그렇게까지 하지는 않는다. 나는 정말로 굴튀김 그것이 먹고 싶어서이지 곁들여 나오는 양배추를 먹으러 온 게 아니니까.

처음에 수북이 담아 준 양만으로도 충분하다. 내 접시 위의 튀김옷에서 아직도 지글지글 소리가 난다. 작지만 아주 멋진 소리다. 내가 보는 앞에서 주방장이 막 튀겨 냈다. 큼지막한 기름 냄비에서 내가 앉은 카운터 자리까지 옮기는 데 불과 오 초도 걸리지 않는다. 어떤 경우에는 – 예를 들어 싸늘한 해질 녘에 갓 튀긴 굴튀김을 먹는 경우에는 – 속도는 큰 의미를 가진다. 젓가락으로 그 튀김옷을 둘로 툭 자르면, 그 안에 굴이 여전히 굴로 존재하는 것을 알 수 있다. 그것은 겉보기에도 굴이고, 굴 이외에 그 무엇도 아니다. 빛깔도 굴이요, 형태도

굴이다. 그것들은 불과 얼마 전까지만 해도 어느 깊은 바닷속에 있었다. 아무 말 없이 꼼짝도 않고, 밤낮도 없이 단단한 껍데기 속에서 굴다운 것을 (아마도) 생각하며 지냈다. 그런데 지금은 내 접시 위에 있다. 나는 무엇보다 내가 굴이 아니고 소설가라는 사실이 기쁘다. 기름에 튀겨 양배추 옆에 누이지 않았다는 사실이 기쁘다.

내가 일단 윤회전생을 믿지 않는다는 사실도 기쁘다. 그도 그럴 것이 내가 다음 생에 굴이 될지도 모른다니, 생각조차 하고 싶지 않다. 나는 그것을 차분하게 입으로 가져간다. 튀김옷과 굴이 내 입 안으로 들어간다. 바삭한 튀김옷을 씹을 때의 감촉과 부드러운 굴을 씹을 때의 감촉이 당연히 공존해야 할 식감으로 동시에 감지된다. 미묘하게 뒤섞인 향이 축복처럼 입안에서 퍼져 간다. 나는 지금 행복하다. 나는 굴튀김이 먹고 싶었고, 그리고 이렇게 여덟 개짜리 굴튀김을 음미할 수 있으니까. 게다가 짬짬이 맥주까지 마실 수 있다. 그런 것은 한정된 행복에 불과하지 않느냐고 당신은 말할지 모른다. 그렇지만 최근에 내가 한정되지 않은 행복을 맛본 게 언제였을까? 그리고 그것은 정말로 한정되지 않은 것이었을까? 나는 생각해 본다. 그러나 결론은 좀처럼 나지 않는다. 다른 사람도 얽혀 있기 때문에 그리 간단히 결론 지을 수는 없다. 굴튀김 안에서 무슨 힌트라도 찾을 수 있을까 싶어서 나는 한동안 남은 굴튀김 세 개를 골똘히 응시한다. 그러나 그것들은 나에게 아무 말도 건네지 않는다. 나는 이윽고 식사를 마치고, 마지막 남은 맥주 한 모금을 비우고, 자리에서 일어나 계산을 하고 밖으로 나온다. 역을 향해 걸어갈 때, 나는 어깨 언저리에서 어렴풋하게 굴튀김의 조용한 격려를 느낀다. 그것은 결코 신기한 일이 아니다. 왜냐하면 나에게 굴튀김은 일종의 소중한 개인적 반영이니까.

하루키는 그가 좋아하는 굴튀김을 소재로 자기소개서를 쓰고 있다. '이것이 어떻게 자기소개서인가' 생각할 수도 있지만, 우리는 이 글을 통해 하루키라는 인간에 대한 몇 가지 '사실'들을 간취할 수 있다. 우선 그가 굴튀김을 좋아한다는 것, 또 일상의 소소한 데에서 즐거움을 찾는 사람이라는 것, 그리고 한정된 즐거움을 소중히 여기는 사람이라는 사실 말이다. "저는 굴튀김을 좋아하고 일상의 소소한 즐거움을 즐기며 그런 한정된 즐거움을 의미 있는 것으로 생각합니다."라고 간단히 서술할 수 있는 것을 위와 같이 길게 쓴 것이다. 자신과 관련한 단순 사실이나 정보를 간단히 서술하는 것보다 이렇게 자신이 좋아하는 것에 대한 생각이나 경험을 적다 보면 거기에 어느새 자기 자신이 투영되는 것이다.

자기가 좋아하는 것에 대해 써 보되 한 가지 유의해야 할 점이 있다. 앞서 자기소개서를 쓸 때 한 가지에 초점을 맞추어 쓰는 것이 좋다고 했다. 자기가 좋아하는 것이 상당히 많다고 해서 이것저것 좋아한다고 써서는 곤란하다. "제가 좋아하는 것은 여행, 사진, 음악감상, 등산, 독서입니다."라고 쓰면 여기에 자기 자신이 투영되는가? 결코 그렇지 않다. 자신이 좋아하는 한 가지, 혹은 많아야 두 가지 정도에만 집중해서 쓰자.

(4) 자기소개서 작성 시 유의 사항

① 정형화된 자기소개서를 지양한다

'밝고 긍정적인 성격'이나 '책임감', '화목한 가정' 등과 같은 말들은 매우 정형화된 표현들이다. 자기소개서에 이런 표현들을 쓰는 것은 좋지 않다. 그보다는 밝고 긍정적인 성격을 보여 주는 구체적인 일화, 책임감이 얼마나 강한가를 보여 주는 에피소드, 화목한 가정에서 자랐음을 단번에 알아볼 수 있는 구체적인 이야기를 소개하는 것이 좋다.

② 요구에 부합하는 내용인지 검토한다

자기소개서에는 대체로 질문이 주어진다. 자신에 대해 소개하는 글이라도 질문과 크게 상관없는 답을 하는 것은 좋지 않다. 예를 들어 '자신이 감명 깊게 읽은 책을 소개하시오.'라는 질문에 대한 답으로 '저는 평소 책 읽기를 좋아합니다. 도서관에서 책을 읽기도 하고 직접 책을 구입하여 읽기도 합니다.'식으로 쓰는 것은 좋지 않다. 질문에 부합하는 핵심 내용을 구체적으로 쓰는 것이 좋다.

③ 다듬고 다듬고 다듬어라

대학에 입학할 때 작성하는 자기소개서는 대개 한 항목당 1,500자 내외로 작성하도록 분량 제한을 두고 있다. 기업의 자기소개서도 글자 수를 제한하기도 하고 대략적인 제한 분량을 제시하기도 한다. 예를 들어 자기소개서를 2~3매 내외로 작성하라고 했다면 2매 내지 3매 정도 분량으로 쓰는 것이 좋다. 자신의 열정을 보여 준다고 요구하는 분량을 초과하는 것은 오히려 감점 요인이 된다. 최근에는 300자 내지 500자 정도 분량의 자기소개서를 요구하는 곳도 많으니 짧은 글에 자신을 잘 표현하는 연습을 할 필요가 있다. 자신이 쓴 글을 다듬고 다듬다 보면 불필요한 말은 사라지고 핵심적인 이미지만 남게 될 것이다.

연습

※ 다음 글을 읽고 '그'의 특징에 대해 생각해 보자.

책벌레를 소개합니다

목멱산(남산) 아래에 바보가 한 사람 사는데 어눌하여 말을 잘하지 못한다. 성품이 게으르고 서툴러서 시무(時務)를 모르고, 특히나 바둑이나 장기 따위의 잡기를 할 줄 모른다. 남들이 욕을 해도 따지지 않고 칭찬을 해도 우쭐하지 않으며, 오직 책 보는 것을 낙으로 삼아서 추위와 더위, 굶주림과 병에도 전혀 아랑곳하지 않는다. 그는 어린아이 적부터 시작하여 스물한 살이 되도록 하루도 손에서 책을 놓아 본 일이 없다.

그의 방은 지극히 협소하다. 하지만 동쪽에도 창이 있고 남쪽에도 창이 있고 서쪽에도 창이 있어, 동쪽에서 떠서 서쪽으로 기우는 해를 좇아가며 햇볕 아래서 책을 읽는다.

그는 보지 못한 책을 보기라도 하면 좋아서 웃는다. 집안사람들은 그가 웃는 모습을 보고 기이한 책을 얻었다는 것을 알아차린다.

또 두자미(杜子美, 두보)의 오언율시를 좋아하여 큰병이 든 것처럼 끙끙대며 읊조리는데, 그러다가 심오한 맛을 터득하여 기쁘기가 한량없으면 일어나서 이리저리 서성댄다.

그가 내뱉는 소리는 갈까마귀가 우는 것과도 같다. 어떤 때에는 조용하게 아무 소리도 없다가 눈을 둥그렇게 뜨고 어딘가를 뚫어지게 보기도 하며,

어떤 때에는 꿈속을 헤매기라도 하듯 혼잣말로 중얼거린다.

사람들은 그를 책만 보는 바보, 간서치(看書痴)라고 손가락질을 한다. 그 역시 그 별명을 기쁜 마음으로 받아들인다. 그의 전기를 짓는 자가 아무도 없기에 붓을 들어서 그의 행적을 기록하여 '책벌레의 전기'를 짓는다. 그의 이름과 성은 굳이 기록하지 않는다.

– 이덕무, 「간서치전」, 『문장의 품격』, 안대회 역, 휴머니스트, 2016.

---

1. 자신이 좋아하는 것으로 자신에 대해 소개하는 글을 써 보자.

2. 아래의 양식에 취업을 위한 자기소개서를 작성해 보자.

※ 지원 분야

희망 회사	
희망 직종 (근무 부서)	

※ 자기소개서

성장과정	
학창시절	
성격의 장단점	
생활신조	
지원 동기	

참고문헌

1. 국내 논저

김석봉 외, 『글쓰기의 기초와 실제』, 태학사, 2018.
김어준, 『건투를 빈다』, 푸른숲, 2018.
김영민, 『공부란 무엇인가』, 어크로스, 2020.
문요한, 『여행하는 인간』, 해냄, 2016.
문용린, 「행복을 위한 교육」, 『서울교육』, 2008. 여름호.
법정, 『무소유』, 범우사, 2004.
부산외국어대학교 만오교양대학, 『나를 바꾸는 글쓰기』, 부산외국어대학교출판부, 2019.
신국빈, 『태을암집』, 한국고전번역원 편, 『한국문집총간』속88, 2009.
서울대학교 대학국어편찬위원회 편, 『대학국어』, 서울대학교출판부, 2009.
안순태, 「〈광문자전〉 연구」, 『국문학연구』 42, 국문학회, 2020.
유정아, 『유정아의 서울대 말하기 강의』, 문학동네, 2009.
유필재 · 박경신, 『굿잡 글쓰기』, 태학사, 2020.
안대회, 『문장의 품격』, 휴머니스트, 2016.
이문재, 『바쁜 것이 게으른 것이다』, 호미, 2009.
이현희, 「훈민정음」, 『국어연구 어디까지 왔나』, 서울대학교대학원 국어연구회 편, 동아출판사, 1990.
이정록, 『시인의 서랍』, 한겨레출판, 2020.
최영주 편, 『세계의 교양을 읽는다 3』, 휴머니스트, 2006.
________, 『세계의 교양을 읽는다 4』, 휴머니스트, 2006.
황현산, 『밤이 선생이다』, 난다, 2013.

김호기, 「젠트리피케이션을 생각한다」, 『경향신문』, 2018. 5. 29.
배순탁, 「록 밴드 퀸의 일대기를 조명한 영화, 위대한 밴드의 신화를 일깨우다」, 『씨네21』, 2018. 11.
심영구, 「도대체 무슨 말일까?…… 외국어에 '오염'된 공문서」, 〈SBS 뉴스〉, 2013. 6. 19.
정재승, 「지구는 이야기를 중심으로 돈다」, 『한겨레』, 2017. 3. 12.

2. 국외 논저

위화, 『글쓰기의 감옥에서 발견한 것』, 김태성 역, 푸른숲, 2018.

후쿠하라 마사히로, 『세계 최고의 인재들은 무엇을 공부하는가』, 엔트리, 2015.

미키 기요시, 『독서와 인생』, 최현 역, 범우사, 2013.

무라카미 하루키, 『잡문집』, 이영미 역, 비채, 2011.

______________, 『직업으로서의 소설가』, 양윤옥 역, 현대문학, 2016.

데일 카네기, 『카네기 스피치 & 커뮤니케이션』, 최염순 역, 씨앗을뿌리는사람, 2004.

뤼디거 달케, 『돈의 심리학』, 김택 역, 하늘아래, 2013.

리처드 니스벳, 『생각의 지도』, 최인철 역, 김영사, 2004.

버트란드 러셀, 『행복의 정복』, 박유정 역, 다문, 1992.

벤 벤슨, 『돈에 관한 생각』, 조창원 역, 퍼플카우, 2012.

에밀 파게, 『단단한 독서』, 최성웅 역, 유유, 2014.

윈스턴 처칠, 『폭풍의 한가운데』, 조원영 역, 아침이슬, 2003.

피에르 쌍소, 『느리게 산다는 것의 의미』, 김주경 역, 동문선, 2000.